Un Apôtre des Noirs

par

le R. P. Edmond THIRIET

Ancien Supérieur des Chapelains de Montmartre

PARIS

LIBRAIRIE GÉNÉRALE CATHOLIQUE

Arthur **SAVAÈTE**, Éditeur

15, RUE MALEBRANCHE, 15

—

Tous droits réservés

Un Apôtre des Noirs

DU MÊME AUTÉUR

Un Apôtre des Noirs

par

le R. P. Edmond THIRIET

Ancien Supérieur des Chapelains de Montmartre

PARIS

LIBRAIRIE GENERALE CATHOLIQUE

Arthur SAVAÈTE, Editeur

15, RUE MALEBRANCHE, 15

IMPRIMATUR

Parisiis, die 24 feb. 1923.

Carolus DELABAR,
vic. gén.

Lettre de Mgr CHOLLET, *archevêque de Cambrai, à l'auteur.*

ARCHEVÊCHÉ
DE
CAMBRAI

Cambrai, le 4 mai 1923.

MON RÉVÉREND PÈRE,

Au début de 1877, le P. Vigneront écrivait : « Puisse Dieu m'accorder la faveur que la fin de ma vie soit un *acte de contrition*, et le commencement de mon éternité un *acte d'amour* ». Ce vœu suprême est le meilleur résumé de sa vie, et du beau livre que vous lui avez consacré. Cette existence fut un effort perpétuel vers plus de pureté. Ses lettres sont émaillées des fleurs du repentir : « Mon cher papa, je vous demande pardon de toutes mes indocilités, de tous mes murmures, de toutes mes désobéissances. Ecoutez votre amour et vous me pardonnerez. » Au mot « pardon » succède très vite celui d'amour : « Je regrette bien de ne pouvoir mieux exprimer les sentiments dont mon cœur est enflammé. Je vous embrasse comme je vous aime ». Il aime les siens ; il aime Dieu surtout ; il aime ses condisciples, il aime les noirs vers lesquels il a été envoyé et qu'il s'efforce de défendre contre le discrédit dont les frappent leurs frères blancs. Il aime sa belle Lorraine et « le village des Vigneront » Eix, avec ses coteaux couverts de vignes, ses vendanges et ses plaisirs purs. Il aime, à Paris, sa cellule où il n'y a ni tapis, ni fauteuils, ni gravures historiques, ni grands rideaux aux fenêtres, mais où il y a plus et mieux que tout cela : « J'ai un bénitier, un crucifix, une statuette de la bonne Mère et la paix. La simplicité règne dans ma chambrette avec la propreté et l'ordre ». Tout cela est assaisonné de bonne humeur, et d'une ardeur qui le consumera en quelques années.

La belle âme ! Comme elle est bien fille de cette vallée de la Meuse aux pentes douces, aux prés toujours verts que le fleuve traverse d'un cours sinueux comme s'il les aimait à ne pas pouvoir les quitter ! Que cette âme est bien la fille de cette famille à la foi simple et robuste que j'ai connue et tant estimée ! Je vois encore le vieux père causant avec le mien ; tous deux échangeant des propos où le sel meusien s'alliait à une droiture naturelle et à une claire religion sans fard. Je vois encore la sœur consumée par la fièvre, couchée sur son lit de souffrance et souriant à la mort, comme elle souriait aux visiteurs et comme elle avait souri à la vie.

Vous avez bien fait, mon Révérend Père, de tirer cette figure des ombres de l'oubli où l'humilité d'un frère et d'une sœur la laissait avec les restes d'une correspondance si tendre et si vivante. Il est bon que les exemples de cette piété et de cet apostolat soient mis en relief.

De nos jours surtout, il est plus opportun que jamais de faire connaître nos missionnaires et leur grande action si française et si catholique à la fois. Ses missionnaires, la France semble en vouloir anéantir la race, puisqu'elle a supprimé les Maisons où ils se forment. Ces Maisons, il faudrait les rouvrir. On le demande. Votre livre démontre fortement la légitimité du projet de loi qui réclame cette réouverture des Séminaires de Missions.

L'Amérique est notre alliée. Elle est venue à notre secours. Son amour pour nous est fils de l'amour que lui ont témoigné nos missionnaires. Le P. Vigneront, pour sa part, a préparé les dévouements américains de la dernière guerre.

Ce qu'il a fait en Amérique, ses confrères l'ont fait et le font dans le Proche et dans l'Extrême-Orient, et votre livre éclaire les problèmes qui se posent en ce moment à la diplomatie et à la politique française.

On pourrait signaler d'autres services rendus par nos missionnaires et d'autres opportunités de votre livre : ne sommes-nous pas à une heure où le protestantisme multiplie ses efforts pour conquérir notre vieille âme française catholique par essence ? Le P. Vigneront, lui aussi, a rencontré le protestantisme sur son chemin, et montré comment on combat ses entreprises et comment on convertit ses adeptes.

Il n'y a pas jusqu'à ses conseils à son frère appelé au front contre l'ennemi de 1870 qui n'intéressent ceux qui ont bataillé pendant quatre ans contre le même ennemi revenu à la charge.

Merci donc, mon Révérend Père, pour tous les services que votre livre nous rendra. Avec mes remerciements, agréez l'assurance de mon cordial dévouement en Notre-Seigneur.

† JEAN CHOLLET,
Archevêque de Cambrai.

Le R.P. Charles Vigneront
1845-1878

PREFACE

Un mot d'ordre a retenti comme un pressant appel
à promouvoir dans tout l'univers le règne de Dieu.

Emanant des sommets du Vatican, ce cri de détresse
a profondément ému le cœur des fidèles et des Pasteurs. A la suite de BENOIT XV, son successeur sur le
siège de Pierre, le pape PIE XI, glorieusement régnant,
convie le peuple chrétien à s'inspirer de « l'esprit missionnaire » dans le but d'atteindre les millions de païens
encore assis à l'ombre de la mort et de les amener à la
connaissance de Jésus-Christ.

De là ce souffle puissant qui s'empare des âmes
de bonne volonté et les pousse à concourir par tous les
moyens au salut des infidèles.

L'ère actuelle présage, pour l'Eglise, de magnifiques
conquêtes dans les régions lointaines qui ne jouissent
pas encore, après vingt siècles de christianisme, des bienfaits de l'Evangile.

Il est évident que le Sacré-Cœur a manifesté sa volonté par l'organe de ses Représentants officiels.

A chacun d'obtempérer, dans la sphère du possible,
à ce divin vouloir.

Pour répondre à ce devoir de l'heure présente, il a
paru bon à un vénérable prêtre de réaliser sans délai un
projet dont l'exécution a été retardée depuis un demi-
siècle.

M. l'abbé Vigneront, curé de Brieulles (Meuse), con-
servait précieusement, comme une relique, la correspondance de son frère aîné, l'APÔTRE DES NOIRS.

Il s'est dit : « N'est-ce pas le moment de communiquer au public des trésors jalousement gardés pour mon
édification personnelle ? Comment ne pas montrer à
ceux qui l'ignorent ce qu'est « l'esprit missionnaire ? »

Espérant donc mettre la main sur ses précieux documents, il s'aperçoit qu'ils ont subi le sort de tous les souvenirs entassés dans un meuble de famille.

Tout a été pillé, dispersé, profané par l'envahisseur, au cours des années terribles de la grande guerre.

C'est par miracle que les lettres éparses et maculées de boue sont retrouvées au fond des tranchées allemandes. Par quelle heureuse coïncidence se voit-il en possession de ce qu'il croyait à jamais perdu ? Il conte l'histoire à un éminent archevêque qui lui intime l'agréable obligation de confier les feuillets, victimes des barbares, à celui qui en a tiré le présent volume.

Tout l'intérêt de ce livre doit être attribué à son auteur qui n'est autre, en réalité, que l'Apôtre des Noirs lui-même.

C'est sa correspondance qui le révèle avec ses qualités, ses vertus, son esprit, sa passion dominante : le zèle des âmes.

A mesure qu'il se fait mieux connaître, il conquiert l'estime, l'admiration, l'ardente sympathie que provoque son héroïque apostolat.

Que n'a-t-on pas dit des bas instincts et de la dégradante immoralité de la race noire ?

Des écrivains ont prétendu que le nègre appartient à une race inférieure à la nôtre, et les fiers Américains l'ont traité en conséquence.

Défenseur de la dignité humaine des noirs des Etats-Unis, le Père Vigneront les aime tendrement et il observe que, avec la grâce de Dieu, leur moralité peut être égale, sinon supérieure, à celle des blancs.

Cette affirmation n'est pas exagérée. Les Etats-Unis ne peuvent pas se flatter de voir un seul blanc honoré par l'Eglise de la béatification, tandis que l'Ouganda est fier de ses 22 martyrs noirs proclamés bienheureux.

Sur les traces de l'Apôtre des Noirs on ne risque pas de s'égarer dans des appréciations fausses. Suivez-le des bords de la Meuse aux rives du Mississipi et vous jouirez du charme de sa conversation, de l'édification de ses exemples, des joies de son intimité :

Vous posséderez, vous aussi, « l'esprit missionnaire » et ce sera tout profit pour la gloire de Dieu et le salut des âmes les plus abandonnées...

E. T.

UN APOTRE DES NOIRS

I

L'Enfance

En descendant le cours de la Meuse, entre Verdun et Stenay, le voyageur ne rencontrait naguère, au lendemain des années terribles, que ruines et dévastations parmi des décombres qui jonchaient un sol ravagé par les hordes prussiennes.

Peu à peu, les réparations s'effectuent, les habitations se reconstruisent, la vie renaît.

Vers le milieu du siècle dernier, cette riante vallée offrait le spectacle de coquets villages échelonnés aux bords de la rivière ou éparpillés au sein de la verdure, sur les coteaux environnants.

Là, autour du clocher, vivaient, dans la sérénité de la vie champêtre, de paisibles familles qui goûtaient les joies du foyer en observant les maximes de l'Evangile.

En ce temps-là, le clergé, gardien de la morale, n'avait pas le souci d'abriter ses ouailles contre un vent de plaisir et de folie qui ébranle aujourd'hui les assises de la société.

Sivry-sur-Meuse, situé dans le canton de Montfau-

con, se distinguait, entre toutes les communes du voisinage, par son attachement aux traditions chrétiennes.
L'église, surmontée de deux flèches aériennes, attirait
dans son enceinte la totalité de la population assidue aux
offices du dimanche.

Parmi les plus fervents de sa paroisse, le digne curé,
M. l'abbé Gueusquin, pouvait citer la très honorable
famille de l'instituteur, ancien séminariste et père de
huit enfants. Type de droiture et de loyauté, JEAN-BAP-
TISTE VIGNERONT, donnait, en effet, l'exemple de toutes
les vertus et son influence pour le bien contribuait dans
une large mesure au maintien et à l'épanouissement de
la vie chrétienne. Aussi jouissait-il de la considération et
de l'estime de tous ses concitoyens. Ses mâles qualités,
jointes à ses fonctions, lui avaient acquis dans la bourgade une réelle autorité.

Son épouse, CATHERINE THIERRY, passait, à bon
droit, pour une femme forte, pieuse, charitable, dévouée.
Fidèle à ses devoirs, elle s'acquittait simplement de sa
tâche, accueillait ses voisines avec bonté et les aidait
dans leurs épreuves. Au reste, absorbée par les soins du
ménage et l'éducation de ses enfants, elle menait une vie
si retirée, qu'elle semblait ne connaître que le chemin de
l'église et de sa maison. Elle disait volontiers qu'il faut
s'appliquer à bien gouverner sa famille, au lieu de s'occuper des affaires d'autrui. Sa piété rayonnante se mani-
festait par des pratiques religieuses qu'on trouverait rarement à notre époque, même au sein des foyers où l'on
a *introduit* le Sacré-Cœur. C'est ainsi que, dans ce modeste intérieur, se faisaient, chaque jour, la prière en
commun, la récitation du chapelet, la lecture de la *Vie
des Saints*.

De telles habitudes attirent les faveurs célestes. Ce
fut une bénédiction fort appréciée des deux époux, que la
naissance de huit enfants qui vinrent tour à tour prendre
place au foyer familial et l'embellir de plus en plus des
sourires du bon Dieu.

Moins favorisés des biens de la fortune que des trésors de la grâce, les heureux parents n'éprouvèrent jamais la moindre inquiétude au sujet de l'entretien et de
l'avenir de leur descendance. Par les soins de la Provi-

dence, chacun de ces chers petits aura de quoi subvenir à sa subsistance et jouira d'une honorable situation, tant il est vrai que toujours se réalise la parole du Maître : « Cherchez avant tout le royaume de Dieu, et le reste vous sera donné par surcroît. »

*
* *

L'aîné de la famille, CHARLES-JOSEPH-FRANÇOIS VIGNE-RONT, le futur apôtre des nègres, dont ces pages esquissent la trop courte existence, naquit le 4 novembre 1845.

« Le prénom de Charles lui fut donné parce qu'il vint au monde le jour de la fête de ce Saint ; celui de Joseph, en raison d'un culte héréditaire dans la famille ; enfin, celui de François était le nom de son parrain, l'abbé François Vérant, curé de Blercourt, et frère, du côté maternel, de Mme Vigneront (1). »

Accueilli comme un ange envoyé du Ciel et baptisé le lendemain de sa naissance, il apparut tout auréolé de la grâce du Sacrement, si bien que sa mère resta convaincue que Dieu avait des desseins sur cet enfant de prédilection. L'avenir justifiera ses prévisions, ainsi que le lecteur pourra s'en rendre compte dans la suite de ce récit.

Comme il y sera souvent fait mention de ses frères et de ses sœurs, il convient d'en donner les noms par ordre d'ancienneté : *Eugène, Maria, Angélina, Anna, Eugénie* (envolée au paradis à l'âge de 6 mois), *Emile* et *Philomène.* En résumé : deux frères et cinq sœurs.

Quelques jours après le baptême du premier-né, son aïeul, M. Joseph Thierry, ancien officier de l'Empire, fait inscrire le nom de son petit-fils au Tableau d'honneur des membres de la *Propagation de la Foi,* avec l'espoir « qu'il imitera, plus tard, ses exemples de loyauté au service, non des grands de la terre, mais du Roi éternel des cieux ».

Une autre circonstance permet à la pieuse mère de voir une intervention visible de la Providence, lui signifiant les heureuses destinées de son cher enfant. Après une longue absence, le préfet apostolique de l'Ile Bourbon, Mgr Poncelet, originaire de Sivry et proche parent des

---

(1) Notes de M. l'abbé Emile VIGNERONT, curé de Brieulles.

Vigneront, revient au pays natal et se fait une joie de visiter les jeunes époux. Le petit Charles, dans son berceau, attire particulièrement l'attention du missionnaire : « Mère chrétienne, dit-il, je viens de bénir votre fils comme un apôtre sait le faire. Nul doute que cette bénédiction ne porte un jour ses fruits. »

Cette double faveur présage, aux yeux des parents, une effusion de nouvelles grâces ; et, dans l'âme toute neuve de leur enfant, sont déposés des germes d'apostolat qui vont se développer au sein d'une atmosphère favorable à leur éclosion.

De bonne heure, Charles laisse deviner d'excellentes dispositions pour l'étude et la piété. Etranger à toute dissipation, plein de goût pour la prière, il évite la fréquentation des groupes turbulents de ses petits camarades. On le voit chaque matin assister le prêtre à l'autel et s'appliquer lui-même à imiter, dans ses jeux innocents, les gestes et les rites du célébrant. En classe, il est le modèle des écoliers.

Témoins de son recueillement à l'église et de ses manières rangées, les mères le citent volontiers comme exemple à leurs fils : « Oh ! disaient-elles, si tu étais comme le petit Vigneront ! »

Ses qualités extérieures reflètent la beauté de son âme, et ne manquent pas de faire impression.

« Aussi bien — écrit le plus jeune de ses frères, de qui nous tenons ces détails — nos bons parents nous entouraient de l'amour le plus tendre et d'une sollicitude exempte de faiblesse. Ils nous élevaient sous le regard de Dieu, dans la prière et le travail, en nous inspirant l'horreur du mal. La pensée d'aimer le Seigneur et de ne jamais l'offenser était à la base de l'éducation qu'ils nous donnaient, si bien que la parole de Blanche de Castille fut vite chose apprise et comprise dans la petite famille.

« Aux sages conseils de nos parents s'ajoutaient ceux du dévoué pasteur. L'éducation et l'avenir des enfants avaient tout à gagner de cette union entre le curé et l'instituteur. Pourquoi, de nos jours faut-il déplorer ce manque de concours, si nécessaire cependant, entre ces deux autorités ?... »

*_**

En ce temps-là, à Sivry, c'était la parfaite « entente cordiale » entre le maître d'école et le curé de la paroisse. M. Jean-Baptiste Vigneront, natif d'Eix-Abaucourt, était un homme de grande foi. Ancien élève des séminaires de Verdun, il n'avait pas cru, par scrupules et se jugeant indigne, devoir accepter les ordres sacrés ; mais il avait choisi la carrière de l'Enseignement pour se rapprocher le plus près possible du Sacerdoce. C'est dire que, non seulement il secondait M. le curé de Sivry dans l'exercice de son ministère, mais il rivalisait de zèle avec le digne prêtre pour rehausser l'éclat des fêtes religieuses ; il chantait au lutrin, enseignait le catéchisme aux enfants, dirigeait la jeunesse et se montrait partout l'auxiliaire dévoué de Dieu et des âmes.

Sa charité se manifesta surtout quand éclata le fléau du choléra. Loin de fuir la contagion, il s'entendit avec M. l'abbé Gueusquin pour aller soigner les malades à domicile, accompagner le pasteur au chevet des mourants, s'occuper d'ensevelir les morts et préparer les funérailles.

Il arriva, hélas ! ce qui devait arriver. Terrassé à son tour par le terrible mal contracté dans l'atmosphère d'un foyer d'infection, le malheureux instituteur n'échappa qu'à grand'peine à la mort.

Sa guérison, d'ailleurs, ne fut que partielle. Lui, si robuste auparavant et d'une santé qui défiait toute fatigue, il se vit réduit à subir, pendant de longues années, les conséquences de son excès de zèle. Il éprouva, dès lors, ce que la Faculté désigne sous le nom de « suette », maladie contagieuse qui épuise les forces et réduit le corps à une sorte d'impuissance.

Sur l'avis des médecins, l'instituteur dut se livrer au travail des champs, solliciter un poste moins pénible que celui de Sivry, où il comptait cent dix enfants dans son école, et songer sérieusement au repos de l'esprit.

Nommé à Vauquois — nom désormais célèbre — M. Vigneront obtint, pour cause de santé, un congé temporaire que sa faiblesse persistante rendit bientôt définitif.

Après un très court séjour dans cette localité, les époux Vigneront revinrent se fixer à Sivry, où ils possédaient quelques arpents de terre. La sympathie de toute la population leur était acquise.

Ce changement de situation fut pour le maître d'école, on le comprend, un douloureux sacrifice accepté avec une admirable résignation.

Sa digne épouse, au cœur sensible et bon, prit sur elle la plus large part de l'épreuve. Douce, souriante et dévouée, elle se montra, en cette circonstance, d'une patience angélique et d'une fermeté de caractère qui se rencontrent rarement de nos jours.

Peu brillante à ses débuts, la nouvelle profession du cultivateur improvisé, avec sept petits enfants à élever, un train de culture à acquérir, une ferme à exploiter sans grandes notions préliminaires... C'était trop. Mais telle était la volonté de Dieu et nul ne songeait à récriminer.

Charles a grandi. Déjà, il est en âge de rendre des services. Outre la précoce intelligence de l'aîné, ce qui frappe en lui, c'est l'exquise sensibilité d'un cœur aimant. Cette sensibilité se laisse pressentir à l'attrait qu'exercent sur sa jeune imagination les splendeurs de la nature, l'éclat des étoiles ou des fleurs, la grâce des choses et le sourire de sa mère.

On le voit aider son père dans la verte prairie des bords de la Meuse ou sur les sommets du coteau de Haraumont, s'arrêtant parfois avec complaisance à contempler les beautés printanières.

Il aime les travaux de la campagne, la solitude et les vastes horizons, mais on sent que ses aspirations se portent vers un autre idéal.

Sur ces entrefaites, survient pour lui et son frère Eugène, moins âgé d'un an, l'époque de la Première Communion. Ensemble ils s'y préparent, sous le regard maternel, avec un réel souci d'accomplir aussi parfaitement que possible ce grand acte dont dépend leur avenir. Charles est aux anges. Son sérieux et sa gravité font contraste avec la légèreté habituelle des petits villageois de son âge. On sent qu'il est sous l'impression d'une pensée qui le domine. Au soir de la solennité, une joie céleste rayonne dans ses yeux et transfigure son visage. Suspendu au cou de sa mère, il lui murmure à l'oreille : « Maman, le petit Jésus m'a dit que je serai prêtre. » Un long baiser répond à sa confidence.

Sans être étonnée d'entendre un pareil aveu, Mme Vigneront en fut heureuse et en bénit le Ciel. N'était-ce pas la réalisation de son plus cher désir ?

Son fils n'oubliera jamais ce beau jour et il en parlera jusqu'à sa mort avec des larmes de fervente gratitude.

Après la réception du Sacrement de Confirmation, conféré le lendemain par l'évêque de Verdun, Mgr Rossat, de sainte mémoire, le jeune soldat du Christ ne songe qu'à se rendre de plus en plus digne d'entrer dans la sainte milice du sacerdoce. Il parle de sa vocation, il exprime le désir de commencer sans retard l'étude du latin et déjà il se voit élève du sanctuaire, au terme de ses vœux. Nul n'est surpris d'un tel langage.

*
* *

Sivry-sur-Meuse a toujours été, de mémoire d'homme, une pépinière de vocations ecclésiastiques.

A cette époque, la paroisse s'honorait de compter parmi les prêtres issus des meilleures familles : M. l'abbé Grandpierre, mort curé d'Euville ; M. l'abbé Lapasque, doyen de Clermont ; M. l'abbé Cheppy, curé de Mont-devant-Sassey ; M. l'abbé Hacherelle et plusieurs autres en exercice soit dans le diocèse, soit dans les pays de missions. Terre de bénédiction, en vérité, que ce sol fécond en excellents ouvriers apostoliques ! Heureuses les familles privilégiées qui méritent ainsi d'attirer le regard de l'Eternel !

L'aimable enfant dont nous parlons est digne à tous égards de marcher sur les traces de ses devanciers, mais un obstacle semble s'opposer à l'exécution de ses projets. Son père, intérieurement satisfait d'offrir au Seigneur, comme « remplaçant », un autre lui-même, les prémices de son foyer, ne paraît pas d'abord décidé à faire un sacrifice si contraire aux intérêts de sa maison. Charles est actif à la besogne ; sa place est aux champs... Et qui donc se chargera d'acquitter les frais de pension et d'entretien ?... Bref, il diffère son consentement : « Plus tard, nous verrons ! »

Docile à la voix de l'autorité, Charles s'incline et obéit, tout en profitant de ses rares loisirs pour apprendre les éléments de la langue latine.

Entre temps, le vénérable curé de Sivry, épuisé, lui aussi, par la maladie, prend sa retraite et M. l'abbé Bigé, curé de Forges, lui succède.

Ce dernier n'a rien tant à cœur que de favoriser le recrutement sacerdotal. C'est à son zèle que le diocèse de Verdun doit un certain nombre de sujets d'élite, entre autres : M. l'abbé Lamoureux, devenu plus tard professeur de dogme, et supérieur du grand séminaire.

De ce coup d'œil exercé qui lit dans le cœur d'un enfant, le nouveau pasteur a vite observé dans son jeune paroissien les marques évidentes d'une vocation et s'est offert spontanément à lui donner ses soins. Il ne tarde pas à se féliciter de sa décision.

Charles Vigneront n'est pas un enfant ordinaire. En lui se révèlent des qualités étonnantes qu'il apprécie mieux chaque jour. En cette âme ouverte, le maître découvre ces dons précieux qui font les disciples fidèles, les apôtres et les martyrs.

De son côté, l'enfant est enchanté de se voir l'objet des attentions spéciales du digne pasteur et de profiter de ses leçons. En quelques mois, menant de front le travail des champs et l'étude du latin, il est jugé capable d'affronter la classe de cinquième au Séminaire de Verdun.

Auparavant, il devra passer un examen qui décidera de son sort. En ce temps-là, telle était la condition imposée aux jeunes candidats : Nul aspirant ne franchissait le seuil du petit séminaire sans s'être présenté tout d'abord devant un aréopage de professeurs qui statuaient sur sa valeur... intrinsèque.

*
* *

Aux derniers jours du mois d'août 1860, sur la route de Stenay à Verdun, un voyageur rencontre, dans la brume matinale, deux enfants, un petit garçon d'une quinzaine d'années à peine, et une fillette qui paraît en avoir douze. Ils cheminent à pas précipités comme des fugitifs qui craignent d'être surpris. A la vue de l'étranger, ils ont peine à dissimuler une frayeur instinctive :

— Où courez-vous ainsi ? fit celui-ci d'un ton sévère... Pourquoi fuir la maison paternelle et attrister vos bons parents ?... Vite rebroussez chemin et revenez avec moi, sinon j'avertis la police...

— Oh ! Monsieur, répond notre Charles, tout plein d'émoi, nous ne fuyons pas... Je vais *composer* pour le séminaire et nous n'avons que le temps d'arriver.

— Alors, c'est bien, mon ami, je te souhaite un brillant succès.

Il était deux heures du matin.

La petite Maria — aujourd'hui septuagénaire — a gardé ce souvenir dans un pli de sa mémoire. Déjà, elle admirait le courage de son frère. Tous deux parcoururent, ce jour-là, 46 kilomètres à pied. « Bien des prières et des chapelets, ajoute-t-elle, furent récités le long de la route pour en abréger la longueur. Arrivés à Verdun, nous nous rendîmes directement à l'église Saint-Sauveur, recommander l'examen à Saint Joseph. Puis, la lourde porte du Séminaire s'entrouvrit pour se refermer aussitôt. Tandis que mon frère subissait l'épreuve de l'examen, je l'attendais dans la petite chapelle en priant pour lui. Après un léger repas, nous reprîmes le chemin de Sivry, où nous arrivions à la tombée du jour. »

Le futur missionnaire donne ici la mesure de ce qu'il fera plus tard.

Est-ce pour éprouver sa vocation ? Est-ce par impossibilité absolue de le conduire en voiture ? Son père prétexte le surcroît de travail occasionné par la moisson... Qu'importe ! La décision de l'enfant, son très vif désir d'avancer, son ardeur juvénile triomphent de tous les atermoiements.

— Et le résultat de ce fameux examen ? questionne-t-on au retour.

— J'ai fait de mon mieux et je garde l'espoir que Dieu bénira mes efforts, répond le jeune aspirant.

Quelques semaines s'écoulent sans nouvelles ; Charles ne s'inquiète pas. Sa confiance est inflexible.

— Pourtant, dit un jour M. Vigneront, votre admission se fait bien longtemps attendre. N'auriez-vous pas bien répondu ?...

— Ah ! cher papa, s'écria l'enfant avec des larmes dans la voix, cela m'étonne, mais je vous prie de croire

que j'ai fait tout mon possible et que je serais surpris si
le bon Dieu, qui connaît mes désirs, n'avait pas béni mes
efforts...

La tendre mère, émue à son tour en voyant les larmes ruisseler sur les joues de Charles, brusqua le dénouement :

— Ne faites pas souffrir davantage votre fils, dit-elle
à son mari, et apprenez-lui l'heureuse nouvelle.

En effet, à l'issue de la messe, M. le curé avait mandé
son chantre bénévole à la sacristie et l'avait informé que
Charles, après un brillant examen, était admis à se pré-
senter en cinquième au petit séminaire de Verdun.

C'est une loi de la divine Providence de disposer les
circonstances extérieures de manière à préparer et à former peu à peu et à leur insu, les instruments dont elle
veut se servir pour l'accomplissement de ses desseins.
Cette vérité trouvera sa justification, une fois de plus,
au cours des études de notre futur missionnaire.

II

Au Petit Séminaire

A cette époque, un prêtre d'une science et d'une capacité à la hauteur de son dévouement, M. l'abbé Lebrun, dirigeait le Petit Séminaire. D'apparence austère, sous une écorce rude, il cachait un cœur d'or. Condisciple de M. Jean-Baptiste Vigneront, dans les deux séminaires du diocèse, M. le Supérieur était aussi l'ami du bon curé de Blercourt. Tout de suite, il s'intéressa spécialement au nouveau venu. Après l'avoir intimidé par la sévérité de ses observations, il lui témoigna une bonté paternelle empreinte de bonhomie et de simplicité. Il n'en fallut pas davantage pour faciliter à l'enfant les débuts d'un genre de vie auquel il n'était pas habitué.

Charles se met tout entier à l'accomplissement de ses devoirs. Modèle d'application au travail et de bonne conduite, il se fait estimer de ses maîtres et aimer de ses condisciples. En récréation, comme en classe et à l'étude, il est plein d'ardeur et d'entrain : sa franche gaieté et l'aménité de son caractère ne l'empêchent pas d'édifier par une piété exempte d'affectation. Il n'éprouve aucune peine à s'initier aux petites pratiques de dévotion en usage dans le Noviciat de la vie cléricale, où tant de générations de saints prêtres ont laissé des traditions de ferveur. Cette ferveur est en parfaite harmonie avec ses goûts et les aspirations de son cœur.

Le développement de ses qualités naturelles se trouve favorisé par les leçons et les exemples qu'il a sous les yeux. Maîtres et élèves, en ce béni sanctuaire, mènent une vie si régulière, si éloignée des bruits du monde, que l'unique préoccupation des uns et des autres se résume en ces deux mots: science et sainteté.

*
* *

Un cœur aimant et sensible comme le sien souffrait d'être séparé de la compagnie, si douce et si pure, de sa famille. Toujours il éprouvera la même impression. Il portera partout, tel un dard enfoncé dans la plaie, la blessure de la séparation. Rien au monde ne lui fera oublier les douceurs du foyer paternel. Ce sera pour lui le plus douloureux sacrifice et aussi le plus méritoire. Ce que nous citerons de sa correspondance à « ses bien-aimés » en sera la preuve incontestable. Il y laissera passer toute son âme. Que de fois n'écrira-t-il pas : « Que je voudrais être au milieu de vous!... Oh! quand nous sera-t-il donc permis de n'être plus séparés? Quand pourrons-nous vivre ensemble, nous confier mutuellement nos peines, nos joies, partager les mêmes émotions ? »

De ce chef, il apparaîtra que, dans cette belle âme, la nature et la grâce se sont livré de rudes combats.

Dès sa première lettre datée du 26 octobre 1860, Charles manifeste les sentiments d'un cœur endolori, mais généreux :

Chers Parents,

Quinze jours se sont écoulés depuis mon entrée au Petit Séminaire ; je m'empresse de tenir la promesse que je vous ai faite de vous donner de mes nouvelles. Je vous dirai, en toute sincérité, que mon cœur a bien souffert, depuis notre séparation... Je n'ai plus les baisers de bon petit père, les caresses de la bonne maman et les jeux des frères et sœurs bien-aimés. En retour, j'ai la joie d'être au Petit Séminaire et c'est bien dans cette sainte maison que Dieu m'appelait.

Je m'y plais, suis en bonne santé et travaille de mon mieux. Je connais déjà tous mes condisciples et les aime. Nos maîtres sont bons, bien que, tout d'abord, ils paraissent sévères.

Sa lettre se termine par une promesse qu'il saura tenir toute sa vie. Comment se rappeler les souvenirs du foyer, des rudes travaux qu'on s'impose, sans être décidé à tous les sacrifices ?

La chose la plus pénible, c'est que la cloche nous réveille trop tôt, mais, chers Parents, j'en ai fait mon sacrifice dès .e premier jour, pensant à ceux que vous vous imposez pour moi. Oh ! croyez que vous n'aurez pas affaire à un cœur ingrat. Non, je travaillerai avec courage pour vous récompenser.

*
* *

Tout pénétré de reconnaissance surtout envers sa mère, il ne manquera jamais de lui écrire, à l'occasion de sa fête, des lettres débordantes de piété filiale, qui seront précieusement conservées comme des reliques et souvent relues. « Elle les baisait avec amour après les avoir pressées sur son cœur », nous dit l'un de ses enfants.

Pour elle aussi, la séparation avait été douloureuse. En son premier-né, elle perdait son plus cher trésor. Son entrée au Séminaire ne signifiait-elle pas l'absence presque définitive ? Que la maison lui sembla vide après le départ du fils tendrement aimé. Quelques semaines après la rentrée, elle venait elle-même constater de ses yeux que l'enfant ne manquait de rien.

De son côté, Charles écrivait, le 23 novembre :

Bien chère Mère,

C'est à vous, en particulier, que j'écris : Vous n'en ignorez pas le motif. Je vous aurais bien souhaité votre fête quand vous êtes venue, mais je préférais le faire par lettre. Donc, bonne fête ! bien chère Maman. Je prie le Seigneur de vouloir m'accorder de vous renouveler mes souhaits longtemps encore.

Je vous demande bien pardon, ô bonne Mère, des peines que je vous ai faites. Jusqu'à ce moment, je ne vous ai rendu que le mal pour le bien, mais aimez à croire qu'il en sera désormais autrement. Encore une fois : Bonne fête de sainte Catherine !

Je ne doute pas que vous aussi, chers Frères et Sœurs, souhaitiez la fête à notre bonne Mère, qui s'est si fatiguée pour nous. Demandez-lui comme moi pardon et assurez-la que, désormais, vous ne lui désobéirez plus. Souhaitez-lui sa fête comme nous avions l'habitude de le faire chaque année. Je serai d'esprit et de cœur avec vous.

*
* *

Son titre d'aîné lui donne le droit, pense-t-il, de prodiguer des avis à ses frères et sœurs.

Il le fait volontiers et en toutes circonstances. Ses lettres, inspirées par le véritable amour fraternel, sont lues à haute voix à la maison, et chacun en profite.

C'est avec l'espoir qu'il en sera de même en certains foyers de notre temps que nous nous proposons d'en citer de très larges extraits. Il écrit à ses parents le 30 décembre 1860 :

Déjà une nouvelle année ! O mon Dieu, que les jours, les semaines, les mois s'écoulent vite ! Que la vie est brève !

Ma gratitude s'accroît à mesure que je comprends mieux la grandeur de vos bontés à mon égard. Soyez assurés que je vous serai reconnaissant jusqu'à mon dernier soupir ; vos bontés sont tellement gravées dans mon cœur que je ne les oublierai jamais. Oh ! que je serais dénaturé si je venais un jour à manquer de parole ! Mais non, je vous ai promis de vous contenter par ma piété et mon ardeur au travail.

Mon cœur vous prouve, par les sentiments qui l'animent, la vérité de ce que je vous écris, et j'aime à vous redire ces trois mots : « Je vous aime ». Ah ! si vous pouviez lire en mon âme, vous verriez quels sont les bons désirs que j'ai pour vous et combien je veux répondre à votre amour.

Apprenant que son père, surmené par les travaux, tout absorbé par les soins de son bétail et de sa culture, néglige quelque peu les offices de la Semaine Sainte et renvoie l'accomplissement du devoir pascal à plus tard, le séminariste estime qu'il est de son devoir de sauvegarder avant tout les intérêts spirituels du chrétien.

Dans l'ardeur d'un zèle excessif, mais avec les meilleures intentions, il s'empresse d'écrire :

Cher Papa,

Je fus vivement étonné et affecté lorsque j'appris que vous n'aviez pas encore rempli, comme d'habitude, votre devoir pascal. Hâtez-vous de le faire, bien cher Papa, et représentez-vous que les hommes ne sont suspendus au-dessus d'un précipice affreux que par un seul cheveu. Oui, hâtez-vous, car le Divin Sauveur vous attend. Quoi donc ? Cesseriez-vous de l'aimer lorsque je commence moi-même à le mieux connaître et à le mieux servir. Oh non, il n'en sera pas ainsi, n'est-ce pas, cher Papa ? J'attribue votre petit retard à la besogne que vous avez en ce moment.

Je ne vous apprends pas que l'homme est mis sur la terre pour aimer son Dieu. Or, Dieu n'est-il pas plus glorifié par cet acte que par tout autre. Oh ! si vous saviez quelle joie on éprouve lorsque, dans le Sacrement de son amour, on reçoit le Dieu si bon ! Quel bonheur ! J'en fais l'expérience moi-même tous les huit jours.

Encore une fois, bon Papa, hâtez-vous. Je serai plus content d'apprendre cette heureuse nouvelle que n'importe laquelle. Si vous saviez combien ce Bon Maître désire entrer dans votre cœur, vous Lui accorderiez ce bonheur, si je puis parler ainsi.

Je termine, cher Papa, avec l'espoir que vous remplirez votre devoir le plus tôt possible.

Je vous embrasse, ainsi que Maman, mes Frères et mes Sœurs, du plus profond de mon cœur.

Votre Fils aîné qui est tout à vous.

Emu beaucoup plus qu'il ne voulut le laisser voir, M. Vigneront ne songea même pas à tenir rigueur de la leçon qu'il recevait d'un enfant de quinze ans. Cette lettre lui valut des lumières et des grâces non moins efficaces que les sermons des plus éloquents prédicateurs.

✶✶

La correspondance du jeune séminariste est un appel incessant à la sainteté. Il se considère comme le chargé d'affaires de la famille auprès de Dieu et agit en conséquence.

Il écrit le 2 mai :

Chers et bien-aimés Parents.

Qu'il est doux de servir Dieu ! Que je suis heureux d'être ici ! Ailleurs, je serais peut-être exposé à ne pas l'aimer. Que c'est un doux Maître à servir ! Il ne s'est point trompé en disant : *Jugum meum suave est et onus meum leve !* Oui, je serais bien ingrat si je ne l'aimais pas après tant de grâces qu'Il me fait. Soyez heureux, chers Parents, en songeant que vous, étant occupés aux travaux manuels, vous avez, près du Médecin habile, près du Riche des riches, un enfant qui prie pour vous, afin que divin Médecin donne à vos âmes la santé, afin aussi que ce grand Riche vous donne tout ce qui vous est nécessaire. Sachez, bien-aimés Parents, que votre fils ne vous oublie pas dans ses prières et qu'il demande à l'auguste Vierge, dans ce mois qui lui est consacré, de répandre sur vous toutes les grâces dont vous avez besoin.

Travaillez donc, bien chers Parents, avec courage et patience et soyez certains que vous serez récompensés de vos peines.

Lui-même s'applique avec ardeur. « Mes études vont assez bien, grâce à Dieu, dit-il. La mémoire ne me manque pas et j'ai grande facilité d'apprendre. J'ai été le dixième en composition sur vingt-cinq. »

En cinquième, il se trouve avec des condisciples plus avancés que lui. Les années consacrées aux labeurs manuels n'ont pas favorisé le premier essor de son intelligence. Mais il est de taille à devancer ceux qui le précèdent.

N'est-il pas encouragé et stimulé par ses bons parents ?... Mme Vigneront se soucie davantage de ses progrès dans la vertu.

Il lui répond :

Que je suis heureux ! Vous me félicitez d'aimer le Bon Dieu et d'avoir à votre égard de bons sentiments. Oui, que je suis heureux de penser et d'aimer comme vous !

Et dans l'effusion d'une tendresse filiale, l'enfant épanche dans le cœur de sa mère les sentiments de la plus exquise délicatesse, des protestations de dévouement, d'amour et de reconnaissance.

On sent qu'un lien indissoluble unit à jamais ces deux cœurs où se révèlent des dons surnaturels qui les élèvent, les grandissent, les dilatent dans une divine atmosphère.

Seule la religion peut inspirer de pareilles confidences.

*
* *

Le fils d'une telle mère est un prédestiné.

Quand Dieu appelle une âme au redoutable honneur du Sacerdoce, il lui donne des grâces en rapport avec sa sublime mission. C'est souvent l'œuvre de la mère.

L'élu du Très-Haut reçoit des qualités foncières, des aptitudes spéciales qui lui permettront de s'orienter un jour vers la prêtrise. Mais il n'en est pas moins assujetti au travail ardu de l'acquisition de la science et des vertus nécessaires au bon emploi de ses facultés.

Il a le devoir de se rendre digne d'être appelé par l'Eglise au ministère des autels. Et, pour cela, il s'impose, dès le jeune âge, de réels sacrifices ; il est sevré des joies si douces de la famille, séparé de ses amis d'enfance, étranger désormais aux petites réjouissances qui sont le charme de l'âge d'or.

La vie au Séminaire, avec les exigences de la règle et de la discipline, implique l'effort, le renoncement et des privations continuelles. C'est un joug dont les austérités paraissent d'autant plus crucifiantes que la jeunesse est plus avide de bien-être et de liberté.

Il est vrai que l'Eglise, comme une bonne Mère qui connaît les besoins de ses enfants, tout en prodiguant sa sollicitude aux élèves du sanctuaire, se garde bien de les contraindre à courber le front sous des prescriptions inflexibles et uniformes. En s'appliquant à façonner en eux l'esprit, le cœur et la conscience, elle ne néglige pas d'en faire des hommes d'initiative, capables de se diriger eux-mêmes, et de conduire les autres dans la voie du devoir et sur les chemins du ciel.

La période des vacances offre, sous ce rapport, certains avantages qui ne manquent pas d'utilité. Livré à lui-même, en dehors de toute surveillance, privé de l'attrait du bon exemple, le jeune aspirant se révèle d'ordinaire tel qu'il est, avec ses défauts et ses qualités, et donne la mesure de sa valeur morale.

*
* *

Au sein de sa famille, Charles Vigneront ne change rien à ses habitudes de vie régulière. La prière et le travail se partagent ses journées. Il se rend utile en se prêtant à toutes les besognes que nécessitent la fenaison et la moisson. On le voit aux champs, actif et laborieux, comme un ouvrier à sa tâche, ne craignant pas sa peine, donnant l'exemple à ses frères et sœurs, supportant, sans se plaindre, le poids de la fatigue et de la chaleur, en attendant qu'il lui soit permis de vaquer à ses occupations favorites, à ses devoirs de vacances et à ses exercices de piété.

Son âme, en ce milieu si pur, n'a rien à redouter de ce qu'on appelle « les dangers du monde ».

Cependant, il n'épargne aucune des précautions les plus minutieuses pour se tenir à l'abri de la séduction. Comme la colombe craintive fuit à tire d'ailes, au moindre bruit que soulève la brise dans la ramure, notre Eliacin se réfugie dans la solitude dès que surgit l'ombre d'une inquiétude.

De retour au Séminaire, il écrit à sa famille :

> Depuis ma rentrée j'ai bien réfléchi. Quelle différence je trouve entre le monde et le séminaire ! Dans le premier, on ne voit que scandales, tandis que dans le second, on ne trouve que pieux exemples. Dans l'un, on n'entend que blasphèmes, dans l'autre, au contraire, que paroles de piété. Oui, je remercie le Bon Dieu de m'avoir arraché de ce monde trompeur et séducteur. Que je suis heureux d'être loin de cette mer orageuse ! Ah ! malheureusement, je n'ai pas assez aimé le Seigneur durant mes vacances, c'est pourquoi je lui demande pardon de tout cœur. En ce jour, les lèvres empourprées du sang du divin Agneau, je viens, non pas m'excuser de tout ce qui aurait pu vous faire de la peine, mais reconnaître mes torts et vous en demander pardon. Oui, bon Papa et bonne Maman, pardonnez à votre enfant, à genoux, de ce qu'il vous a si peu aimés. Vous aussi, frères et sœurs, oubliez les mauvais exemples que j'ai pu vous donner, car mon âme comprend maintenant les peines que j'ai pu vous causer. Je sais combien il faut être saint pour aller au ciel ; je sais que la mort peut nous surprendre d'un moment à l'autre. Vous m'en citez un triste exemple dans votre lettre...

Ainsi s'expriment les privilégiés du Bon Dieu. Ainsi parlent les Saints. Ils se reprochent amèrement des fautes que l'œil exercé d'un père ou d'une mère n'a pas même remarquées. Il est dit que le Seigneur découvre des taches dans ses anges. De ce regard scrutateur, ses amis s'examinent eux-mêmes. Un grain de poussière, à peine visible sur la blancheur du lys, les offusque. « Il faut être si saint pour aller au Ciel ! » Et il importe avant tout d'être prêt, à chaque minute qui passe, car elle peut être la dernière!...

Cette heureuse disposition de conscience n'enlève rien, loin de là, à l'exquise délicatesse de ses sentiments. Un cœur d'enfant est d'autant plus expansif qu'il est plus uni à la divine Charité. C'est le vase d'où s'exhale le délicieux parfum de la belle dilection.

La piété filiale, comme l'amour, n'a qu'un mot pour s'exprimer et, en le redisant toujours, elle ne se répète jamais. Elle voudrait emprunter à l'ange ses célestes harmonies...

A l'occasion de l'année nouvelle, l'élève de quatrième module en vers, ses fervents souhaits :

A mes bien-aimés Parents.

Pourquoi rechercher de grands mots ?
Pourquoi vouloir de ces tournures
Qui fascinent l'esprit des sots ?
Les expressions simples et pures
Seules montrent les sentiments.
Donc, je vous aime, je vous aime,
Vous dirai-je naïvement.
Oui, tendres Parents, je vous aime
Et je vous aimerai sans cesse.
Ce simple gage de tendresse
Vous suffit... j'en suis assuré.
Car il part d'un cœur dévoué.

Ch.-J.-F. Vigneront.

A cet essai de poésie juvénile, succède quelques jours plus tard, ce cri du cœur :

Cher Père et tendre Mère,

Comme vos lettres, toujours si remplies d'affection, me font du bien ! Vraiment je ne saurai jamais assez vous exprimer les sentiments qui animent mon cœur. Je me dis : Voilà donc les bons et tendres parents que j'ai eu le malheur de contrister. Afin de vous en témoigner mes vifs regrets, je me jette encore à vos pieds, cher Père et bonne Maman, et vous prie de me pardonner toute la peine que j'ai pu vous causer. Je remercie bien souvent le Bon Dieu de ce qu'Il m'a fait naître d'aussi dignes parents ; je vous remercie aussi de m'avoir si bien élevé et d'avoir inculqué dans mon cœur les principes de la vraie piété.

***

Pendant les vacances, le jeune étudiant s'est rendu

compte du fatigant labeur que s'imposent les siens pour gagner le pain de chaque jour ; il a vu la sueur ruisseler du front de son père et de sa mère, il a vu ses frères et ses sœurs, plus jeunes que lui, attelés du matin au soir au dur travail des champs. C'en est assez pour stimuler son ardeur à l'étude. Le succès couronne ses efforts. Il écrit :

> Tendres et biens-aimés Parents,
> ...Je suis le premier en instruction religieuse sur 44. Il a fallu ouvrir mes deux oreilles pour apprendre cette bonne nouvelle. J'en suis heureux, bons Parents, non pour moi, mais pour vous. Il est bon que vous sachiez que je fais des efforts pour ne pas rendre inutiles vos sacrifices...

L'excès d'application provoque chez notre étudiant une douleur de tête et des maux d'yeux qui l'obligent à modérer son activité.

Il ne se plaint pas. Ses petites misères, après tout, ne sont rien, pense-t-il, en comparaison du dur esclavage auquel sont astreints, à la campagne, les pauvres laboureurs. Ah! si du moins il pouvait leur prêter main-forte et alléger le poids de leurs soucis !

> Que vous devez être fatigués, bons Parents, à cette époque de l'année où les travaux sont si pénibles ! Si je ne puis vous aider corporellement, je fais des efforts pour vous aider spirituellement, car je prie Dieu de vous donner la santé et de bénir la sueur qui coule de votre front. Je lui demande que le fruit de vos travaux vous serve pour l'éternité.
> Quant à moi, j'essaie de faire des progrès et je suis le septième en émulation.

*
* *

Il s'intéresse à l'avancement dans la vertu de ses petites sœurs qui se préparent à leur Première Communion :

> J'ose espérer que Maria et Angelina se disposent de plus en plus à la grande action qu'elles vont accomplir. En passant, je leur conseille de n'aller avec les autres enfants que pour ce qui est absolument nécessaire. Avec eux, en effet, on est trop dissipé.
> Elles doivent être bien sages maintenant puisqu'elles approchent de ce grand jour où le Roi des rois, le Dieu de

Ciel et de la Terre va venir se reposer dans leur cœur. Oh ! quel beau jour, chères Sœurs, que celui-là, où l'on a le bonheur de communier pour la première fois ! Oh ! que vous devez le désirer ardemment, le voir arriver avec joie ! Oui, Sœurs, ce sera le plus beau jour de votre vie, si vous avez le bonheur de bien communier.

Je dis, si vous avez le bonheur de bien communier, car, si malheureusement c'était le contraire, ce serait changer votre joie en une tristesse amère ; ce serait empoisonner cette céleste nourriture qui, au lieu de vous donner la vie surnaturelle, communiquerait à votre âme la mort et toujours la mort... Oh bien-aimées sœurs, comprenez ceci : Priez Dieu de vous choisir pour ses temples où rien de souillé ne doit entrer, pas même le plus léger souffle du mal. Préparez-vous d'avance à bien accomplir ce grand acte, car jamais on ne peut être trop pur pour la Sainte Communion. N'oubliez pas que c'est Dieu, la pureté même, qui daigne s'abaisser jusqu'à descendre dans notre pauvre cœur.

Afin de mieux vous préparer, instruisez-vous le plus que vous pourrez. En conséquence, lisez attentivement le catéchisme du Révérend Père Marotte, que je vous envoie.

★
★ ★

Le petit prédicateur, sachant que ses conseils sont accueillis comme des oracles, se plaît à les renouveler dans ses correspondances. Nul ne songe à s'en formaliser. A l'occasion, Maria se charge de les provoquer. Une similitude de caractère établit entre le frère et la sœur, une charmante intimité qui ne fera que s'accroître avec les années. Echange de confidences, réciprocité de sentiments, mêmes aspirations vers les cimes du renoncement ; tous deux s'encourageront mutuellement à la pratique des conseils et des maximes de l'Evangile.

Déjà le séminariste s'exerce à lui signaler ses défauts, à lui signifier ses devoirs, à stimuler son ardeur à la piété:

Sois toujours bien sage, chère Sœur, prie toujours avec ferveur le Bon Dieu, la Très Sainte Vierge : tâche d'imiter les vertus de ta bonne patronne. Prie pour moi, je prie pour toi afin que Dieu daigne nous accorder la grâce de bien connaître notre vocation. Attache-toi surtout à Marie, donne le bon exemple, efforce-toi de devenir très humble.

Dans la même lettre, il s'enhardit à faire une recommandation qui revêt, sous sa plume, la forme d'une prière :

Tendre papa, permettez-moi de vous dire que le démon se sert de ruses auprès de ceux qui portent le scapulaire et le quittent. Or, un jour, devant moi, vous l'avez ôté, sous prétexte qu'il vous gênait pour travailler. Oh ! prenez garde ! D'abord vous vous dépouillez de précieuses indulgences ; la mort peut nous surprendre à tout moment. Puisque la Sainte Vierge a promis de secourir ceux qui l'auraient à leurs derniers moments, qu'Elle les préserverait des flammes éternelles, faites-y attention ! gardez-vous des ruses du démon ; ne soyez pas surpris. Reprenez donc le scapulaire, bon Papa, si ce n'est déjà chose faite, et ne le quittez plus.

*
* *

Cette sollicitude pour les intérêts surnaturels des membres de sa chère famille lui est inspirée sans doute par son grand esprit de foi et la ferveur d'un zèle qui surprend en un âge si tendre ; mais ce souci lui vient aussi de cette profonde affection pour les siens dont il ne cessera, jusque dans les bras de la mort, de donner des preuves non équivoques.

C'est ainsi que le souvenir des grands-parents rappelés à Dieu ne s'efface pas de sa mémoire.

Souvent, il fait allusion, dans ses lettres, au vénérable aïeul maternel, dont l'existence avait été celle d'un patriarche. Il écrit le 20 mars 1863 :

Bons Parents,

Hier, c'était l'anniversaire d'un de ces jours où le chef de notre famille, appelé aussi Joseph, aimait à réunir autour de lui ses enfants. Sa joie était grande de se voir entouré de ses chers petits, heureux à leur tour de lui témoigner leur affection. Comme il nous regardait et nous embrassait avec bonté ! Mais ces beaux jours sont passés : la mort est venue presque subitement. Pour des chrétiens, la mort ne doit pas être une cause de stériles regrets. L'âme éclairée par la foi ne voit dans ce qui s'appelle la mort qu'une renaissance, l'entrée dans une vie éternellement heureuse. C'est dans cette vie nouvelle, n'est-ce pas ? bien chère Maman, que vous avez vu, hier, votre bon Père, et vos larmes ont dû être bien adoucies en songeant à la récompense que ses vertus lui ont méritée. Moi aussi je le considérais dans la plénitude du bonheur ; mes prières se sont mêlées aux vôtres, pour lui obtenir, s'il ne la possède déjà, cette heureuse félicité.

Hier, c'était fête aussi au Séminaire : la fête de notre vénéré Supérieur. Dès la veille et tout le jour, on a fait partir force pétards, on a célébré cette belle fête avec d'autant plus de pompe que le culte de saint Joseph est en grande vénération dans la ville de Verdun.

Certes, il mérite d'être aimé ce grand saint. Je vous engage à devenir ses dévôts serviteurs. N'a-t-il pas une très grande puissance sur son Epouse et sur son Fils d'adoption ? Puis, n'accorde-t-il pas son secours à ceux qui l'invoquent ?

J'ai eu, avec un grand nombre de mes condisciples, le bonheur de communier en son honneur. J'ai bien prié, je prie et fais prier afin qu'il vous accorde le nécessaire, lui rappelant ses sacrifices de jadis pour aider la Sainte Famille. Nul doute qu'il ne vous récompense, très bons Parents, des soucis que vous vous imposez pour tous vos enfants...

*
* *

Les lettres de Charles, on le voit, témoignent d'un zèle dont les manifestations attestent quelle fut la caractéristique de sa vie. Cette flamme sacrée qu'il plaît à Dieu d'allumer dans le cœur de ses Saints, consuma le sien dès la première année du Séminaire. Et, parce que sa carrière devait être courte, en lui l'épanouissement de cette vertu fut précoce. Il brûle du désir de donner Dieu aux âmes et des âmes à Dieu. C'est toujours sous la même impulsion qu'il écrit, c'est toujours le même esprit qui l'inspire dans ses communications à sa chère famille :

Nous voici au commencement du beau mois de mai. Prions Marie avec ardeur sans oublier saint Joseph, son auguste Epoux. A propos, veuillez dire en son honneur et pendant sept jours, 7 *Pater* et *Ave*, pour une grâce que je lui demande instamment. Bien sûr qu'il ne pourra nous la refuser, si nous prions en même temps Marie.

O chère famille, pendant ce beau mois de Marie, que de grâces ne pourrions-nous pas acquérir !... Pourquoi si peu de bien sur la terre, pourquoi si peu de vertu ? Ah ! c'est que l'on ne prend pas les moyens pour l'obtenir. Il est vrai qu'il y a beaucoup de personnes dévouées à Marie, qui prient Marie, mais pourquoi demeurent-elles si pauvres ? C'est qu'elles ne prient pas bien.

Bons Parents, ayez pour Marie une dévotion bien solide,

priez-la avec confiance, assurés qu'elle vous exaucera. Lorsque vous vous adonnez aux travaux de la terre, je prie pour vous, chers Père et Mère, bons frères et sœurs, je demande à Dieu de vous accorder tout ce dont vous avez besoin, biens spirituels et biens temporels. Mais unissez-vous à moi ; toi surtout, bon frère, l'aîné maintenant. Si parfois tu as un moment, va, jette-toi aux pieds de Marie, prie-La de t'accorder des lumières pour connaître ta vocation : Marie bénira ton travail, le fera fructifier. Quant à vous, bonnes sœurs, allez-vous aussi à l'autel de notre Mère, priez-la pour nos parents, pour vos frères, pour chacun de nous, et vous aussi, petit Emile et petite sœur, commencez bien à aimer Marie, à lui dire de belles prières, afin que cette Mère immaculée conserve purs vos cœurs si tendres et si affectueux.

Je sais, cher Père et chère Mère, que vous êtes bien bons pour moi, mais aussi que je suis pour vous un motif de pénibles sacrifices. Ayez confiance, Dieu qui donne aux petits oiseaux leur pâture fera en sorte de ne rien vous refuser. Demandez donc et sachez vous unir aux prières que je fais.

Bien souvent dans la journée je dis à Dieu : « C'est votre Volonté, Seigneur, que je sois au Séminaire, cela est certain. Or, quand vous voulez la fin, vous donnez les moyens. Vous voulez que je sois en soutane, portant votre sainte livrée. Eh bien, pourvoyez à nos besoins, donnez à ma famille ce que vous accordez à d'autres qui peut-être souffrent moins. » Puis, j'ajoute encore : « Mon Dieu, je vous offre les peines, les souffrances de Joseph et de Marie pour élever l'Enfant Jésus. Souvenez-vous que vous avez donné à mes parents, non pas un Fils unique, mais sept enfants à élever. »

Oh ! bien-aimés parents, n'en doutez pas, le Seigneur vous accordera ce que vous lui demanderez : il est le Dieu bon, le Dieu juste ; l'essentiel est de le bien prier.

Chaque jour je remercie le Seigneur de m'avoir donné de bons parents qui m'ont inculqué dès mon enfance des principes de piété. *Oui, j'espère bien, Dieu aidant, devenir un Saint.*

Et, quand se représente la fête de Saint Jean-Baptiste, son cœur épanche dans celui de son père, le trop-plein de sa tendresse :

Cher et bien-aimé Papa,

C'est un bonheur plutôt qu'un devoir de vous écrire en cette circonstance. Oh ! mon cœur a certainement besoin de s'épancher et dans quel cœur, bien cher Papa, si ce n'est dans

le vôtre, après avoir toutefois passé par celui de Dieu ? Ah !
bien-aimé Père, si vous pouviez lire dans mon âme, surtout
en ce jour, vous y découvririez quels sont les sentiments qui
l'animent à votre égard. Oui, véritablement, il faudrait avoir
un cœur dur comme un rocher pour ne pas aimer un aussi
bon Père. En ce jour de fête de saint Jean-Baptiste, je viens
m'acquitter d'un double devoir.

Premièrement, j'ai celui de vous demander mon pardon.
Vous le savez, cher Papa, longtemps j'ai peut-être été indo-
cile, désobéissant, ingrat... Eh bien ! je vous demande pardon
de toutes mes indocilités, de tous mes murmures, de toutes
mes désobéissances. Ecoutez votre amour, cher Papa, et vous
me pardonnerez. Vous êtes si bon qu'il me semble lire dans
votre cœur et entendre ces paroles : « Je te pardonne, mon
fils, mais deviens tout autre que ce que tu as été jusqu'à présent. » Assurément je le serai et j'en prends la ferme résolution.

Mon second devoir, cher Père, est celui de vous souhaiter
votre fête. Je demande à Dieu de vous accorder non des richesses, choses futiles et passagères, ni même une très longue vie
car on souffre trop parfois des peines d'ici-bas, mais plus tard
la couronne des élus. N'est-ce pas que vous n'en demandez pas
davantage ?... Oh ! qu'il fait bon dans ce séjour où l'on ne
souffre plus et où on loue pour toujours le bon Dieu. Que
je désirerais déjà d'y être !

Je regrette bien de ne pouvoir mieux exprimer les sentiments dont mon cœur est enflammé... Je vous embrasse
comme je vous aime.

*
* *

Au petit séminaire, la monotonie des exercices, uni-
formément les mêmes, engendre une certaine routine
préjudiciable à l'initiative personnelle. On suit sans
effort la voie tracée par le règlement et il arrive que les
belles années de la jeunesse s'écoulent sans laisser d'empreinte durable dont le souvenir est un agréable élément de succès.

Il n'en est pas ainsi pour Charles. Le temps s'éco le
toujours trop vite à son gré, « avec la rapidité de
l'éclair ». « Si j'aime la période des vacances, parce que
j'ai le bonheur de me retrouver en famille, je me plais
tellement dans ce saint asile que je voudrais ne le jamais
quitter. »

Il y trouve tous les charmes de l'esprit et toutes les

satisfactions du cœur. L'étude des auteurs, les connaissances variées qu'il acquiert, les lumières qui l'inondent: voilà de quoi entretenir l'activité de son intelligence avide de savoir. Il goûte les joies de la vie commune, l'aimable compagnie de ses condisciples, la douce et familière condescendance de ses maîtres. Loin de l'entendre exhaler une plainte, on pourrait s'étonner de voir avec quels accents de sincérité il fait l'éloge des uns et des autres.

A le croire, lui seul est blâmable : « Je vais entrer dans ma seizième année. Avoir seize ans et être encore si pauvre de vertus ! Cela me fait honte. A tout prix je vais me corriger de mes défauts, devenir plus sérieux et entreprendre courageusement la réforme de mes habitudes de jeune âge. »

Cette « conversion » lui sera facilitée par un changement extérieur. « L'habit ne fait pas le moine », dit le proverbe, cependant il contribue au respect de la personnalité.

En ce temps-là, il était d'usage de donner la soutane aux meilleurs élèves du petit Séminaire. C'était une récompense très appréciée. Pour la mériter, il ne suffisait pas d'être exempt de reproches, appliqué au travail, docile aux prescriptions du règlement. Tout un ensemble de qualités peu communes était requis pour avoir droit à un tel privilège. Les rares élus formaient une élite ayant satisfait aux exigences d'un programme de perfection difficile à réaliser.

C'est dire que Charles Vigneront avait fait preuve, dès les premières années de son apprentissage au service des autels, d'une bonne conduite, d'une sérieuse piété, d'un constant progrès dans la vertu. Par le fait, il était cité comme un modèle parmi ses condisciples et, d'emblée, il présentait les garanties d'une solide vocation.

On devine avec quelle joie il annonça l'heureuse nouvelle à sa famille. Il se réjouissait surtout de ne plus reparaître au pays natal avec les livrées du siècle. Enfin, il lui semblait que désormais la soutane le mettrait à l'abri de ces dangers qui lui avaient paru si redoutables.

III

Le jeune prêcheur

La correspondance du jeune aspirant à la prêtrise constitue un bien de famille qui mérite d'être sauvegardé. Ces lettres écrites aux siens, au courant de la plume, sans aucune prétention littéraire, ont du moins le mérite d'être comme un cliché photographique.

De Blercourt, il écrit :

Eh quoi ? C'est de Vigneront, c'est de notre enfant ! Pourquoi écrit-il ? que demande-t-il ? Serait-il malade, que lui est-il arrivé ? Telles sont, bons Parents, les paroles qu'il me semble vous entendre prononcer en courant au devant du facteur.

D'abord je viens en hâte vous rassurer. Je vous dirai donc, tendres Parents, que je suis en excellente santé et arrivé à bon port. J'ai gagné Blercourt mardi dernier sans beaucoup de fatigue, car à peine avais-je fait 11 kilomètres à pied que M. Thierry, garde-forestier, à Malancourt, m'offrait une place dans sa voiture.

Mon oncle a été très heureux de me revoir, ainsi que l'excellente Mlle Jeannette. Tous deux vont bien et vous remercient de m'avoir envoyé. Le bon oncle cependant n'est pas encore remis entièrement de la toux et de la fièvre qui l'ont gagné il y a déjà quelque temps.

Au presbytère de Blercourt, le séminariste de Sivry reçoit le plus paternel accueil de la part de son oncle, curé de la paroisse. Il aime à venir se reposer, pendant les vacances, dans le calme et la solitude, auprès du vénérable ecclésiastique qui lui donne l'exemple des vertus sacerdotales.

L'abbé François Vérant, aux allures simples et recueillies, fait le bien sans bruit au sein d'une population qui l'entoure d'estime et de respect. C'est le modeste curé de campagne, d'apparence austère, cœur d'or, esprit fin, sans autre ambition que celle de s'acquitter scrupuleusement des devoirs de sa charge.

Sa santé, toujours fragile, l'a empêché d'accepter un ministère où sa science et sa vertu eussent brillé avec plus d'éclat. Il espère que son neveu, doué de qualités physiques et intellectuelles avantageuses, occupera un jour un poste qui lui permettra de faire un plus grand bien.

Aussi lui prodigue-t-il, à l'occasion, des conseils de sagesse et d'expérience, destinés à sa formation cléricale. Entre l'oncle et le neveu, il y a un échange constant d'idées et de sympathie.

Fortifié dans sa belle vocation et le cœur en fête, Charles a commencé dans la joie sa quatrième année. Il clame son bonheur :

Bien chers Parents,

Trois semaines déjà se sont écoulées depuis que je suis rentré dans la solitude de notre séminaire.

Deux fois déjà, j'ai vu M. le Curé. Il nous avait promis la visite de son ancien élève, le docte abbé Lamoureux, mais ce fut en vain ; sans doute que des circonsatnces l'auront empêché de venir.

Le lendemain de la rentrée, la bonne grand'maman m'apportait de petites provisions, telles que : raisins, pommes, noix et noisettes. Jugez si je me trouve à court de « contrebande », surtout lorsque vous apprendrez au surplus que cousine Eugénie m'en avait déjà comblé...

La semaine prochaine aura lieu notre retraite. Quel moment solennel pour une âme, puisqu'il y va de son éternité ! Il ne me sera plus permis de vous écrire.

Aussi je m'empresse aujourd'hui de vous remercier des témoignages d'affection de ces derniers temps. Je reconnais que ma conduite, durant mes vacances, vous a été agréable ainsi que mes promesses réitérées de bien travailler et de me rendre digne des grâces que Dieu m'accorde. Combien, chers Parents, je vais les redire pendant ces jours de salut, combien renouvellerai-je encore à Dieu mes sentiments d'amour et de gratitude envers mes bons Parents ! Oui, je prierai bien pour vous.

Originaire d'Eix, situé à proximité de Verdun, la famille Vigneront ne manquait pas d'aller, de temps à autre, prendre des nouvelles du petit séminariste. Les grands-parents éprouvaient pour lui une vive affection qui se traduisait par des largesses, des douceurs et des friandises. Cette « contrebande », tolérée au Séminaire, était toujours une bonne aubaine pour les écoliers. Ce qui se faisait autrefois se reproduit de nos jours. On continue les traditions ; c'est l'usage, en Lorraine, de distribuer des fruits aux enfants très friands de ces gâteries.

*
* *

Ainsi que le lecteur a pu s'en rendre compte, la note dominante, dans les lettres de Charles, le sentiment qui se manifeste le plus fréquemment sous sa plume, c'est l'expression de sa tendre affection filiale et de sa respectueuse gratitude. Toute circonstance lui est opportune pour l'effusion du cœur :

Oui, chers Parents, à l'approche du « Nouvel An », mon âme se reporte sur le passé et la série de vos peines, de vos soucis, de vos bontés, et votre nom si tendre me revient à la pensée. Aussi, ai-je besoin de vous redire que je sens la nécessité de vous exprimer tout ce que mon cœur renferme pour vous d'amour et de reconnaissance.

Cher Père, tendre Mère, famille aimée, qu'ai-je besoin d'en dire davantage ? Vous devinez ce qui se passe dans l'âme de celui qui est votre fils, votre frère. Seize fois déjà (je mets de côté les toutes premières années) l'aurore de ce beau jour s'est levée pour moi et, le matin, mes lèvres vous ont dit mes sentiments. En cette dix-septième fois, ces sentiments prennent une vivacité d'autant plus active que je comprends mieux combien je dois vous être reconnaissant.

Mes vœux pour votre bonheur spirituel et temporel, veuillez les accepter, bien chers Parents, et recevez, plus que jamais, le témoignage de l'attachement de mon cœur et la vivacité de ma reconnaissance.

*_**

C'est surtout à l'heure de l'épreuve, quand il redoute pour sa famille un danger qui la menace, que notre séminariste s'inquiète et redouble de ferveur, afin qu'il plaise au Ciel d'éloigner des siens tout sujet de tristesse. Quelles angoisses lorsque lui vient, par la rumeur publique, la nouvelle que la fièvre typhoïde exerce ses ravages dans la région de Sivry ! Sa crainte augmente en apprenant que, là-bas, un de ses camarades de première Communion est gravement atteint par le fléau. Vite, il sollicite de son frère Eugène des détails qui le rassurent. La réponse, grâce à Dieu, n'a rien d'alarmant. Elle est même quelque peu ironique et fait allusion à l'émoi que semble exciter outre mesure la sensibilité de l'absent. Celui-ci écrit à son tour :

Quel cœur n'aurait été effrayé en apprenant les dangers de ceux qu'il aime ? D'après Eugène, je sais maintenant que vous n'avez pas été atteints, autrement que par une légère indisposition.

J'en remercie vivement le bon Dieu, bien chers parents. N'est-ce pas encore une preuve qu'Il n'abandonne pas ceux qui le servent ? Croyez-moi, ce bon Père ne vous délaissera jamais.

Je suis heureux d'apprendre que Léopold, mon compagnon d'enfance, est hors de danger. Continuons de prier pour lui et pour les autres malades.

Adieu, chers Parents, je prie sans cesse pour vous et je supplie le Seigneur d'écarter toute maladie de ceux que j'aime.

*_**

A l'approche des vacances, l'étudiant exprime sa joie de se retrouver en famille. Sans doute, il jouira d'un repos bien mérité ; il revivra, durant quelques semaines, les souvenirs de l'enfance ; il se délassera dans la contemplation des sites charmants où s'écoulèrent, si fraîches et si limpides, les premières années de son innocence.

Quelle fête délicieuse que la vue des bois, des coteaux, des prairies au bord de la Meuse ! Tout objet lui parle, évoque une émotion, attendrit son cœur. Il aime surtout l'église, la chère église de son baptême et de sa première Communion, où chaque jour, matin et soir, il se plaît à épancher son âme au pied du tabernacle...

Mais le meilleur de son temps appartient à sa chère famille. Autant le monde le laisse indifférent et mal à l'aise, autant il éprouve d'attraits pour ces heures consacrées aux conversations intimes du foyer. Sa bonne mère a le don de ravir son cœur et de l'entraîner irrésistiblement à sa suite, semble-t-il. Avec elle, en sa douce compagnie, il travaille aux champs, comme il l'aide dans les soins du ménage.

Voici que pour les vacances de Pâques, on a formé le projet de se rendre à Blercourt. Cette fois, le trajet se fera en voiture au départ de Verdun.

Charles exhale son bonheur :

Quoi de plus doux pour un cœur de fils de jouir de la présence d'une mère, que depuis longtemps il n'a pu aimer que de loin ! Si je vois avec tant de plaisir Pâques approcher, c'est qu'il me fournit l'occasion d'être réuni à mes bien-aimés Parents. Nous ferons ensemble le court trajet de Verdun à Blercourt. Quelle joie ! Afin qu'elle soit complète, venez de bon matin ; vous assisterez à notre messe, qui se dit à 6 h. 1/2. Cette messe, comme toutes celles que nous chantons est célébrée avec diacre, sous-diacre, orgues, chœurs bien organisés et tout ce qui peut élever l'esprit, échauffer le cœur. Vous pourrez en même temps apprécier les superbes vitraux que l'on vient tout récemment de poser dans notre chapelle.

Partez donc de bon matin : déjà les petits oiseaux feront entendre leurs chansonnettes, l'air sera pur et frais et, aussitôt votre arrivée, vous serez introduits à la tribune. Après la Messe, la voiture sera prête, aussitôt tous nous pourrons nous écrier : « Vogue vers Blercourt, ô notre petite galère ! »

Maintenant je vous dirai que « l'aimable » fièvre typhoïde étreint dans ses bras avec beaucoup trop d'affection les pauvres gens de Verdun ! Parfois il lui arrive d'étouffer quelques personnes, par exemple une petite demi-douzaine en certains jours. Notre cousine en est atteinte. Que Dieu la protège !

★★

Avec les années, sa dévotion à saint Joseph s'accroît sensiblement. Il a fait l'expérience par lui-même des précieux avantages que procure le culte du saint Patriarche. Par son intercession, il obtient les faveurs qu'il sollicite. Avec quelle conviction il propage son culte !

Nous sommes dans le beau mois consacré à saint Joseph. Oh, si vous saviez combien il est puissant et tout bon ce grand Saint ! Il nous obtiendra les grâces que nous lui demanderons avec ferveur. Unissons-nous à tant de bonnes âmes qui en font la douce expérience. Commencez aujourd'hui même une neuvaine qui prendra fin au beau jour de sa fête. Envoyez au pied de son autel petit Emile et petite Philomène qui sont de taille déjà à lui porter vos désirs. Priez M. le Curé de vous réserver la Messe de ce jour, faites une aumône, brûlez un petit cierge devant sa statue, faites comme moi-même la Sainte Communion en son honneur.

A la maison, chacun s'empresse d'obtempérer aux « ordres » de l'aîné. Ses frères et ses sœurs ne formulent pas la moindre objection. Papa et maman, de leur côté, donnent l'exemple. L'ascendant du séminariste est tel qu'on croirait manquer à un devoir, en s'abstenant de réaliser ses moindres désirs, dès lors qu'il s'agit de faire plaisir au bon Dieu.

A quoi attribuer pareille influence pour le bien ? Déjà sa vertu exerce sur ceux qui l'approchent, notamment sur les membres de sa famille, le prestige que, plus tard, l'apôtre des noirs apportera dans les fonctions du ministère. S'il affirme aujourd'hui avec cette conviction à l'emporte-pièce, que sera-ce quand il apparaîtra, au milieu des foules, le front auréolé de la dignité du sacerdoce ?

Aux paroles, il ne se contente pas de joindre l'exemple ; son esprit sagace sait découvrir, quand il le faut, l'une ou l'autre de ces industries pratiques que suggère le zèle des âmes. C'est ainsi que, pour appuyer sa requête, il expédie des objets de piété qui aideront son action :

Ces derniers temps vous avez dû recevoir une douzaine de médailles de Saint-Joseph. Portez-les avec amour, car elles sont indulgenciées pour la bonne mort. Dites encore au bon Papa de porter sans cesse son scapulaire. C'est une source de grâces et une garantie. M. le Supérieur aime à nous en citer des exemples frappants, tristes pour certaines personnes, bien consolants pour d'autres, nous engageant à porter toujours ces armes bienfaisantes du scapulaire et de la médaille miraculeuse. Que toute la famille réponde à mes désirs et reste persuadée que de la sorte elle sera protégée. Aimez surtout le bon père saint Joseph, il m'a dit bien bas à l'oreille que jamais il ne ferait mal parler de lui.

Au revoir, au revoir, bons Parents !

Mes meilleurs baisers à tous.

*
* *

L'amour a des audaces que nul obstacle ne déconcerte. Il inspire à un débutant les prétentions d'un artiste. Qu'importent les règles de la prosodie quand on veut exprimer sa tendresse ! Fi des Muses ! Le cœur chante :

A ma Mère bien-aimée pour le jour de sa fête.
Tu me demandes, Maman, quelques vers pour ta fête,
Mais tu le sais très bien, je ne suis pas poète !
A peine mon esprit fournit des bouts rimés...
Et tu désirerais que, par des chants sacrés,
Je puisse t'exprimer tout l'amour de mon âme !
Mère, peux-tu douter de quelle ardeur s'enflamme
Le tendre cœur d'un fils doué de sentiments ?
Peux-tu ne pas savoir que, dès mes premiers ans,
Pour toi, je fus toujours consumé de tendresse.
Sans doute, bonne Mère, aux jours de ma jeunesse
Tu dus souvent souffrir de mes nombreux défauts,
Qui furent la plupart la cause de tes maux.
Mais oublie, ô ma Mère, oublie un temps coupable,
Je le réparerai ce temps irréparable,
Et désormais en moi tu trouveras l'amour
Que tu n'as pas, hélas ! remarqué chaque jour.
Accepte de ton fils, aimable et bonne Mère,
Pour garant assuré d'un amour très sincère
Accepte cet essai qui répond à tes vœux,
Que fera-t-il de plus, ton fils affectueux ?

Ce qu'il fera ?... L'avenir a ses secrets. Heureusement, le voile qui le dérobe aux yeux des mères, dont les rêves d'or ne souffrent pas d'alliage, cachent parfois de douloureux mystères.

Le printemps, avec ses fleurs et sa poésie, n'est pas éloigné de l'hiver enveloppé d'ombres et de frimas.

Il suffit parfois d'un imperceptible malaise pour changer, à brève échéance, de belles espérances en indéfinissables mécomptes...

Rien d'important à vous écrire sinon que bon nombre de mes condisciples sont déjà repartis, atteints de la poitrine. Que le Bon Dieu daigne me conserver la santé et à vous aussi, bons Parents, sœurs et frères chéris !

Notre professeur de chant, qui est aussi professeur de rhétorique, a bien voulu me charger d'une classe d'élèves à former. Vous comprenez que si je n'avais pour l'entretenir que ma propre surabondance, ces pauvres élèves n'auraient pas souvent d'indigestion. C'est pourquoi j'aimerais bien recevoir un petit manuel de chant que Papa possédait et qui, tout en m'instruisant, me permettrait d'instruire les autres.

Ce simple détail nous apprend que Charles est apprécié de ses maîtres qui le jugent capable de diriger le chant des séminaristes. N'est pas professeur de musique qui veut.

*
* *

Voici bientôt la grande fête de Noël, écrit-il. N'est-ce pas que nous pourrons nous unir d'intention et d'acte avec le bon papa et le cher frère ? Quelle grande fête ! Il y a 1864 ans, le Sauveur est descendu sur la terre pour sauver le genre humain ; le 25 de ce mois, il descendra dans chacun de nous pour le même motif. Vous ne me refuserez pas cette consolation, n'est-ce pas, bon père et aimable frère ? Six de la famille feront violence au ciel en même temps, que ce sera beau ! Jésus n'y pourra résister.

Ah ! si toutes les familles chrétiennes offraient ce beau spectacle, croyez-vous que la chose publique s'en trouverait plus défectueuse ? En ce temps-là, le niveau de la foi maintenait les pratiques religieuses aujourd'hui descendues à l'étiage.

Il me souvient que, prêchant un jour dans la paroisse de Sivry, je fus agréablement surpris d'y rencontrer un groupe important d'hommes qui ne se contentaient pas d'observer strictement le devoir pascal, mais qui se montraient assidus à la Table sainte aux grandes fêtes de l'année et plus souvent. C'était avant la guerre. Je me permis d'en féliciter le pasteur qui répondit : « Que n'en est-il ainsi dans tout le diocèse !... A mon avis, il n'y aura que la redoutable leçon d'un terrible fléau pour ramener les esprits à la pratique de la religion... » Le désastre est venu... A Dieu ne plaise que ce ne soit pas en vain !...

Petit Séminaire de Verdun, mars 1865.

Tendres Parents,

Vous avez, je l'espère, reçu le livre intitulé : *Vie de Théophane Vénard, martyr au Tonkin*, que je vous ai envoyé. Je vous en recommande instamment la lecture. Elle vous sera profitable et vous fera du bien. Ce livre vous convient tout comme aux séminaristes et à ceux qui aiment Dieu et désirent procurer sa gloire. Il m'a fait apprécier davantage le prix des âmes et l'amour que Jésus nous témoigne. Dans vos heures de loisir, lisez-le et vous reconnaîtrez combien il est instructif et édifiant.

Dites à petit Emile et à Philomène d'aller prier le bon saint Joseph régulièrement tous les jours. Qu'ils se conduisent bien, mettant en pratique les petits avis que je leur donne, surtout celui de n'aller pas avec les autres et d'aimer à se tenir à la maison.

J'en dirai autant à mes bonnes sœurs. Quant à Eugène, il en est convenu avec moi, qu'il reste sage et bon chrétien. Que petite Mère, Maria et Angélina s'efforcent de communier le 19. Je désire que le bon Père et le Frère le fassent également.

J'ai décidé mes condisciples, en rhétorique, à célébrer saint Joseph bien dignement le jour de sa fête et à lui acheter un cierge d'une livre qui brûlera devant son autel. Nous sommes 28, versant chacun 25 centimes, ce qui fera une offrande agréable au bon Père.

N'oubliez pas non plus que nous sommes en Carême ; c'est un temps de pénitence.

Cette année est celle du jubilé ; n'est-ce pas que vous aller redoubler de ferveur et offrir à Dieu les peines que vous éprouvez.

Je vous parle avec la simplicité d'un enfant qui vous veut tous les biens spirituels et temporels.

Quand à Sivry aura lieu le jubilé ? Veuillez m'en avertir, afin que j'unisse aux vôtres mes meilleures prières.

Et toi, bonne petite Anna, prépare-toi à ta première communion.

Vous, grandes sœurs, n'oubliez pas d'aller à tour de rôle, chaque jour, au saint Sacrifice de la messe.

Adieu, je vous embrasse tous du plus profond de mon cœur.

P.-S. — Priez Dieu afin qu'un jour Il me fasse connaître la vocation à laquelle je suis appelé.

Cette dernière recommandation sous-entend un changement d'orientation dans l'esprit du jeune rhétoricien, ainsi que, plus loin, le lecteur le constatera. N'anticipons pas.

*
* *

Encore quelques lettres :

Très chers Parents,

Voyez comme le temps s'envole ! Emportés sur ses ailes, voilà que nous avons atteint le beau, le grand saint jour de Pâques. Il faut nous réjouir, goûter le bonheur auquel nous convie la nature elle-même. Arrière les mauvais jours, arrière un ciel maussade, embruni, plus d'engelures maintenant, plus de froid aux pieds, plus de ce qu'il y a de dur dans cette saison d'hiver. Et puis, avec les beaux jours le mois d'août viendra et l'année scolaire se terminera joyeusement.

J'éprouverai de la peine à quitter le petit Séminaire, mon premier berceau, cet autre sein maternel, où, avec tant de bonheur, je reçois le lait de la vie spirituelle, morale et intellectuelle. Mais je serai très heureux de monter au grand Séminaire où l'on respire cet air qui vous donne des poumons d'homme fait, où l'on acquiert ce que la science a de plus solide, de plus profond, de plus agréable, où enfin l'on fait les premiers pas, vers la sainte montagne du Sacerdoce.

Nous avons fait notre Jubilé. Sans doute que vous travaillez au vôtre. C'est une bien grande grâce que Dieu met à votre disposition ; puissiez-vous en profiter ! S'il est bien fait et que la mort nous frappe, le ciel sera de suite notre partage. Pour cela, il faut que nos péchés, petits et grands, soient sincèrement détestés. Jubilé, c'est-à-dire : amnistie générale, moyennant une modeste aumône proportionnelle à nos moyens... Quel amour de la part de notre Dieu ! Quelle bonté de son cœur ! Oh ! bien chers Parents, n'imitons pas ces âmes coupables qui s'abstiendront. Insensées sont-elles de rejeter les tendresses du meilleur des Pères.

... Sans doute que le petit Emile, qui désire lui aussi venir plus tard au Séminaire, se conduit en enfant sage, aimant bien le Bon Dieu. Qu'il prie tous les jours avec petite Philomène ! Qu'ils soient très sages, ce n'est qu'à cette condition que je les aimerai tous les deux.

Ce cher « petit Emile », objet des complaisances de l'aîné, ira prendre sa place sur les bancs du Séminaire et deviendra plus tard un prêtre selon le cœur de Dieu. Héritier de ses vertus et de son zèle, il exercera le ministère pendant plus d'un demi-siècle, dans le diocèse de Verdun, au prix des plus durs sacrifices. Victime de la barbarie des envahisseurs, au cours de la grande guerre, il poursuit, à l'heure présente, ses modestes fonctions de desservant des paroisses avoisinant le pays où il a vu le jour.

IV

Rêve de jeune homme

La distribution des bienfaits du ciel a des secrets
qui dépassent nos faibles vues. Dieu cache son action
sous des voiles impénétrables et verse comme il lui plaît
ses faveurs, tantôt d'une main prodigue comme un flot,
tantôt goutte à goutte comme une rosée, sans que nous
ayons à juger ses divines mesures.

Si notre jeune aspirant au sacerdoce a été comblé,
plus que d'autres, de grâces exceptionnelles, si, jusqu'ici, nous l'avons vu se mouvoir dans une atmosphère
tout imprégnée de la grâce divine et tout inondée de la
lumière surnaturelle, la raison en est sans doute qu'il n'a
jamais manqué de correspondre aux avances du Christ
Jésus.

Un séminariste de cette trempe ne pouvait avoir la
pensée de s'arrêter dans son ascension vers les cimes.
Aussi, le voyons-nous, au cours de ses humanités, se
faire plus humble. plus laborieux, surtout plus assidu à
la prière, à mesure qu'il progressse dans la connaissance
du don de Dieu..

La perspective du bien le stimule et l'entraîne ; il
se rend compte du prix d'une âme ; son front s'illumine

lorsqu'il entend parler du dévouement héroïque des Missionnaires aux prises avec la persécution dans les pays infidèles.

Il était en rhétorique lorsque parut, en 1864, un livre dont la lecture publique, au réfectoire, l'impressionna tellement qu'il l'interpréta comme un divin sourire du Ciel et la manifestation des desseins de la Providence à son égard.

L'ouvrage avait pour titre : *Vie et Correspondance de Théophane Vénard, prêtre de la Société des Missions Etrangères, décapité pour la foi au Tong-King.* Son âme ouverte à toutes les idées généreuses en éprouva, dès lors, un mystérieux attrait qui décida de sa vocation définitive.

Que de fois, dans la suite, il relut fiévreusement ces pages éloquentes en leur simplicité ! Que de fois, dans la solitude, attendri jusqu'aux larmes, il redit avec enthousiasme le cri du jeune martyr : « Moi aussi je serai missionnaire ! »

Il se sent capable des mêmes élans, il rêve de reproduire un semblable idéal, il aspire à subir le même sort. Que d'efforts pour se rendre digne d'une pareille destinée !

• Il ne révèle son secret ni à sa famille, ni à ses amis, mais déjà sa résolution est prise : il y sera fidèle.

Désormais, il s'engage résolument dans cette voie nouvelle avec une constance pleine d'abandon.

Vers ce but, montent ses espérances et tout cet essaim de vagues ambitions qui s'agitent dans un cœur de dix-huit ans. Il accepte joyeusement le travail, se livre à l'étude avec ardeur, s'exerce à la patience et à la mortification : tout cela par amour de sa vocation et en vue des sacrifices qu'elle exigera plus tard. En retour, il reçoit des grâces abondantes qui réjouissent son cœur au point de le détacher des fragiles objets dont la jeunesse est follement avide.

Sous la timidité de ses allures et la modestie de son maintien, il cache une âme ardente, passionnément éprise de dévouement et de sacrifices.

Ses camarades le remarquent : « On ne peut prendre contact avec Charles Vigneront sans se sentir meilleur ».

C'est là un des charmes de son amitié. Nul ne connaît la source de la joie intime qui resplendit jusque dans son regard ; mais il apparaît visible qu'une transformation s'opère, de jour en jour, dans sa conduite et qu'il est prédestiné à faire de grandes choses.

*
* *

Charles aime à épancher le trop-plein de son cœur dans le Cœur de Jésus. Assidu à la prière, il confie à Dieu ses regrets du passé et ses rêves d'avenir. Parfois, il lui semble entendre les doux reproches du Sauveur :

« O mon fils, je t'avais donné la vie, qu'en as-tu fait jusqu'ici ? Qu'as-tu fait de l'innocence de ton baptême ? Qu'as-tu fait des dévouements qui entourèrent ton berceau ? Qu'as-tu fait de l'amour de ta mère ? Qu'as-tu fait des grâces de ta confession première ? Que sont devenus dans tes mains les bienfaits de la première Communion ? De tes dix-huit ans, de tes années de Séminaire, de la parole de tes maîtres, de mes prêtres, dis, dis-moi, qu'as-tu fait ?... »

Sa réponse est un humble aveu d'ingratitude, un acte de contrition.

Charles se reconnaît indigne des faveurs célestes et renouvelle ses serments de fidélité :

« Chaque jour, Dieu fait descendre sur mon âme la rosée de ses grâces... Ai-je profité de tant de bienfaits ? Où sont mes progrès dans la vertu ? N'ai-je pas eu le malheur de scandaliser mes condisciples ? Ah ! si j'étais la cause de la perte d'une vocation !... Maintenant, c'en est fait, *je veux !...* »

Ce catégorique présent ne semble-t-il pas faire écho à ce trait que le P. Gratry rapporte dans ses *Souvenirs de jeunesse,* parlant de lui-même : Il était, paraît-il, hésitant dans la voie à suivre. Pendant sa prière de jeune adolescent, il crut entendre une voix qui lui disait : « Ah ! si tu voulais ! — Je ne peux pas vouloir ! — Pourtant, si tu voulais ! » reprenait la voix toujours plus caressante et plus vivifiante. Et il faisait la même réponse, en prenant le Ciel à témoin que cela était impossible. « Tu n'es pas obligé peut-être à tout cela, mais cependant si tu voulais ! » Il voulut ; il fut ainsi vaincu par Dieu, et le lendemain de ce jour, il fit vœu de pratiquer les conseils évangéliques dans toute leur rigueur.

C'est aussi, croyons-nous, dans des circonstances à peu près identiques, que le futur apôtre des noirs s'engage à travailler toute sa vie au salut des idolâtres dans les pays de mission.

*
* *

Avec tout l'élan de sa jeunesse et dans toute la loyauté de son âme, notre séminariste de Sivry a pris sa décision. Mais à son désir s'opposent des obstacles qui en rendent la réalisation difficile. Aura-t-il la force de les surmonter ? Ce n'est que par une suite d'efforts laborieux qu'il y parviendra, Dieu aidant.

Combien qui se contentent, avec des désirs illusoires, d'une bonne volonté stérile et de velléités impuissantes ! Toujours sera vraie la parole du Maître : « Beaucoup d'appelés, peu d'élus ». Cela se voit aussi bien pour la vocation à l'apostolat que pour l'appel à la pratique des conseils et même des préceptes évangéliques. Que de fausses maximes pour tenir en dehors des voies du salut ! Que de préventions, de préjugés, de passions, de vices de tout genre obscurcissent l'âme, l'entourent d'une atmosphère viciée et la mettent en danger de périr par une sorte d'asphyxie morale !

Le démon est si rusé qu'il emprunte même le charme des relations familiales pour séduire.

Comment se résigner de gaieté de cœur à renoncer pour toujours à ces joies si pures et si légitimes que Dieu lui-même a fait éclore au tréfonds de l'âme ? Quand nous disons à une mère : « Si vous saviez comme je vous aime ! » son cœur tressaille au contact du nôtre ; et quand à notre tour nous l'entendons nous répondre : « Et toi aussi, mon fils, si tu savais comme je t'aime », il se fait dans la fusion de ces deux cœurs, le cœur du fils et le cœur de la mère, un moment d'inexprimables délices... Mais quel cruel déchirement quand survient brusquement l'heure de la séparation !...

Comment oublier les promesses réciproques qui se renouvellent fréquemment en silence dans l'intimité d'un foyer étroitement uni ?... L'éternel adieu, n'est-ce pas l'irrémédiable brisure ?.

Etre missionnaire, c'est grand, c'est beau, c'est

sublime. Ambitionner le martyre, c'est prétendre s'élever sur les hauteurs de l'héroïsme et s'y maintenir... Il est cependant facile, quand on a un cœur vaillant, de donner sans calcul, dans un seul sacrifice, tout le sang de ses veines ; dans le service obscur de Dieu, quand personne n'est là pour faire entendre ces applaudissements qui sont une si grande part du courage, c'est la preuve de la vraie vertu, c'est le signe inimitable de la grandeur.

Du rêve à la réalité, il y a loin.

Va, jeune homme, tu ne sais pas ce que te réserve l'avenir...

Déjà, ce privilégié de la tendresse divine constate que ses bons parents font pour lui des sacrifices dont ses frères et sœurs ne bénéficient pas dans la même mesure : Sa conscience lui en fait un grief et il s'en excuse dans une lettre à son frère :

Je viens de recevoir une nouvelle soutane et des souliers neufs.

Bon frère Eugène, ne murmure pas si nos parents ont dépensé pour moi une somme assez importante, tandis que toi, cher ami, tu te vois peut-être privé du nécessaire. Je te dirai que c'est le bon Dieu qui le veut ainsi, quoique tu sois plus digne que moi de jouir de tous ces privilèges. Oui, bon frère, c'est le Seigneur qui m'a fait entrer au séminaire et qui a voulu que je revêtisse la soutane. Sache donc qu'Il est juste et, puisqu'Il permet cela, c'est une preuve qu'Il te réserve, à toi si bon et si dévoué, l'abondance de ses biens. Je prie pour toi.

Suivent les conseils, sollicités d'ailleurs, qui sont toujours une lumière pour l'esprit et une force pour la volonté ; il les prodigue en même temps à ses sœurs :

Tu me dis, bien cher Frère, que tu t'ennuies, n'aimant pas sortir. Oh, si tu veux m'en croire, que tu serais si heureux dans ces moments où la tristesse te gagne et que tu te trouves seul et délaissé !... Va aux pieds des autels, vas-y dilater ta foi, Que la tienne ne soit pas une foi passive, mais active, qui voit dans le Tabernacle Notre-Seigneur renfermé là pour nous bénir, écouter nos demandes et nous consoler ! Oui, bon Frère, crois-moi, va Le trouver ; expose-Lui tes peines, tes besoins, tes ennuis, parle-Lui, écoute-Le, prie-Le pour toi, pour nos parents, pour la famille ; prie-Le surtout pour moi, bon frère, engage-Le à bénir mes études, *à me faire bien connaître ma vocation, à m'en rendre digne, à m'aider à faire un jour, peut-être, un bien grand sacrifice.*

Vous aussi, tendres sœurs, allez souvent Le trouver, toi surtout, ma chère Maria, demande-Lui de nous bénir, de nous attacher à Lui, de te faire connaître ta voie, l'état enfin où Il veut que nous le servions avec plus de fidélité.

Voulez-vous que je vous propose encore une dévotion qui ne coûte guère et qui, cependant, rapporte beaucoup ? Chaque matin, soit à l'église ou ailleurs, offrez à Dieu, par les mains de l'auguste Marie, toutes les messes qui se célèbrent sur la terre. Offrez à Dieu le Père chacune des actions de la vie de Jésus-Christ, sa vie cachée, par exemple, son obéissance, son agonie au Jardin des Olives, sa flagellation, son couronnement d'épines, ses humiliations, son crucifiement, ses joies, sa gloire, etc. Joignez-y les douleurs et les joies de Marie. Offrez tout cela pour la gloire de Dieu, le salut des âmes, pour les justes, les tièdes, les pécheurs, les agonisants. Et dites-moi si, avec tous ces trésors, vous vous ennuirez et n'obtiendrez pas beaucoup de mérites ?

Certes, je n'ai pas de conseils à donner à nos bons parents et je les sais pieux : mais c'est à vous, chers frères et bonnes sœurs, que je recommande ces pratiques : vous y trouverez votre bonheur. Ces recommandations s'adressent en particulier à Anna, à Emile et à Philomène. Plus que vous, ils ont besoin de conseils puisqu'ils sont les plus jeunes.

*
* *

Le pieux Rhétoricien souligne ce détail :

Un Père mariste qui fut chef d'étude au Séminaire de Verdun, M. Aubry, vient de trouver la mort dans le Grand Océan Pacifique en exerçant son ministère... *O sublime mort !... ô mort désirable !* »

A mesure qu'il avance vers le terme de ses études classiques, les rayons de la lumière divine illuminent son âme, l'horizon s'agrandit, sa vocation lui paraît plus belle : « O mort désirable ! »

Sa dernière lettre datée du Petit Séminaire dénote le travail qui se fait à son insu dans son intérieur :

Durant mes vacances, je concentrerai au sein de ma famille mes affections, mes sentiments ; nous ferons ensemble nos devoirs de chrétiens, nous trouverons notre bonheur au service du Bon Dieu. Le monde ne nous donnerait pas ces joies : il n'est que vanité, mensonge et misère. Mais, direz-vous, voilà que notre fils prêche encore !... Ah, voyez-vous, c'est que mon dégoût est profond pour ce monde trompeur. Du reste la vie est si courte et l'éternité si longue. Les peines, les souffrances, les sacrifices, les humiliations sont de peu d'instants. Puis, je voudrais par ma présence vous consoler dans vos soucis. Courage donc et encore courage !

Si ce n'était peur de me donner de l'orgueil, je vous dirais (mais non, je n'en ressens nullement de l'orgueil). Je veux seulement vous causer un peu de joie. Je vous dirai donc que mon professeur a déclaré devant toute la classe qu'il fondait sur moi des espérances pour la prédication, que Dieu me bénirait et me donnerait pour le discours, lumières, fonds, sentiments, éloquence. J'ai rougi. O bons parents, si cela devient réel, ne m'en attribuez point la gloire, redites-vous, avec mon bon professeur, que « la piété est utile à tout ».

Cet aveu équivaut à la mention très honorable que décerne le jury aux candidats de premier choix. Pas n'est besoin d'ajouter un commentaire à ce témoignage de satisfaction. Il résume, en sa concision, tout ce qui précède et tout ce qui aurait pu être relaté sur les cinq années de Charles au Petit Séminaire.

*_**

A en juger par ce qui précède, le futur apôtre a fait, sous tous les rapports, de sérieux progrès. Sa piété a grandi avec son intelligence ; son imagination riche et gracieuse s'allie à un jugement sûr.

Plein d'aménité pour tout le monde, il se prodigue rarement ; mais il se plaît à concentrer ses affections les plus chères sur les membres de sa famille et quelques amis de choix.

Cet attachement pour les siens devient même de la tendresse. Dieu le permet ainsi, pour mieux montrer la puissance de la grâce au jour où il lui dira, comme autrefois à Abraham : « Sors de ta maison et de ta parenté, et va dans la terre que je te montrerai. »

Ces heureuses qualités, si bien harmonisées dans sa personne, trouvent leur complément dans un extérieur plein de modestie et sans prétention, dans des manières aisées et polies, dans un regard qui reflète la franchise, miroir de sa belle âme.

Du reste, de même que, malgré lui, sa piété si simple pourtant, et toute naïve, apparaît au dehors ; de même aussi s'échappe, à son insu, le rayonnement de ses qualités d'esprit et de cœur.

*
* *

Parvenu à la fin de ses humanités, le petit séminariste emporte les meilleurs souvenirs de la maison bénie où, sous la sage direction et les bons conseils de maîtres expérimentés, il a joui des avantages d'une excellente formation, qui fera de lui un homme de valeur.

Mais le temps est venu pour l'adolescent de monter plus haut, vers la noble destinée que la grâce de l'Esprit-Saint lui réserve. Son âme ardente aspire à s'élancer dans la carrière ecclésiastique pour y acquérir les vertus qui sont l'ornement du prêtre selon le cœur de Dieu.

Déjà, il est visible qu'il subit un puissant attrait vers les idéals élevés. Il est dévoré de la soif du salut des âmes. Il veut être missionnaire.

Chacun sait que le missionnaire s'embarque d'instinct sur des eaux tourmentées, avec la douce assurance que le Maître, arrêté sur la rive, ou bien endormi sur l'esquif, est toujours présent au milieu de la tempête pour l'apaiser.

Il veut être missionnaire parce qu'il espère cueillir plus tard la palme du martyre, comme Théophane Vénard.

V

Le grand Séminaire de Verdun

Sommaire. — *Les impressions du début. — Un maître éminent. — « Vigneron, bêche ta vigne. » — Le serviteur de Marie. — A quoi bon ? — « Vivez votre vie. » — A la source de la science. — Entre frères et sœurs. — Indices d'une orientation vers l'apostolat. — A vingt ans. — Appel à la tonsure. — Inquiétudes maternelles. — Nobles et généreuses aspirations.*

La fin des études secondaires marque généralement pour les jeunes gens une heure critique. Ils sont rendus à ce carrefour de la vie, le cœur tout joyeux, au souffle enivrant de la liberté, et le front ceint de beaucoup d'illusions. Des voies larges s'ouvrent, en effet, devant eux et les tentent ; il faut, d'ailleurs, marcher vers l'avenir d'un pas ferme et faire le choix judicieux d'une carrière.

Grave préoccupation à laquelle échappent les élèves ecclésiastiques. Ceux-ci n'ont pas à se choisir, pour la plupart, une carrière parmi les différentes situations qui s'offrent à la sagacité des collégiens. Ils se trouvent conduits tout naturellement au seuil du sanctuaire ; il ne leur reste plus qu'à en gravir les degrés, espacés par une vigilante direction qui les mène à l'autel, éclairés et résolus, pour leur oblation finale qui est le sacerdoce.

Pour le Rhétoricien de Sivry, nulle hésitation possible : il veut consacrer sa vie au service de Dieu.

Au terme de ses études classiques, il est admis d'emblé à prendre rang dans la phalange des lévites initiés au ministère des autels.

En ce temps-là, le Grand Séminaire de Verdun, situé entre l'évêché et la cathédrale, présentait un aspect imposant dans son ample et antique robe de granit, avec son cloître architectural, ses vastes cellules, ses larges proportions, sa principale façade dominant la vallée de la Meuse et la partie de la ville sise au pied de ses remparts. Vrai nid d'aigle construit par les vieux moines et défiant la morsure des siècles.

La fureur des barbares, pendant les années terribles de la grande guerre, faillit le réduire en poussière, comme tant d'autres monuments célèbres démolis de fond en comble par leurs engins de destruction.

Mais il n'abritait plus alors les aspirants au sacerdoce, expulsés quelques années auparavant, par la violence d'une odieuse persécution... Justice immanente !

Là, comme précédemment, dans la pépinière des vocations, notre jeune Eliacin se concilie par son heureux caractère, l'affection de ses condisciples. Il offre un agréable mélange de douce gravité et de franche gaieté qui révèle une âme droite, en pleine possession d'elle-même, agréable à Dieu.

Cependant ses directeurs observent qu'il est peu prodigue d'expansion. En effet, ses affections les plus tendres vont à sa famille. Si c'est là un défaut, il ne s'en corrigera jamais. Cet attachement pour les siens s'accentuera avec le temps, sans porter le moindre préjudice, d'ailleurs, à la grande passion qu'il a vouée à Dieu et aux âmes.

Veut-on connaître ses impressions ? Quelques jours après la rentrée, il écrit :

Grand Séminaire de Verdun, ce 22 octobre 1865.

Bien chers Parents,

Me voici donc au Grand Séminaire ! Quel bonheur ! Que l'on y est heureux ! Le temps que j'y ai passé est encore bien court et cependant la félicité que j'y éprouve m'arrache ce cri et me fait dire souvent : « Oui, quel bonheur d'être au Grand Séminaire ! » En vérité, n'est-ce pas en ce séjour que je serai ordonné prêtre, si c'est la sainte volonté de Dieu !

Mais je ne veux pas m'abandonner ainsi à des accès de joie. Déjà deux classes avec notre aimable professeur, l'abbé Didiot. Il est aussi doux et affable que la science qu'il nous enseigne est grande, noble, élevée, sublime.

A notre tour de dire : Heureux, trois fois heureux les disciples d'un tel maître ! La personnalité de Mgr Didiot, aujourd'hui encore, jouit d'une réputation de haute vertu et de science éminente. Le jeune professeur de philosophie au Grand Séminaire de Verdun devait, quelques années plus tard, illustrer la chaire de théologie morale des Facultés de l'Université catholique de Lille où il eut pour successeur Mgr Chollet. Ses brillantes qualités et ses savants ouvrages en ont fait l'un des prêtres les plus marquants de l'époque.

L'étude, sous un tel maître, apparaît moins comme un travail pénible que comme un agréable délassement. Le plaisir qu'éprouve le disciple à suivre l'évolution d'un esprit supérieur dans les horizons de la métaphysique stimule son ardeur au travail et développe l'éclosion de ses facultés intellectuelles.

Notre séminariste se plaît à suivre dans les hauteurs le vol de « l'aigle ». Là, il se rend compte de la nécessité d'une activité plus intense, tant est vaste le champ des connaissances à acquérir.

Rien sans effort. Il se dit à lui-même : « *Vigneron,* bêche ta vigne, si tu veux avoir du raisin ». Et il redouble d'ardeur à la besogne. Il veut que chaque minute soit marquée par un nouveau progrès.

Il agit de même dans le difficile labeur de sanctification personnelle qui fera de lui un prêtre selon le cœur de Dieu, car déjà il envisage le jour où, paré des gloires du sacerdoce, il montera pour la première fois au saint autel.

*
* *

Son attrait pour la philosophie, la multiplicité des études ecclésiastiques, le surcroît d'une charge qui lui a été confiée, ne suffisent pas à modérer ses relations épistolaires avec sa famille :

Grand Séminaire de Verdun, 10 décembre 1865.

Bien-aimés Parents,

Que fait-on au foyer domestique ? Que devenez-vous ? Je l'ignore complètement. A vrai dire, j'attendais de vos nouvelles au lendemain de l'auguste fête de l'Immaculée Conception, une fois de plus mes prévisions sont trompées. Ah ! voyez-vous, c'est que, lorsqu'il s'agit de la famille, de cette famille tant aimée, mes désirs sont si ardents et si étendus, que rien ne peut les satisfaire. Ils exigent continuellement de nouveaux épanchements de votre part, parce qu'ils ont sans cesse de nouveaux besoins. Le propre de l'amour est d'être inquiet sur son objet dès qu'il en est séparé.

Ne tardez pas, je vous prie, de me donner de vos nouvelles, de me dire ce que fait l'oncle, ce qui se passe à la maison et en mon cher Sivry.

Pour ce qui me concerne, je me porte comme le Pont-Neuf, je me plais à merveille, je travaille et prie de toutes mes forces, je m'en donne à cœur joie dans les récréations, je suis dans mon élément, heureux comme le poisson dans l'eau et gai comme l'oiseau sur la branche aux beaux jours printaniers.

Que me faut-il de plus ? J'ai de bons Parents chrétiens, plus riches en vertus que beaucoup d'opulents en abondance, et ces bons Parents me chérissent, témoin tout ce qu'ils font pour moi, le sacrifice qu'ils s'imposent pour mon bonheur , mais je puis dire aussi qu'ils sont payés de retour ; je les aime de tout mon cœur de fils. Je suis, de plus, au séminaire, au grand séminaire ; pressant motif d'une reconnaissance sans bornes.

Chers Parents, qu'il fait bon au Grand Séminaire ! Je m'y plais tellement que pour le monde entier je ne changerais de condition.

Aujourd'hui, nous célébrons la fête de l'Immaculée Conception, transférée au dimanche ; j'ai bien prié pour vous. Oh ! sans doute que mes prières ont obtenu bien des grâces, car elles étaient unies à celles de ma famille. Combien a été honorée notre bonne Mère du Ciel ! Je l'aime, la **Très Sainte Vierge**, et je sens ma dévotion envers Elle s'accroître tous les jours. Elle est si bonne, si aimable ! Oui, Marie nous bénira, je n'en doute pas.

Aimer Marie, n'est-ce pas en effet s'assurer sa protection maternelle et mériter ses faveurs de choix ? N'est-ce pas aussi le gage d'une particulière prédilection de sa part et la certitude de la persévérance finale ? Le serviteur de Marie ne saurait périr. *Servus Mariæ nunquam peribit.*

*
* *

Le général de Sonis, offrant ses vœux de bonne année à une dame du monde, excellente chrétienne, se contenta de lui dire : « Je vous souhaite une bonne mort ».

Sous la plume de l'abbé Vigneront, même souhait à l'adresse des siens :

> A tous,
> Salut, Paix, Joie, Bonheur !

Le nouvel an approche, mes bien-aimés. Encore un pas de plus vers la tombe !

Oui, une année disparaît pour faire place à une autre qui s'écoulera aussi rapidement, et ainsi de suite jusqu'à ce qu'enfin une dernière commencera pour nous faire passer du temps à l'éternité ! Quelle grande pensée que celle-là ! Bien comprise, cette pensée met sur mes lèvres ces mots : « Je vous souhaite une bonne année », car, après tout, cette année qui commence ne sera-t-elle pas la dernière pour nous ? Ce qu'il y a de sûr, c'est que nul ne peut être assuré du lendemain.

La mort viendra comme un voleur, au moment où nous nous y attendrons le moins. Soyons donc toujours prêts. N'est-ce pas ce qu'ont fait les saints et ce que Jésus demande de nous ? Ainsi donc, bien-aimée famille, je vous souhaite à tous une bonne année, dans le sens que je viens d'indiquer. Bonne année, en nous soumettant aux desseins de Dieu et en réalisant la parole de Notre-Seigneur : « *Cherchez d'abord le royaume des cieux et le reste vous sera donné par surcroît.* »

Oui, si nous aimons Dieu, nous verrons tout le reste prospérer, nous serons heureux, lors même que le monde nous croirait malheureux.

De tous les souhaits les meilleurs que mon cœur de fils aimant et de frère affectueux puisse faire est celui-là. Il renferme tous les autres, parce qu'il est l'essentiel et l'unique.

Vrai, il n'est rien de plus expressif que ces sentiments de philosophie chrétienne. S'en inspirer, c'est la sagesse. Insensés, la plupart des catholiques de notre époque ! Ils ne vivent que pour les intérêts du temps, oublieux qu'ils sont du véritable but de la vie. *Que sert à l'homme de gagner le monde entier, s'il vient à perdre son âme ?*

Oh ! comme le monde aurait besoin qu'une ardente jeunesse, animée des mêmes sentiments que notre séminariste, se lève et jette à tous les échos du pays le *Quid prodest*. A quoi bon ?...

**

Ne dit-on pas que les jeunes d'aujourd'hui sont des égoïstes qui ramènent tout à eux, qui ne pensent qu'à eux, qui ne recherchent qu'eux-mêmes, qui n'aiment ni leur famille, ni leur père, ni leur mère, ni leurs maîtres ?

Ils profanent ainsi les plus délicats sentiments... A qui la faute ? Demandez-le à ces parents trop faibles qui gâtent leurs enfants : « Il a tant de cœur, ce cher petit ; cela lui ferait de la peine d'être grondé, même quand il fait mal » ; on lui pardonne tout. Qu'arrive-t-il ? Devenus jeunes gens, ils n'aiment que ce qui est bas, que ce qui satisfait leur faim, leur soif de plaisirs et de voluptés.

Combien différente l'attitude de Charles Vigneront ! Quel noble cœur ! Entendez-le s'exprimer :

A ma bien-aimée famille !

Voyez s'il est vrai que je vous aime ! Il y a à peine 15 jours que je vous ai écrit, mon frère était avec moi, et voici que je m'ennuie de n'avoir point de vos nouvelles. Ah ! c'est que mon cœur très aimant n'est heureux qu'auprès de ceux qu'il affectionne ; il souffre beaucoup quand, séparé, il ne se rapproche pas aussi souvent qu'il le voudrait. Aussi combien je souffre quand je me souviens des peines que j'ai causées à votre tendresse. Ah ! si je ressens encore quelque espérance, c'est que je vous entends me dire : « Mon fils, ne crains rien, tout est oublié. »

Pressé par un double besoin, celui de réparer le passé et de bien user du présent, je prie pour vous avec une plus grande ferveur, et je vous aime, je pourrais dire, d'un double amour. Je suis sûr qu'ainsi je satisfais à vos légitimes désirs et fais la joie de votre âme.

N'est-ce pas là, bons Parents, la bénédiction si douce que Dieu doit à vos soins si tendres d'élever vos enfants dans sa crainte et dans son amour ? Si vous êtes privés des biens de la terre, vos enfants du moins n'aspirent qu'à une seule chose · celui de faire votre bonheur et d'opérer leur salut.

**

Mêmes accents quand il s'adresse à ses deux sœurs,

qui viennent de quitter le foyer pour apprendre la couture dans un village voisin de Sivry ; il laisse courir la plume la bride sur le cou et se délasse de l'aridité de la philosophie en se livrant à l'improvisation d'un petit sermon à leur usage :

Bonnes et tendres Sœurs,

Enfin j'ai reçu votre lettre, la première depuis votre séjour à Brieulles. Merci de vos vœux et souhaits. Ils sont une preuve bien douce que vous n'oubliez pas votre frère aîné. En retour, recevez les miens. Ils ne sont ni moins chrétiens, ni moins affectueux. Que le petit Jésus vous console, vous soutienne, loin du cœur d'une bonne mère, mais près de celui d'une maîtresse bien digne de la remplacer.

J'ai appris, en effet, que cette excellente demoiselle mérite par ses vertus toute votre estime et toute votre affection : accordez-les lui, puisque, en vous apprenant à travailler, elle vous enseigne également le chemin de la vertu. Suivez ses conseils, écoutez ses avis ; pour elle, respect et soumission : elle tient la place de nos parents, surtout de celle qui désire bien nous élever. Présentez-lui de ma part l'expression de ma reconnaissance.

A vous aussi, comme aux autres membres de la famille, je recommande de bien aimer le bon Dieu, la Sainte Vierge et saint Joseph, de réciter les prières que je vous ai conseillées, de lire l'Imitation de Jésus-Christ, livre si rempli de céleste nourriture pour vos âmes.

Mais, allez-vous dire : « A nous aussi un véritable sermon ». C'est juste, et vous me le pardonnerez. Ah ! voyez-vous, lorsque je suis sur ce chapitre, je ne taris point. A vous, mes Sœurs, je veux exprimer tous les sentiments qui sont miens et je voudrais vous faire vivre la même vie que la mienne.

C'est pourquoi je me permets de vous dire encore : Aimez bien les âmes du purgatoire, priez beaucoup pour elles. A chaque minute, à chaque seconde, une âme paraît devant Dieu. Que la jouissance de ce Dieu soit rapidement leur bonheur ! Souvenez-vous aussi des saints Pères de l'Eglise, des prêtres, des *missionnaires*... Que serai-je un jour ? Déjà, peut-être, aurez-vous prié pour moi ?... Puis, vivez votre vie tranquille, changeant en monnaie pour le ciel chaque coup de votre petite aiguille. Ecrivez souvent à nos parents. Apprenez que je suis heureux au grand Séminaire. Il y aura bientôt trois mois que j'y suis et je n'ai pas encore éprouvé une demi-minute d'ennui. Ah ! c'est qu'il y fait si bon ! Ici, je suis dans mon élément, à la source la plus pure de la science et de la piété ; aussi je tâche d'y puiser le plus abondamment que je puis.

Que vous dire encore, sinon que samedi dernier, à six heures du matin, comme nous terminions notre méditation et que quelques condisciples se rendaient déjà à la chapelle, l'un d'eux vint nous faire sortir précipitamment en criant : « Au feu ! au feu ! » Tous alors nous nous précipitons par toutes les issues. Le feu était à une maison de la rue Saint-Louis. Nous y courûmes, dispersés. C'était curieux de nous voir arriver haletants, les uns par une rue, les autres par une autre, ceux-ci avec leur chapeau, ceux-là n'en ayant pas, certains sans rabat, la soutane relevée jusqu'aux genoux. Mais ce feu fut peu important : trente minutes suffirent pour l'éteindre.

Aujourd'hui, fête des Rois, nous devions aller en promenade. Mais Dieu en a jugé autrement. Il paraît qu'Il voulait qu'on puisse dire : « Le roi boit. » Il a plu, une grande partie du jour. Nous respirons ici un air très pur, comme vous le pensez bien. Nous sommes à 208 mètres au-dessus du niveau de la mer, nous recevons le vent de première main, et certes, je m'en aperçois. Je l'entends surtout, car les tours de la cathédrale nous le rejettent bruyamment.

Vous désirez peut-être connaître la vie que je mène ici. Elle est bien remplie ; la voici : nous nous levons tous les jours à 5 heures afin de prendre de l'exercice de bon matin. A 5 h. 1/2, la méditation précédée de la prière. A 6 heures, la Sainte Messe. A 7 heures, l'étude. A 8 heures, le déjeûner suivi encore de l'étude jusqu'à 9 heures. Alors s'ouvre la classe. C'est là que nous apprenons quelque chose de beau. Vous tomberiez en extase quand, vous parlant de syllogisme, je vous citerai du Baroco, Bocardo, Fesapo, etc. Quand je vous démontrerai le parallélogramme des forces, quand je vous dirai que l'eau résulte de la combinaison de l'oxygène et de l'hydrogène, qu'un corps plongé dans l'eau perd en pesanteur le poids du volume d'eau déplacée, que la vitesse croît en raison inverse du carré des distances, et combien de choses semblables après lesquelles il se faut casser la tête pour y introduire quelques miettes de science !

A 10 heures nous sortons de classe et nous rentrons à l'étude jusqu'à midi. Nous y revenons après une récréation de 5/4 d'heure, une classe de chant d'une demi-heure précédée du chapelet ; puis nous allons de nouveau en classe jusqu'à 5 heures ou en promenade. Enfin, étude après. A 7 heures lecture spirituelle suivie du souper et d'une récréation de 3/4 d'heure. A 8 h. 1/2 prière et à 9 heures coucher. Vous le voyez, le temps est bien employé, on ne peut s'ennuyer.

Mais je n'en finirais pas... Vous me trouvez bavard, n'est-ce pas ? J'essaie simplement de vous faire plaisir, certain d'y arriver.

Adieu, acceptez mes vœux, c'est du fond du cœur qu'ils vous sont offerts. Ils sont sincères et je désire leur réalisation.

⁂

« Faire plaisir » : voilà bien la marque d'un cœur plein de délicatesse, tout débordant de bonté. C'est là le contrepied de l'égoïsme, totalement dépourvu de bienveillance.

Faire plaisir à ses amis, quand on a bon cœur, quoi de plus naturel ? L'abbé Vigneront n'exclut personne de ses amabilités. Sa tendance habituelle a toujours été de faire des heureux. Il a été bon avec les petits, les ouvriers, les pauvres, les étrangers ; il a toujours eu pour maxime que la bonté, dans l'exercice du ministère, est le chemin le plus court et le plus sûr pour ramener à Dieu les âmes dévoyées, hostiles à la religion et aux pratiques de la vie chrétienne. Nous le verrons à l'œuvre parmi les nègres qu'il traitait avec toutes sortes de prévenances, essayant de leur faire plaisir, afin de les attendrir et de les sauver.

Si ces dispositions lui étaient familières, c'est qu'il avait fait, dès son jeune âge, l'apprentissage de la vertu de charité dont le fruit exquis est la bonté de cœur.

Pour faire plaisir à son frère cadet sur qui reposent les charges matérielles que lui, en sa qualité d'aîné de la famille, aurait dû assumer, il aime à le taquiner gentiment. Avec Eugène il prend d'ordinaire le ton de la plaisanterie :

Tu ne m'indiques pas dans ta lettre si le Ciel veut que je sois « soldat de l'Empire » et quand mon numéro sortira. Mes condisciples sont avertis de tout cela et nous sommes 20, dont 5 philosophes.

T'imagines-tu 20 conscrits séminaristes, 5 philosophes et 15 théologiens ? Ah ! mon cher, voilà qui doit faire trembler les Russes et Cie. Toutefois, ne crois pas qu'ils soient tous de ma force. Il en est de grands, de robustes, de redoutables !...

En ce temps-là, il n'était pas question d'envoyer les

séminaristes à la caserne ; sans être assujettis à la loi commune, ils n'en étaient pas moins dévoués aux grands intérêt de la patrie.

Mais ils rivalisaient surtout d'entrain, à se préparer dignement à procurer la gloire de Dieu et le bien des âmes.

*
* *

Tout homme a sa place marquée par la Providence en ce monde. A chacun sa vocation : c'est l'ordre, l'harmonie et la paix qui en résultent pour le plus grand avantage des individus et des sociétés.

Le désir des missions étrangères devient de plus en plus intense dans l'esprit de l'abbé Vigneront. Il y pense le jour, il en rêve la nuit. Il demande des prières dans ce sens :

Priez bien le Seigneur de me faire connaître ma vocation. J'ai encore quatre années, il est vrai, mais qu'est-ce que cela ? Et d'ailleurs que de secours me sont nécessaires pour arriver à la dignité à laquelle Dieu semble m'appeler ! La prêtrise ! Ah, chers parents, quelle gloire pour vous, pour moi ! mais surtout quel sujet de crainte pour votre fils ! Toutefois, je me rassure, car Dieu est bon, il m'aime, il veut la fin et me donnera les moyens. A moi d'y correspondre et, pour ce motif, il me faut des prières.

Malgré lui, il en parle à tout propos : c'est le sujet favori de ses conversations, si bien que ses condisciples en font la remarque et lui reprochent son « idée fixe ». C'est ainsi qu'il apprend à ses dépens qu'il vaut mieux se taire que trop parler. C'est la recommandation que lui dicte l'expérience :

Gardez en tout beaucoup de circonspection. Je me porte toujours bien. Je travaille et je prie autant que je le puis. Je suis content, je suis heureux, plus heureux cependant serais-je si j'étais près de vous ! Faisons la volonté divine. Toutefois, lorsque je veux vous trouver, je n'ai pas à chercher bien loin, je descends dans mon cœur et je vous y vois. Du fond du cœur, je vous salue et je vous aime. C'est ce que je fais en un baiser d'amour en Notre-Seigneur.

Il ne tarde pas à sentir qu'il lui faudra passer par

l'âpre sentier du Calvaire avant de parvenir au but qu'il se propose d'atteindre. Entre les mains de Dieu, l'épreuve est un instrument de miséricorde ; c'est une grâce de choix, une invitation à monter plus haut dans la voie du détachement des créatures. Plus la souffrance nous éloigne du monde et plus elle nous rapproche du Souverain Bien.

Voici que va commencer pour le futur apôtre l'ascension vers les sommets. Dès le premier pas il semble hésiter :

Il faut faire sacrifices sur sacrifices dans cette vie. Dieu m'en a déjà demandé beaucoup et des plus amers. Que le Seigneur les inscrive à mon profit et pour sa plus grande gloire, mais je suis convaincu que, dans cette vallée de larmes, il faut souffrir et souffrir en proportion des grâces reçues d'en haut. Sans aucun doute, j'ai la conviction que mon lot de peines sera lourd, mais n'importe ! j'en viendrai à bout avec la grâce du Ciel, je l'espère du moins. Oh ! priez pour moi, j'en ai besoin ; tout n'est pas rose, il y a parfois de pénibles déceptions, mais encore une fois que la Volonté de Dieu s'accomplisse ! Elle est toujours aimable et bonne ; elle ne veut que notre bien, notre bonheur. Jamais je ne reculerai devant l'adversité. Il n'y a que les lâches pour abandonner le poste qui leur a été assigné ; avec le secours divin votre fils et frère ne sera jamais un lâche. Oh ! je sais, bons parents, que seul je ne puis rien, mais avec la prière je pourrai beaucoup. Encore une fois, priez bien pour moi. Demandez pour moi l'esprit de sagesse, de sacrifice, de travail, de prière ; demandons ensemble l'amour de Dieu, la grâce surtout de ne point l'offenser. Priez-le surtout de me bien faire connaître ma vocation ; le temps passe vite, bientôt arrivera le moment décisif de la prêtrise... O mon Dieu, faites que je sois trouvé digne et bien prêt !

*
* *

Cette lettre, écrite sous une impression passagère de mélancolie, provoque une sorte de stupeur au sein de la famille Vigneront. Le père se rappelle que lui-même, revêtu de la soutane et aspirant au sacerdoce, il avait subi la même crise. Il se demande si la même cause ne va pas produire les mêmes effets. Ces appels à la prière, ces tourments au sujet de la vocation, ces inquiétudes troublantes face à l'avenir lui font craindre une issue que son fils taxe de « lâcheté ». Il en éprouve une poignante tristesse. De son côté, Mme Vigneront devine les indices de l'épreuve qui la menace. Ce qu'elle appréhende le plus au monde, c'est l'éloignement de son aîné. Quoi ! ce fils de sa tendresse songerait à la quitter pour toujours, sous prétexte que sa vocation est d'être missionnaire ! Mais alors ses protestations d'amour et de dévouement ne seraient pas sincères... Son cœur maternel en est endolori et elle exhale sa peine dans une lettre à l'abbé.

Celui-ci comprend que l'heure des aveux n'est pas encore venue et il s'efforce de dissiper le nuage qui assombrit l'habituelle sérénité du foyer familial.

Comme pour donner le change aux idées de ses parents, il écrit :

Grand Séminaire de Verdun, ce 23 avril 1866.

A ma bien chère et bien-aimée famille,
Salut dans les Saints Cœurs de Jésus,
de Marie et de Joseph !

Sur mes 20 ans un bien beau jour a lui, jour de bonheur, de paix et d'amour, jour à jamais mémorable.

Déjà je vois poindre l'aurore d'un autre jour, où s'accompliront les desseins merveilleux que la Providence semble avoir sur sa petite créature. Oui, les sentiments de mon cœur, les désirs de mon âme, comme la conduite de Dieu à mon égard, tout me dit : « Tu seras prêtre. » Jour de joie, de félicité, d'amour, mais aussi de terrible responsabilité.

Avec la douceur et la paix de ma Première Communion, ce jour m'apportera aussi l'amertume, l'inquiétude, les angoisses d'une vie écrasante. Mais qu'importe si la grâce de Dieu est avec moi !

J'embrasse tout à l'avance et du fond du cœur : je me dévoue dès ce moment et, aidé du secours divin, je saurai faire tous les sacrifices qui me seront demandés.

Le prêtre n'est au monde que pour procurer la gloire de Dieu. Déjà je dois me dire que le disciple n'est pas au-dessus du Maître.

Je vais donc faire le premier pas dans le chemin où la volonté du Seigneur semble m'appeler : je vais franchir la barrière de cette arène que sa main toute miséricordieuse paraît ouvrir devant moi.

Mes Supérieurs ont cru pouvoir m'admettre à la tonsure. C'en est donc fait, je vais dire au monde de formels adieux, je vais m'en séparer davantage pour m'attacher à Jésus humble, pauvre, doux et lui dire : « Vous êtes le Dieu de mon cœur et mon partage pour l'Eternité. »

Depuis longtemps j'ai dû faire divorce avec le monde. Au jour de mon baptême, par la bouche de mon Parrain et de ma Marraine ; moi-même au jour de ma Première Communion je jurai anathème au monde et à ce qui est du monde ; mais quelque chose manquait encore au sacrifice : l'holocauste n'était pas entier. Aujourd'hui que Dieu m'appelle à un plus haut degré de perfection, je veux consommer le sacrifice et brûler la victime tout entière.

Aussi, chers Parents, verrez-vous votre fils se dépouiller des livrées du monde pour revêtir l'habit qui distingue ceux qui appartiennent au Seigneur. (C'est en effet au jour de la tonsure que, de droit, on prend la soutane et qu'on quitte pour toujours l'habit séculier.) Vous le verrez abandonner les livrées de la terre, pour ne placer son espérance qu'au ciel, ce qui sera symbolisé par la tonsure, marque extérieure de l'engagement qu'il contracte, image qui lui rappellera la couronne d'épines dont son Maître a eu le front ensanglanté, comme aussi celle plus douce qui lui est réservée dans les cieux, en récompense de la victoire qu'il est tenu de remporter... Je ne m'étonnerai nullement des humiliations, des sacrifices, des travaux auxquels l'accomplissement des devoirs de mon nouvel état m'appelle ; non, je ne m'effraierai pas ; soutenu de la grâce, j'en triompherai et toujours je me rappellerai que la voie du ciel passe au Calvaire ; que pour vaincre il faut combattre, que pour vivre il faut mourir. La vie est courte, elle n'est que le lieu d'exil, la vallée des larmes, la coupe amère dont la mort est la dernière goutte, mais qui sera suivie d'un torrent de délices que n'épuise pas une éternité entière !

Puis on me revêtira du surplis, symbole de l'innocence et de la pureté. Hélas ! quel sujet de crainte n'ai-je pas en me voyant déjà si près du moment redoutable de la prêtrise ! Avec quelle ardeur ne dois-je pas travailler à acquérir cette pureté avec laquelle on doit s'approcher de l'autel ! Ah ! mon Dieu, aidez-moi, donnez-moi cette pureté d'esprit et de cœur avec laquelle vous voulez qu'on traite les choses saintes : *Sancta Sanctis.*

Du jour de ma tonsure je dirai à Marie, à ma mère : « *Ave Regina Cleri ! Regina Cleri, ora pro nobis.* »

Quel beau jour donc que le jour de la tonsure ! Sans doute ce n'est pas encore le grand jour, mais il en est l'aurore...

Sans faire allusion, cette fois, à ses projets de vie apostolique, le pieux séminariste pouvait croire que les termes mêmes de sa lettre suffisaient à faire disparaître toute équivoque dans l'esprit des siens. Il ignorait que le cœur d'une mère a des intuitions pénétrantes. Mme Vigneront prétend connaître toute la vérité. Sans en avoir l'air, elle provoque une explication précise. L'occasion se présente inopinément de mander son fils et de se rendre compte de ses intentions : Eugène est arrêté par la maladie. Nul doute qu'à cette nouvelle, Charles ne remue ciel et terre pour accourir au chevet de son frère.

Sans même attendre l'entrevue, la chère maman manifeste son chagrin.

L'abbé répond :

Grand Séminaire, 3 mai 1866.

À ma chère et bien-aimée Famille,
Salut et bonheur !

La lettre que je reçus dernièrement de ma mère me jeta un peu dans l'inquiétude. Eh quoi ! mon bon frère serait assez gravement malade ? J'allai trouver M. le Supérieur pour lui demander de repartir. Il m'avait fait entendre que ce serait possible. Déjà je me voyais chez vous à Sivry, vous embrassant du fond du cœur, consolant Eugène, j'étais content. Mais voici que M. le Supérieur m'engage à rester ici, la maladie en question ne paraissant pas être assez grave pour nécessiter mon retour. Il a fallu incliner la tête et se soumettre, remettant le tout entre les mains de la Providence et la priant d'accepter la petite déception.

Envoyez-moi des nouvelles de la maison. Dites-moi comment va mon frère ?

Si pareille lettre que la précédente m'arrivait, je ferais de nouvelles instances.

M. le Supérieur me dit de vous écrire une bonne lettre, vous assurant de la part qu'il prend à votre épreuve.

Permettez-moi d'ajouter que la lettre de Maman m'a vivement affligé.

Véritablement, chers et vénérés Parents, vous méritez bien quelques petits reproches de penser à un avenir pour lequel je suis encore incertain. Vous pleurez de me voir partir plus tard missionnaire !

Vous vous êtes mis dans la pensée, depuis l'an dernier et à l'occasion d'une circonstance bien inoffensive, que je songeais à un état de vie si sublime, si supérieur à mes forces que je n'ose m'y arrêter. Et pourquoi ? Parce que vous m'avez vu acheter le livre de « Théophane Vénard » martyrisé au Tonkin, livre à la lecture duquel je m'étais attaché et pour le fonds et pour la forme et dans lequel j'avais trouvé tant de salutaires conseils. Il me parlait si bien au cœur, soit au séminaire, soit en vacances, soit en toutes mes occupations ! Vous avez cru alors que tout était fini, que moi aussi je serais tel que le héros qui en est l'objet. Mais, chers Parents, que direz-vous, si je vous apprends que nous étions au moins 4o pour l'avoir acheté ! Pensez-vous que ces 4o ont le désir de devenir missionnaires et de mourir tous en martyrs ? Hélas ! il en est même qui ne sont plus déjà au séminaire... Heureux seront ceux à qui Dieu en donnera la vocation ! Suis-je assez vertueux pour la mériter ?

Quant à mes expressions, je vous prierai de ne les envisager que comme la manifestation extérieure des sentiments que m'inspirent la prêtrise et les obligations qu'elle impose à quiconque y entre avec l'esprit de son état. Les dispositions qu'exige ce ministère redoutable, maintenant surtout, doivent être envisagées sérieusement, d'après l'avis de nos sages et prudents directeurs. Pardonnez donc si je suis parfois un peu trop sérieux, si je rêve aux sacrifices, aux choses du ciel, si je veux que Dieu soit plus connu et des âmes en plus grand nombre sauvées ! Mais rassurez-vous, je vous le demande par l'affection que vous me portez et qui est réciproque.

Adieu, je vous aime en fils, mon cœur est tout à vous après Dieu. Je me sens plus d'aspirations pour le ciel que pour les choses de la terre et en cela vous ne pouvez que m'approuver...

VI

Projets d'avenir

Pendant les vacances qui suivirent la première
année au Grand Séminaire, il ne fut plus question de
Théophane Vénard ni des missionnaires. L'abbé apparut
à tous le visage radieusement ouvert. On admirait en
lui la lumière du regard, la sincérité des intentions, la
droiture du cœur, la spontanéité de la parole et la franchise des allures.

Il se montra rempli d'égards pour sa mère à laquelle
Il écrivit peu après la rentrée :

Grand Séminaire, le 23 novembre 1866.

A ma Mère bien-aimée,

Ce matin, j'étais fort inquiet. Pas une fleur, me disais-je,
pour offrir à ma mère au jour de sa fête ! Mais bientôt mon
inquiétude s'est dissipée : je me suis trouvé plus riche que si
j'avais eu et beaux bouquets et touchante poésie. J'avais senti
mon cœur battre de la plus vive affection et de la plus tendre
reconnaissance pour ma mère si bonne, si dévouée, et je me
suis dit : Oh non ! cette année je ne veux point offrir que

symbole et image ; il faut la réalité. Alors, l'amour dans le cœur et le cœur sur les lèvres, je dis :

Bonne mère, accepte les vœux ardents de ton fils, les prières ferventes qu'il adresse au ciel pour toi, car, il le sent bien, Dieu seul peut te rendre ce que tu lui as donné.

Accepte, accepte, ô mère, sa reconnaissance et son amour, alors même qu'ils ne seraient qu'une faible compensation de ton dévouement. La sincérité et l'ardeur avec lesquelles je te les offre seront, du moins, un garant de ma bonne volonté.

Adieu, mère, je vous embrasse comme je vous aime.
Le cœur d'un fils à sa bonne mère !

Et la lettre s'allonge en des témoignages significatifs :

Que de plaisir j'éprouverais, si, pour vous souhaiter la fête, j'étais réuni à mes frères et à mes sœurs. Vous ne recevez pas avec moins de grâce les vœux de chacun de vos enfants.

Oui, n'est-ce pas ? bons frères et tendres sœurs, vous continuerez à suivre le mouvement de vos cœurs. Vous offrirez vos vœux d'amour et de gratitude à la pieuse et tendre mère que le Ciel, dans sa bonté, nous a donnée. De plus, vous la remercierez autant que vous le pourrez des soins assidus, délicats, pénibles que vous avez reçus d'elle avec une inlassable prodigalité. Vous l'assurerez de votre affectueuse gratitude par une obéissance ponctuelle ; vous lui ferez entrevoir les plus douces espérances qu'une mère doive attendre de la part de ses enfants, en échange de ses nombreux sacrifices.

Je n'ai rien à vous dire de plus : vos sentiments de piété filiale parlent assez haut. Je vous vois, vous, plus heureux que moi, entourer notre mère, lui offrir le bouquet de fleurs que vos mains d'enfants ont cueillies ; je vous entends lui dire avec amour : « Mère, c'est aujourd'hui votre fête, nous vous la souhaitons bonne ; elle le sera, car nous vous serons soumis, nous vous aimerons de plus en plus. Pardonnez-nous nos légèretés et nos désobéissances ; bénissez-nous !... » Et je vois aussi notre mère, heureuse, vous pardonner, vous bénir et vous embrasser ; puis, après avoir reçu les souhaits de petit père, elle ajoutera : « N'est-ce pas qu'il fait bon élever ses enfants dans la crainte du Seigneur, dans la pratique de la vertu, puisque la récompense promise pour le Ciel nous est donnée déjà dès ce monde ?... Travaillons donc de plus en plus, par nos exemples et par nos paroles, à imprimer dans leur cœur l'amour des lois de Dieu, et c'est ainsi qu'ils formeront notre couronne. »

Pour moi, bonne mère, j'attends aussi ma part de bénédictions. N'est-ce pas que bientôt vous me l'enverrez sur une petite feuille de papier, si vous ne pouvez me l'apporter vous-même ?

*
* *

De tels accents vont droit au cœur d'une mère en lui faisant éprouver des joies inénarrables. Mais survienne l'épreuve, l'amertume en est d'autant plus âcre.

Dès sa première année de théologie, l'abbé Vigneront se voit arrêté par la maladie et empêché de suivre les cours avec ses condisciples. Est-ce fatigue, surmenage, anémie ? A coup sûr, c'est un avertissement que les forces physiques peuvent péricliter alors même qu'on s'imagine jouir d'une robuste santé. Cependant le malade s'empresse de rassurer sa famille :

J'ai la joie de vous dire que mes douleurs ont disparu et que je puis très facilement travailler. J'en remercie la divine Providence, car, ici comme ailleurs, c'est le fond qui manque le moins. J'ai préparé mon examen et je l'aurais subi si Monsieur le Supérieur, dans sa bonté, n'avait décidé de me voir attendre huit jours pour ne pas me fatiguer.

Par la même occasion, il annonce une bonne nouvelle :

Je prendrai part à l'ordination de la minorature. Ce sera un pas de plus vers le glorieux sacerdoce, vers la grande épreuve pour laquelle je travaille avec ardeur, voulant faire connaître Dieu, le faire aimer tout en l'aimant moi-même. Mes supérieurs ont jugé à propos de m'appeler à l'ordination, malgré mes trois mois d'absence. Je leur en sais grande obligation et aussi de ce qu'ils ont décidé qu'un seul examen, au lieu de deux, suffirait pour moi.

Ces trois mois d'absence, passés à la cure de Blercourt en compagnie du cher oncle, n'avaient pas été du temps perdu pour notre futur ordinand. Toujours il se souviendra, non sans un vif attendrissement, de cette excellente retraite et des exemples de vertus austères dont il y fut le témoin.

**
* *

Dans l'intervalle, Mgr Hacquard avait succédé sur le siège de Verdun à Mgr Rossat :

S'il y a une ordination, me dites-vous, c'est donc que Verdun possède un Evêque ?

— N'avez-vous pas entendu le bruit du canon ? N'avez-vous pas prêté l'oreille au carillon des cloches de notre cathédrale, aux bruyants concerts de la musique militaire ? La Providence de Dieu qui vous a privés de tout cela, vous ménagera, j'en suis sûr, d'autres délicieuses émotions.

Personne de la foule qui se pressait dans les rues, qui regorgeait dans la cathédrale, qui envahissait la cour et le palais épiscopal, ne vous a dit ce qu'il avait vu, ce qu'il avait entendu, ce qu'il avait ressenti. Je vais, si vous voulez me le permettre, vous le narrer en quelques lignes :

L'arrivée de Sa Grandeur Mgr Augustin Hacquard était fixée au mardi 14 mai. Ce jour-là, le ciel, depuis quelque temps pur et serein, loin de se parer des charmes si suaves du printemps, se revêtit d'une couleur de deuil et se couvrit de gros nuages, qui versèrent sur la terre avec abondance une rosée bienfaisante pour les campagnes, mais inopportune pour la ville ! Une fois encore, sans doute, Dieu voulut montrer que rien n'est parfait ici-bas, car, à vrai dire, il n'a manqué à la fête que le sourire du soleil de mai !

Bien que les plaisirs de la terre n'aient de valeur qu'autant que s'y joignent les joies célestes, on peut affirmer que cette journée fut idéalement radieuse. Des chants d'allégresse sur les lèvres, des fleurs dans les mains, des guirlandes jusqu'au faîte des maisons : tout concourait à rendre plus solennelle l'entrée de Sa Grandeur dans sa ville épiscopale.

A une heure de l'après-midi, les cloches sonnent à toute volée, le tambour bat, le clairon sonne aux champs, nos braves soldats défilent, le peuple se presse autour des autels, bientôt des chants de triomphe se font entendre, l'orgue frémit et les cloches répondent avec plus d'allégresse ; les bannières se déroulent et la procession, déployant sa pompe, serpente le long des rues. En ce moment, la pluie cesse et la terre offre aux regards un ravissant coup d'œil.

La voyez-vous cette foule pieuse rangée sur une double ligne précédée de la croix — le chrétien partout doit marcher sur les traces de Jésus qui le précède afin d'éclairer sa voie et d'affermir ses pas — la voyez-vous cette multitude sous les frais feuillages entremêlés de fleurs et de guirlandes, se développer à perte de vue ?

Tout d'abord, sous le patronage de la Vierge Immaculée, c'est la jeunesse rayonnante de vie, de gaieté et d'innocence qui, le chapelet à la main et les yeux baissés, se laisse docilement conduire par des Sœurs de tout ordre.

Puis, c'est l'adolescence, avec les charmes d'une florissante santé et le sourire d'un brillant avenir, qui s'avance, modeste et recueillie, sous le regard de pieuses maîtresses, que suivent les vierges et les veuves qui ont consacré au Dieu de leur enfance les jours de leur pèlerinage ici-bas.

Derrière elles, s'élèvent et se déploient les bannières de saint Nicolas, sous les auspices duquel marche une nouvelle jeunesse plus animée et plus bruyante, l'espoir de la Patrie. A sa suite, plus réfléchie, vient l'adolescence studieuse, espérance de l'église et soutien de la religion. D'abord les enfants du sanctuaire, de la maîtrise, ensuite d'un pas plus grave, dans une attitude imposante, la phalange lévitique, revêtue de ses tuniques blanches. C'est à elle qu'il est donné de chanter les chœurs liturgiques et de précéder les Prêtres du Seigneur. Enfin, aux vénérables chanoines l'honneur de fermer la marche.

On est à la Porte Chaussée. Monseigneur arrive par Metz. Soudain le canon retentit. Une escorte de cavaliers apparaît. Les clairons sonnent, les trompettes éclatent, la troupe s'avance au galop précédant la voiture épiscopale. Sa Grandeur est reçue sous le dais et la procession reprend sa marche... Les chants sacrés recommencent avec plus d'ardeur, alternant avec la musique militaire qui, placée de distance en distance, exécute au passage de Monseigneur des morceaux d'une suave beauté. Le Pasteur est ravi de l'accueil empressé que lui font ses ouailles ; ses paupières se mouillent de larmes, sa parole expire sur ses lèvres, son regard exprime les émotions de son cœur.

Monseigneur est un homme de taille moyenne, d'âge avancé ; son visage respire la douceur et la bienveillance, tout son extérieur inspire la confiance ; bref, son auguste personne commande l'amour et le respect. Aussi est-il déjà aimé de tout son peuple, de ce peuple qui le verra de temps en temps, parcourir les rues à pied, accompagné de son secrétaire, le chapeau à la main et sur les lèvres un gracieux sourire.

Nous rentrons à la Cathédrale.

...Enfin Sa Grandeur amenée au pied des autels prie à

genoux, les mains jointes, monte en chaire, donne sa bénédiction et entonne le *Te Deum* de l'action de grâce, pendant lequel on se dirige vers le Palais épiscopal où le Sous-Préfet et le Maire de Verdun lui souhaitent la bienvenue.

Là, se termine la cérémonie.

Pour moi, j'ai gravé dans mon âme les émotions éprouvées en cette belle fête.

★
★ ★

Vers cette époque, l'abbé Charles partage avec sa sœur Maria et ses joies et ses peines. Après un séjour d'une année à Brieulles, celle-ci s'est installée à Verdun pour se perfectionner dans la lingerie. Il lui est facile, à certains jours, de voir son frère au parloir et de s'entretenir avec lui. Ils échangent ensemble leurs communes aspirations de servir Dieu, de travailler à sa gloire, de faire en tout sa sainte volonté ! Que de beaux projets d'apostolat ! La jeune fille est au courant des désirs du futur missionnaire et l'encourage à les réaliser.

Quand l'apprentie, rentrée à Sivry, n'est plus là comme d'habitude, aux heures du rendez-vous de chaque semaine, le séminariste souffre de son absence, d'autant que ses lettres restent sans réponse. Alors, il craint qu'un malheur ne soit survenu dans sa famille et ses inquiétudes redoublent :

Grand Séminaire, le 2 juin 1867.

A ma chère et bien-aimée famille,

Salut, paix et bonheur dans les saints cœurs de J. M. J. !

Vous le dirai-je ? Je suis triste. Je ne reçois rien, absolument rien, pas même indirectement. Semblable à l'homme égaré, loin de ses frères, je suis abandonné sur le chemin de la vie, cherchant de côté et d'autre à rencontrer un visage connu, une figure amie... Mais en vain. Je suis obligé de vivre de souvenirs ; descendant dans ma mémoire, *celle du cœur*, je vais de ci de là, je vous rencontre, je cause avec vous, nous nous entretenons ensemble, et je sens ma douleur diminuer. Quand donc par une lettre ou une visite sentirai-je mon âme se rafraîchir et se vivifier sous l'influence de la rosée du matin ? Advienne ce beau jour où réuni à vous je pourrai vous voir, vous embrasser et vous témoigner mon affection filiale.

Voilà pourtant, aimable famille, où me réduisent ma tendre affection pour vous et la longue attente que vous me faites endurer ! Ah ! veuillez mettre un terme à une si douloureuse anxiété. Réalisez les souhaits si naturels du cœur de votre fils.

J'attends tout prochainement de votre part une petite messagère qui viendra heurter à ma porte avec l'assurance d'un accueil tout amical et qui me dira au long et au large ce que vous devenez, ce que vous faites, comment vous allez, en quel état est la campagne et mille autres bonnes choses... Elle m'annoncera l'agréable visite que quelques-uns d'entre vous me feront bientôt. Veuillez prier cette messagère de hâter le pas, car, à une certaine date, je serai contraint de lui défendre l'accès de ma cellule, puisque nous entrons en retraite mercredi au soir.

Oui, chers Parents, nous entrons en retraite quelques jours avant le dimanche, afin de nous préparer plus facilement à la réception de l'Esprit-Saint et des pouvoirs que l'ordination confère. En cette occasion, je ne crois pas vous importuner en vous priant de vous souvenir de moi et de mes condisciples. N'est-ce pas que tous les jours, en revenant des champs, vous voudrez bien réciter, au moins une dizaine de chapelet, pour votre fils et frère et pour tous les futurs ordinands ? Invoquez l'Esprit-Saint, unis d'intention et de prières à nous-mêmes qui nous approcherons le plus possible des apôtres, des disciples, de Marie et des Saintes Femmes, dans le Cénacle, attendant la descente du Paraclet. Obtenez pour moi surtout l'esprit de sagesse.

Bon petit papa, frère tendrement aimé et tendrement aimant, dites-moi, serait-ce faire violence à votre cœur que de vous demandez une fervente communion en la fête de la Pentecôte ? Ne m'accorderez-vous pas ce bonheur en me donnant le gage assuré que vous prierez pour le petit serviteur du Bon Dieu, si dépouillé des grâces qui lui sont nécessaires ? Oh ! remerciez Dieu avec lui des bienfaits spirituels et temporels qu'il reçoit.

C'est chose entendue, n'est-ce pas ? dimanche prochain *rendez-vous solennel* de toute la petite famille autour de la table du Seigneur. Oui, en ce beau jour où naquit l'Eglise par la conversion de ses premiers membres, nous nous verrons tous près du Sauveur, le remerciant, lui demandant pardon, l'adorant, sollicitant sa grâce et sa bénédiction. Me voilà content, satisfait, et ma retraite en ressentira les plus heureux effets.

⁂

Plusieurs membres de la famille Vigneront assistèrent à la cérémonie de l'Ordination. Ce fut pour le père l'occasion de réminiscences émotionnantes. Lui aussi, sous les voûtes de la cathédrale de Verdun, avait reçu jadis les Ordres mineurs avec la perspective de monter un jour à l'autel... Puis, soudain, le ciel s'était assombri à ses yeux... Il n'avait pas osé franchir le seuil du sanctuaire. Et voici que son fils aîné a pris sa place... Quelle sera sa destinée ?

Le jeune lévite a-t-il soupçonné quelque chose de l'état d'âme de son père ?... Vite, à l'anniversaire de la Saint Jean-Baptiste, il lui écrit une lettre toute débordante de tendresse :

> À mon excellent père, au jour de sa fête,
>   un baiser d'amour !

Quelle joie inonde mon cœur, lorsque, chaque année, je vois arriver la saint Jean-Baptiste !

Toujours enfant par le cœur, je me sens animé des plus douces émotions de piété filiale et mon esprit court de rêve en rêve, pour trouver le bonheur et vous le procurer.

Mon bonheur est le vôtre, ma félicité celle que vous goûtez. Concevez dès lors, tout ce que je vous souhaite, tout ce que je désire pour vous.

Mon esprit et mon cœur, formés par vos soins, instruits par vos paroles et plus encore par vos exemples, savent s'élever à de plus hautes pensées, à des sentiments féconds. Ils reconnaissent qu'après Dieu ils vous doivent tout, et quoiqu'ils fassent, toujours ils demeurent au-dessous de leur tâche.

Très cher papa, en élevant les yeux vers le ciel, je vois votre saint Patron vous sourire, d'un sourire de bienveillance et de bonté. Je m'adresse à lui avec ardeur, je lui présente vos droits à ma reconnaissance et à mon amour.

Laissez-moi vous le redire en vous donnant le baiser de mon affection : O bon père, je vous aime et vous aimerai toujours.

P.-S. — A la chère petite famille des frères et des sœurs j'envoie le plus affectueux bonjour. Ce soir je serai avec elle, exprimant à papa les meilleurs souhaits de bonne fête. Qu'elle s'acquitte fidèlement de son devoir !...

Adieu... je travaille autant que je le puis... dans une quinzaine aura lieu l'examen. Je m'efforce d'être prêt. Ma vue va mieux. J'en bénis le Seigneur.

Portier, lecteur, exorciste, acolyte : voilà tous mes titres de dignité. Ajoutez-y encore ceux de : philosophe émérite, d'élève en théologie, d'étudiant en droit. de lampiste-dégraisseur et celui, bons parents..., devinez : de seigneur de « Plat Gousset ».

Ce dernier terme fait allusion à une arrière-pensée qui harcèle douloureusement l'esprit du séminariste.

Son directeur reconnaît que Dieu le veut aux Missions ; lui-même n'aspire qu'à mettre son projet à exécution sans délai ; il lui tarde de prendre son essor afin d'éviter des atermoiements toujours pénibles.

Quel empêchement s'oppose donc à son départ ? Il lui répugne de quitter sa famille sans la dédommager, par un gain personnel, des sacrifices supportés pour son éducation. Il se croit tenu d'acquitter une dette que sa conscience lui reprocherait plus tard. Mais, « seigneur de Plat-Gousset », il n'a rien.

Que faire ? M. le Supérieur du Grand Séminaire lui conseille d'accepter provisoirement un préceptorat dans une riche famille. Cette mesure aura, du moins, pour résultat, pense le digne prêtre, de retenir un sujet d'avenir et de ne pas briser les liens qui l'attachent au diocèse. Qui sait si, avec le temps et grâce aux circonstances, son attrait pour les Missions étrangères ne finira pas par s'atténuer et disparaître ? Certainement sa santé, quelque peu ébranlée, y trouvera de précieux avantages.

Cette combinaison, qui lui permettra d'augmenter les ressources modiques de ses parents et de leur venir en aide, sourit à l'abbé Vigneront. Il l'accepte donc avec reconnaissance.

*
* *

Cependant, il fallut attendre jusqu'au printemps de l'année suivante pour obtenir un poste rémunérateur.

Fidèle à ses habitudes, le séminariste employa le temps des vacances à se rendre utile en se livrant, sans manquer aux convenances ecclésiastiques, aux dures besognes de l'agriculture. Nul ne s'étonnait de le voir occupé du matin au soir à des travaux champêtres durant la saison des récoltes. Il gagnait son pain à la sueur de son front, donnant à tous l'exemple de l'activité et de la franche gaieté, se prêtant volontiers aux corvées les plus fatigantes et ne s'accordant d'autre délassement que celui de la prière à l'église ou de l'étude dans sa petite cellule.

Il apportait un tel entrain et tant de belle humeur, dans ses relations avec les siens, que personne ne pouvait soupçonner la peine intime occasionnée par cette mélancolique réflexion :

« Ce sont mes dernières vacances en famille. »

A la rentrée d'octobre, l'abbé se retrouve à son poste, au milieu de ses condisciples du Grand Séminaire, toujours disposé à faire la volonté de Dieu dont l'appel lui semble de plus en plus pressant et irrésistible, malgré des obstacles en apparence insurmontables.

A peine a-t-il repris le cours de ses études, en effet, qu'il est de nouveau arrêté par des maux de tête qui lui font endurer des douleurs lancinantes. Pour lui, ce n'est rien, tout au plus une mesquine tracasserie du démon dans le but de le déconcerter :

« Vous m'adressez des reproches, écrit-il à ses parents, de ce que je ne vous ai pas fait part de mon indisposition. Il me semble que j'ai bien fait, car c'eût été vous jeter dans l'inquiétude pour une bagatelle. On m'a appliqué sur le côté une dizaine de sangsues afin d'atténuer la souffrance... Fallait-il donc pour si peu de chose jeter l'alarme et vous troubler ?... Ce mal n'est pas du tout la conséquence de mes travaux de vacances, attendu que j'en ai éprouvé les atteintes dès le petit séminaire et presque chaque année. Acceptons tout bonnement ce que Dieu nous envoie, les épreuves comme les joies... »

**

Par les soins et sur la recommandation de M. l'abbé Thomas, qui devint dans la suite Vicaire Général de Verdun, une honorable situation est offerte à notre séminariste dans un château d'Abbeville. Muni d'excellentes références, il quitte, non sans regrets, sa chère communauté de Verdun, le 31 mars 1868, et se dirige vers Blercourt, où il a l'ordre de passer quelques semaines chez son oncle, afin de restaurer ses forces. Il s'en réjouit à la pensée de faire une bonne retraite sous la direction de son bien-aimé parrain, qui a toujours été pour lui un guide éclairé et un sage Mentor.

Mais comment interprètera-t-on, à Sivry, son départ du séminaire et sa détermination d'accepter un préceptorat ?

Il lui en coûte d'annoncer la nouvelle à ses parents. Aussi le fait-il en termes discrets :

Blercourt, ce 5 avril 1868.

Bien chère Famille !

J'en suis persuadé, vous ne vous attendez à rien moins qu'à une lettre datée de Blercourt. Vous aimiez à me suivre par la pensée au milieu de mes condisciples, allant d'un exercice à l'autre, selon les prescriptions du règlement. Vous y regardez à deux fois, retournant ma lettre pour en lire la signature. Bref, vous vous demandez : « Quelle est cette énigme ? » La voici : Depuis environ cinq à six semaines, je souffre non pas des yeux, mais d'un mal de tête, assez violent pour me donner parfois la fièvre et m'empêcher de me livrer habituellement à mes études. Mes Supérieurs ont jugé à propos de m'envoyer prendre l'air de la campagne. C'est d'après leur avis encore que j'ai prié mon cher oncle de vouloir bien me permettre de passer quelques jours en sa demeure, me réservant ensuite d'aller vivre un peu de la vie de famille. Dans sa bienveillance l'oncle a accepté, continuant ainsi de me montrer dévouement et affection. Ouvrant mon cœur à son âme, je l'en remercie chaque jour, avec la promesse de marcher sur ses traces qui sont celles d'un saint prêtre.

Le « saint prêtre » ne partage pas précisément la manière de voir de son neveu. La vocation de missionnaire, pense-t-il, requiert d'héroïques détachements. Il faut se défier des désirs plus ou moins vagues que font naître des illusions et des caprices. Cependant, il se reprocherait de contrarier des aspirations qu'il reconnaît conformes à la volonté de Dieu. Aux ouvertures de Charles, il finit, après mille objections, par donner de tout cœur son assentiment et se réjouit intérieurement de la belle moisson d'âmes qui en résultera.

VII

Le Préceptorat

Réconforté par les encouragements du vénérable curé de Blercourt, l'abbé Vigneront passe à Sivry, au sein de sa famille, les quelques jours de vacances qui précèdent la date fixée pour son entrée en fonctions. Il épargne le plus qu'il peut à ses parents la peine que son éloignement leur cause. Son mérite en est d'autant plus grand que son apparente gaieté lui coûte plus d'efforts. Il s'arrange de façon à suffire aux dépenses du voyage sans être à charge à personne.

Son courage tranquille et sa calme résignation égayèrent son séjour à la maison paternelle, si bien que les adieux se firent gentiment.

Dès son arrivée à Abbeville, le jeune précepteur rend compte de ses impressions. Tout lui plaît : famille foncièrement chrétienne, avantageusement connue à dix lieues à la ronde pour sa générosité ; personnel honnête et respectueux ; élève docile et doué d'un esprit pénétrant, d'une heureuse mémoire, de qualités solides. Par ailleurs, site enchanteur où son imagination s'élève sur les ailes de la poésie à la contemplation du Beau.

Son rôle de pédagogue lui laisse des loisirs pour la continuation de ses études, il en profite et se rédige un programme où la théologie tient la première place.

Parmi les prêtres des paroisses de la ville, il se choisit comme directeur un vénérable chanoine, doux, affable, mesuré sans faiblesse et d'une piété angélique. Dès lors, il est sûr de progresser dans l'acquisition des vertus de son état.

★_★★

De son côté, le pieux séminariste donne pleine satisfaction aux parents de son élève, en même temps qu'il édifie les habitués du château. Dans ce milieu, il prend des leçons de cette politesse exquise que le monde apprécie ; il s'exerce à la pratique de cette délicatesse de sentiments qui gagne la confiance et facilite les relations.

S'il a trouvé dans son nouvel emploi toutes les garanties désirables pour la santé du corps et de l'âme, il lui manque toutefois le seul bien que son cœur réclame : la proximité de sa chère famille.

Aussi, le voyons-nous solitaire et rêveur quand une lettre attendue tarde à venir. Il se demande s'il n'est pas arrivé malheur à quelqu'un de ses bien-aimés. Ses pressentiments ne le trompent pas.

Un jour, il reçoit la nouvelle que l'oncle de Blercourt, dont la santé chancelante inspire des inquiétudes, a été arrêté soudain par un grave accident. Accourue au chevet de son digne frère, Mme Vigneront lui prodigue ses soins assidus et sollicite les prières de Charles. M. Vigneront s'empresse à son tour d'écrire à son fils, espérant sans doute le décider à revenir au pays. L'abbé se contente de répondre par une lettre qui traduit l'émotion de son cœur aimant :

Abbeville, le 1er juin 1868.

Ma bien chère maman,
Mon bien vénéré oncle,

Je reçois à l'instant la lettre du cher papa, qui me jette dans une vive douleur.

Depuis quelques jours j'avais commencé une lettre, mais les soins continuels que je dois à mon jeune élève ne m'ont pas permis de l'achever. Aujourd'hui, je ne puis différer.

Bonne maman, si mon cher oncle ne peut lire ma lettre,

mais au moins l'entendre, assurez-le de ma vive reconnaissance et de mon profond regret de lui avoir fait de la peine. Devant Dieu et les hommes, je lui demande pardon pour le chagrin involontaire que j'ai pu lui causer.

Je demande à ce cher oncle de vouloir bien me donner sa bénédiction. J'espère qu'il continuera de vivre afin que je puisse recevoir de lui de sages conseils et être témoin longtemps encore de ses actes de vertus.

Si Dieu décide (car il est l'auteur de la vie) de le rappeler à Lui, afin de lui donner la suprême récompense de ses travaux de prêtre, oh ! que du haut du ciel, il veuille bien se souvenir de moi et continuer l'affection si paternelle que jamais il n'a cessé de me témoigner ! Ses mérites me feront obtenir toutes les grâces dont j'aurai besoin... mais je vais bien prier pour que Dieu me le conserve comme un guide si tendrement aimé.

Suivent quelques précisions qui ont leur importance :

Veuillez le tranquilliser sur ma nouvelle position. En me plaçant précepteur et sans m'y attendre, mes supérieurs n'ont vu que mon avantage et celui des miens. Je suis aussi bien qu'un ecclésiastique peut l'être dans la place qu'il occupe. J'ai pour directeur un vénérable prêtre âgé et très vertueux. J'ai l'affection du clergé d'Abbeville ; la famille où je suis est très chrétienne... en un mot je suis bien, je me plais et mes efforts sont déjà récompensés...

Puis il termine par ces lignes :

Veuillez, chère maman, me donner au plus tôt des nouvelles et me dire si je dois retourner. A tous deux patience, résignation et soumission à la volonté divine ! Dieu vous demande beaucoup de sacrifices... *Un jour pour moi il vous en demandera peut-être d'autres...*

Ce dernier trait, comme une flèche acérée, pénètre dans le cœur de la mère. N'est-ce pas l'aveu que son fils, malgré les apparences contraires, poursuit la réalisation de son rêve ?

Dans la crainte que cette confidence ne provoque à Sivry un fâcheux incident, il se hâte de parer le coup et de donner le change en faisant une habile diversion. C'est l'avenir de ses frères qui le préoccupe :

Abbeville, le 3 juin 1868.

Bien cher papa, frères aimés et affectionnées sœurs,

On est bien fatigué à la maison sans doute ! La fenaison prend tous vos instants et l'inquiétude est grande à l'occasion de la maladie du bon oncle de Blercourt. Je suis avec vous d'esprit et de cœur. Vos lettres m'attendrissent plus que je ne saurais dire.

D'abord petit Emile m'a charmé. Je lui sais gré de ses lignes. Je m'attendais à les recevoir de sa main. Je suis content de son écriture, mais qu'il avance de plus en plus dans les sciences et surtout dans la science religieuse... J'ai lieu de croire qu'après s'être bien préparé au grand acte de sa Première Communion, il l'a saintement accompli ; qu'il a prié beaucoup pour lui, pour nous tous et qu'il a pris la ferme résolution d'aimer toujours Notre-Seigneur et Marie. son auguste mère et la nôtre.

Mon bon frère Eugène me demande s'il doit continuer la culture au foyer domestique ou s'il lui est préférable de suivre la carrière militaire. Malgré tout l'appui qu'il pourrait trouver dans ce dernier état, je l'engage à rester en famille et ne puis lui donner une solution qu'il obtiendra par la prière. Donc qu'il prie, prions avec lui, et qu'il remette son sort dans les mains de la divine Providence. Qu'il se souvienne que le travail et la conduite sont, en toutes choses, d'excellents facteurs et que l'état militaire, malgré ses gloires, offre beaucoup de dangers. Toucfois, si c'est sa vocation, qu'il suive sa voie ! La famille où je suis m'a promis pour lui l'appui sérieux du général de Failly, son respectable parent.

A peine installé dans ses fonctions de précepteur, il a déjà conquis l'estime des puissants du monde et il profite de son crédit en faveur des siens. Comme cette délicate attention dût faire plaisir !

⁎⁎

M. l'abbé François Vérant ne survécut pas longtemps à la rude secousse qui l'avait terrassé en pleine activité. Il s'éteignit doucement sous le regard de Dieu, riche de mérites et de bonnes œuvres.

Sa mort affecta péniblement l'abbé Vigneront. Il écrivit aussitôt, le 16 juin 1868 :

Ma bien-aimée mère,

Après le calvaire viendra le Thabor !

Dieu vous impose un très douloureux sacrifice. Mais à

la peine il a su joindre le secours de sa grâce. Il vous a
donné la résignation, la patience, l'esprit de force et d'abnégation. S'il nous demande de pénibles sacrifices, il ne
manque pas de proportionner sa grâce à l'épreuve, car il ne
peut pas vouloir que nous soyons éprouvés au-dessus de nos
forces. Chère mère, notre oncle vénéré, votre frère si aimant
n'est plus ; le coup qui blesse profondément votre cœur fait
saigner le mien. Il n'est plus ce Père dévoué. Il n'est plus
celui que j'ai toujours beaucoup aimé, Dieu le sait et je n'hésite pas à le déclarer franchement. Ma conduite extérieure a
pu parfois l'attrister, mais jamais je n'ai été pour lui un
enfant ingrat. Mon cœur sera toujours reconnaissant envers
cet excellent parrain. Parfois il prenait trop à cœur ce qui
pour moi n'était que bagatelles, mais j'ai su l'apprécier toujours comme un généreux bienfaiteur. Si Dieu m'appelle au
sacerdoce, au pied de l'autel j'intercéderai pour lui. Que
dis-je ! il est au ciel, tant étaient nombreuses ses vertus !
C'est mon saint oncle qui m'obtiendra la grâce insigne d'être
un prêtre comme lui, c'est-à-dire selon le cœur de Dieu.

Chère mère, ne pleurez plus, Dieu n'afflige que ceux
qu'Il aime. Il fallait vous attendre à cet appel de votre frère
à la récompense. Vous n'ignorez point que les peines passent
vite ici-bas ; mais, pour le ciel, elles nous obtiennent d'immenses richesses. A l'oncle maintenant la paix, le bonheur, la
gloire !

O ma bonne mère, au milieu de votre deuil, du courage, de la force et de la vertu ! Après l'épreuve vient la
récompense, après la lutte le repos, le combat amène la victoire et la victoire donne la paix avec la palme. Rappelez-
vous que c'est sur le Calvaire, aux pieds de Jésus crucifié,
que se forment les Saints et que tous doivent passer comme
le Maître par le creuset de la souffrance. Marie y a marché
pendant toute sa vie de 72 ans. Elle y a marché à la suite
de son Jésus. Elle l'a fait pour nous montrer que la nature
humaine aidée de la grâce peut tenter l'impossible. Son
auguste époux a également imité son exemple. Pour vous
soutenir vous avez le patronage des Saints, les suffrages des
âmes du Purgatoire ; vous êtes en union avec les habitants
des cieux, avec les combattants de la terre et les patients du
lieu de la souffrance et de la sainte Espérance. N'oubliez pas
qu'après le Calvaire viendra le Thabor et que la Croix garan-
tit sûrement le billet d'entrée au Ciel. Aujourd'hui l'oncle
n'est plus, mais il règne dans la gloire auprès de Dieu. Il
nous attend au séjour des délices et de la paix éternelles. Dieu
lui a donné le baiser d'amour mérité. Il nous le réserve aussi.

En l'attendant, laissez-moi vous donner celui d'un fils qui souffre avec vous et qui vous aime avec la plus grande affection.

C'est à la Table Sainte, bien chère mère, qu'en ces jours de deuil je vous donne rendez-vous. N'y manquez pas surtout dimanche prochain, en la fête du Sacré-Cœur. Lui, mieux que moi, saura vous parler, vous bénir et vous consoler. O Cœur de mon Jésus, oui, consolez et bénissez ma bonne mère !...

⁎⁎⁎

Quelques jours plus tard, le fils très aimant exprimait à son père des vœux de fête :

Abbeville, ce 23 juin 1868.

A mon bon et bien-aimé père,

Salut ! Paix ! Bonheur dans le doux Cœur de Jésus !

Bonne fête ! Excellente fête !... C'est demain, en effet, la saint Jean-Baptiste ! Que n'est-ce demain aussi que les vœux de mon cœur se réalisent ! Ces vœux, je vous prie de les accepter, comme l'expression des vifs sentiments d'amour, de reconnaissance et de respect, dont mon âme est pénétrée pour vous !

Ils partent d'un cœur chrétien avant tout : ils sont donc marqués du sceau de la Croix ; ils ne restent pas confinés dans les limites étroites de la vie terrestre ; non, ils s'élèvent au-dessus du temps et se prolongent dans l'éternité. Cher père ! heureuse vie selon les desseins providentiels de l'aimable volonté de Dieu, mais surtout beaucoup de gloire et de bonheur pour l'éternité ! Alors nous serons tous réunis autour de vous et vous nous offrirez au Seigneur ! Oui, soyez béni, glorifié, soyez à jamais récompensé des peines de la vie !

En attendant, bon père, patience, résignation, force, courage !... Certes, c'est le temps de la souffrance et de la lutte ; celui de la victoire et de la paix lui succédera.

Dieu, cher papa, vient de mettre par la mort du bon oncle votre cœur et le nôtre à l'épreuve. Elle fut bien pénible et l'est encore ; elle n'en sera que plus méritoire. Dieu aime les siens et son désir est de pouvoir un jour les récompenser. Quand on a la foi, on est bien près de l'amour et quand on a l'amour, on ne sent plus la peine, les larmes, les souffrances, le travail, les sacrifices.

Adieu, père bien-aimé, je prie tous les jours pour vous. Priez vous aussi pour celui qui vous aime et vous aimera toujours en fils reconnaissant.

Un baiser d'amour dans les Saints Cœurs de Jésus, Marie, Joseph !

P.-S. — Chaque jour j'attends de vos nouvelles. Oh ! ne tardez pas à m'en donner. Faites-moi connaître si Eugène se décide à entrer dans la cavalerie ou l'infanterie, ou si, son état militaire accompli, il préfère rentrer au foyer domestique. L'état militaire, qu'il ne l'oublie pas, a bien ses écueils. Qu'il pèse son entreprise sous les regards du Ciel ! Les titres et les papiers de notre grand-papa Thierry, le vaillant soldat du Grand Napoléon, le lieutenant émérite couvert de lauriers, pourront lui être utiles. Ne les égarez pas et faites-les valoir à l'occasion.

Pour moi, très chère famille, je pleure toujours la perte douloureuse de mon bien-aimé parrain.

Je suis très bien ici. On paraît content de moi. D'ailleurs le joli souvenir qui vient de m'être remis en est la preuve. Mon élève a fait sa Première Communion. Je me suis efforcé d'éclairer son esprit et de préparer son cœur...

*_**

Toutes ses lettres évoquent le souvenir du saint curé de Blercourt, de ses bontés à l'égard du filleul, du précieux héritage de ses exemples. Elles racontent aussi les principaux événements auxquels il est mêlé et des personnages qui lui témoignent de la sympathie. Parfois sa plume exercée s'attarde à des narrations d'épisodes, à des descriptions de paysages où, dans l'alignement des vastes plaines, ondulent les épis d'or sous la caresse des brises d'été.

Citons encore la lettre écrite du Tréport, le 4 juillet :

Depuis huit jours, je suis sur les bords de la mer, de la grande mer, image de l'infini. Quel imposant spectacle ! Que je me plais à monter sur les falaises qui bordent cette immensité et à plonger mon regard sur un horizon que la faiblesse de l'organe seul limite, magnifique horizon ne présentant que le ciel et l'eau, et, de distance en distance, un bateau pêcheur qui vous apparaît aussi petit qu'une mouette. Au-dessus de l'abîme, les flots grondent sourdement et menacent d'engloutir la planche fragile à laquelle le pêcheur a confié sa vie. Une pensée chrétienne a planté une croix dont la vue ranime l'espérance et fortifie la faiblesse du malheureux jouet de la tempête. Bien des fois, déjà, je me suis baigné dans les eaux salutaires de l'Océan et je m'en trouve bien. Il est curieux de suivre la foule qui s'agite au Tréport pendant la saison des bains. On compte environ deux mille baigneurs étrangers. On les voit affublés de costumes pittoresques, accompagnés de guides-nageurs. Ils plongent dans la mer où ils dansent, chantent et crient. Les femmes surtout se font remarquer ici, car partout elles sont les mêmes : même babil, mêmes petites machinations, mêmes intrigues, même caractère, mêmes mœurs.

J'ai aussi mon costume à raies bleues et blanches et je prends des leçons de natation sous les ordres d'un maître expérimenté. Je regarde tout ce remue-ménage et cela m'instruit. Je cause, je me promène avec de bons vieux marins ; ils me racontent de belles histoires ; j'en lis aussi de très intéressantes. Un de ces jours j'irai, en compagnie de quelques amis, à Mesnil-Val où s'est passé un épisode très touchant à l'époque de la Révolution. J'ai déjà visité la ville d'Eu, mais pour voir des œufs d'oie (Eudois) il n'est pas nécessaire de venir à Eu, je me souviens d'en avoir vu chez nous depuis longtemps... J'ai escaladé les diverses falaises du pays, celles de Mers, à côté du Tréport. Celles du Tréport sont à 103 mètres au-dessus du niveau de la mer et les flots viennent baigner leurs bases. L'emplacement des bains est très coquet, très animé ; de petites cabanes, des jeux publics, un casino, de jolies petites barques, des bancs de cailloux et des galets ; puis au moment du reflux, à la marée basse (la mer se retire de 150 mètres) on voit une grande plage de beau sable blanc. En poussant plus loin, on va chercher dans les rochers, de petits crabes, de minuscules poissons et des coquillages que la mer y a déposés. Ailleurs c'est le port, un port assez grand et bien agencé : bricks, goëlettes, yachts et bateaux pêcheurs s'y croisent en tous sens ; le poisson s'y débarque et on l'achète sur la plage.

Toutefois, ici comme à Abbeville, j'ai mes heures de classe et rien n'est changé pour les études. Je travaille surtout pour moi, mon petit élève ne me demande pas beaucoup de temps. Je le domine ; il craint et respecte son précepteur ; parfois comme tout enfant il est quelque peu difficile, mais alors un petit coup d'éperon, une inflexion des guides lui occasionnent un peu de confusion et de désappointement. Il pleure, puis s'apaise, m'embrasse, et sa petite colère est bientôt calmée. Parfois même il me dit : « Oh ! Monsieur l'Abbé, que de peine vous me faites. » Et moi de lui répondre, souriant : « Qui aime bien, châtie bien. Soyez sage et je serai moins sévère. » Ses parents me sont très bienveillants. Chacun m'aime et me respecte...

*
* *

La vie au grand air, parmi cette multitude d'oisifs avides de jeux bruyants, ne devait avoir qu'un médiocre attrait pour le futur prêtre. Sa santé, du moins, s'améliorait de jour en jour et il avait l'avantage apprécié de se dévouer en exerçant autour de lui une salutaire influence pour le bien. Sa correspondance lui en fournit l'occasion :

Que la Paix soit avec vous, écrit-il à sa famille. La Sainte Écriture concise en ces paroles toutes sortes de biens temporels et spirituels. Ce souhait que Notre-Seigneur adressait à ses disciples, dans sa première rencontre après les événements si tristes qui venaient de s'accomplir, ce souhait que les Anges offrirent à l'homme à la naissance du Sauveur, me semble vous convenir à la fin d'une année qui laissera pour jamais dans votre âme une trace douloureuse et au commencement de celle qui paraît devoir ouvrir une ère nouvelle. Paix dans le Cœur de Jésus et dans le Cœur immaculé de Marie ! Paix pour aujourd'hui, pour tous les jours de votre vie et pour l'éternité ! Paix encore avec vous-mêmes, dans votre conscience, paix avec tout le monde !

Elle a été pénible cette année qui a éloigné de vous un de vos fils, qui a creusé une tombe et vous a de nouveau blessés en appelant un autre fils sous les drapeaux. Oh ! je le comprends, la chute de cette année résonne profondément dans votre cœur et le meurtrit douloureusement. Eh bien ! chers parents, le baume que ma main filiale veut vous offrir, c'est la paix du Seigneur. C'est ce secours qui vous donnera la résignation, la patience, la force, pour demeurer fermes dans la pratique de vos devoirs de chrétiens ! Acceptez ce présent comme le plus précieux qu'un fils puisse donner à ses bien-aimés parents. Vous avez la foi et vous n'ignorez pas les douceurs qu'elle procure dans l'amertume de la vie ; vous avez l'espérance et vous ressentez les forces qu'elle inspire ; vous avez la charité et vous pouvez avec elle faire les sacrifices que Dieu demande à votre générosité. Vous adorerez la souveraine Providence qui règle et dirige tout, de telle sorte que ce qui nous arrive ne nous vient que parce que Dieu l'a voulu et parce qu'il nous aime. Oh ! Laissons-le faire. Il sait mieux que nous ce qu'il nous faut. Il nous aime mieux que nous ne pouvons nous aimer, surtout il nous aime avec plus de sagesse et il a la puissance de nous faire du bien même en nous faisant souffrir. Laissons agir sa sagesse et sa bonté. Si nous ne comprenons pas toujours, n'hésitons pas cependant à le bénir en reconnaissant que l'horizon est borné à nos pauvres yeux. Un jour — ce beau jour viendra — le jour de la véritable année nouvelle, de la nouvelle vie, ce ne sera plus moi seulement qui vous offrirai des étrennes, ce sera Dieu lui-même, et quelles étrennes !... Alors, si un regret pouvait entrer dans le ciel, vous regretteriez de n'avoir pas fait assez, tant est grande la récompense accordée aux petites choses que nous pouvons réaliser pour la gloire du divin Maître ! Courage donc, bien chers, la vie est courte et l'éternité ne finit point. Les maux de la terre sont peu de chose au prix des joies du Ciel. La famille dans le sein de Dieu n'aura plus à craindre l'éloignement, même momentané, de l'un de ses membres... Alors, tous nous serons ensemble avec ceux qui nous auront précédés !...

*
* *

Cette sollicitude apostolique, le futur missionnaire l'étend au loin. Dans toutes ses lettres, nous retrouvons les mêmes exhortations à la pratique chrétienne. Une telle chaleur persuasive, jaillie de son cœur, ne pouvait manquer de produire une impression favorable sur l'esprit de ses correspondants.

Au pays d'Eix, par exemple, ses lettres passent de main en main, toujours accueillies avec bonheur au foyer des ancêtres et de leur descendance. Nous avons dit que la famille Vigneront, originaire de cette paroisse, y occupait un rang très honorable. Aussi loin que permette de remonter sa généalogie connue, on la voit fidèle à suivre les sentiers d'une droiture et d'une probité à toute épreuve. L'arrière-petit-fils écrit :

Abbeville, le 31 décembre 1868.
A ma chère et bien-aimée famille d'Eix,
Salut et Paix en Notre-Seigneur !
Du fond de la Picardie, mon exil actuel, je porte souvent mes yeux et mon cœur vers votre belle Lorraine. Je l'aime, je l'aimerai toujours ce doux pays qui fut le berceau de ma jeunesse. Et parmi les lieux que j'aimerai le plus à fréquenter ce sera « le village des Vigneront », Eix, avec ses coteaux couverts de belles vignes, ses vendanges, ses bois, ses plaisirs purs. Il me tiendra au cœur ce village si beau, parce qu'il me restera toujours bien cher.

Là, en effet, j'ai mon grand-papa, ma bonne grand'-maman et au-dessus mes deux excellentes « grandes grand'mères ». J'y ai ma marraine, mes oncles, mes tantes, des cousins, des parents, dont je me félicite d'être connu. J'ai

6

tout cela, et j'ai plus encore, parce que j'ai leur affection comme je puis dire qu'ils ont aussi la mienne.

Eh bien ! vous tous, tant que vous êtes, en commençant par les deux grandes grand'mamans, recevez l'expression des vœux que je forme pour votre bonheur. Vivez heureux, vivez longtemps !

Que manque-t-il à votre félicité que je puisse vous l'offrir ? Vous l'aurez sur-le-champ. Mais ce que je vous conjure d'obtenir de Dieu c'est la foi, la fidélité à accomplir ses préceptes, la faveur d'opérer votre salut : c'est là seulement que vous trouverez le vrai bonheur puisque c'est pour cela que vous avez été créés. Puissions-nous être tous réunis au séjour de la gloire que Dieu réserve à ses élus ! Nous y parviendrons par une porte assez étroite. Dès maintenant il faut avoir la volonté de se dépouiller de ses défauts et de ses mauvais penchants.

Pour tous rendez-vous au beau ciel avec nos autres parents et votre bon et regretté pasteur, M. Martin, que le bon Dieu vient de rappeler à lui.

Si j'étais à Verdun, ce me serait une joie d'aller vous voir ainsi que, chaque année, j'en avais l'habitude. Pendant les vacances je n'ai pu que traverser le village et donner un baiser à chacun. A mon retour, j'espère passer quelques jours parmi vous...

A Eix, autant qu'à Sivry, l'abbé Vigneront se montrait attentif à faire plaisir. Il recherchait les occasions de témoigner à sa parenté une gratitude pleine de respect. Toute sa vie, il gardera soigneusement pour ses « bons amis d'Eix » une reconnaissance émue, en souvenir des gâteries qu'il en a reçues pendant ses années de Séminaire. Volontiers, il les égaya de ses joyeuses saillies et se plût à leur écrire.

*
* *

C'est surtout à certaines heures de nostalgie, quand il se retrouve seul en sa chambre, que le précepteur éprouve le besoin de s'entretenir avec ses chers absents :

Abbeville, le 3 mars 1869.

A ma bien-aimée famille, salut, paix et bonheur !

Depuis deux jours grand vent. Une bourrasque passe sur notre vallée de la Somme ; elle occasionnera, sans doute, bien des malheurs sur terre et sur mer. Les arbres se renversent et tombent sur des personnes comme la mer s'entr'ouvre et engloutit des victimes. Il y a un mois une pareille tempête a produit des dégâts que je crains de voir se renouveler aujourd'hui. Que Dieu vous garde, vous et tous ceux que j'aime !...

Je suis heureux de pouvoir profiter de ce moment pour m'entretenir quelques instants avec ma famille bien-aimée. Mon cœur si sensible, comment pourrait-il, sans se déchirer, subir la séparation ? La mort seule pourra le faire cesser de battre pour vous.

Ce soir, peut-être conduirai-je mon petit nourrisson au sommet des monts Cauberts, à une lieue de la ville. Il me semble qu'il fera bon aller là-haut prendre le frais. Je vous invite à venir avec nous. Vous y verrez du moins les moulins à vent que j'aperçois de ma fenêtre. Leurs grands bras semblent vouloir s'emparer du ciel, mais en réalité ils ne prennent que le vent. Il en est de même de ces pauvres hommes, ennemis de Dieu, dont les bravades insensées font tant de bruit, pour rien.

Demain, jour de marché, je vous attends sur la place ; peut-être avez-vous des semences, du grain, quelques volailles à vendre ? Venez donc, mais pas avant 10 heures, ce serait inutile ; le commerce va mieux dans l'après-dîner... A demain au coin de la rue Saint-Wulfran, à côté du marchand de sauterelles, en face du marchand d'huîtres et de moules : ne manquez pas !...

Le soir, à 6 heures (22, rue Millevoye), chez M. de X..., dîner de gala, trente couverts. Tous les invités ne répondront pas ; vous pourrez trouver une petite place... C'est beau, c'est grand, mais c'est dispendieux ! Puis surtout cela fait perdre trop de temps. Lorsque vous donnerez le vôtre, veuillez choisir votre jour ; que ce ne soit point celui où vous aurez des hommes de journée ! Je n'insiste pas sur ce sujet, car je connais votre prudence et la sobriété de vos goûts... principalement de vos revenus !... Si vous répondez à mon invitation, au lieu d'aller au salon où l'on devise sans fin sur des futilités, je vous ramènerai dans ma chambre aux grandes fenêtres, devant une cheminée où j'aime à entendre pétiller le feu qui réchauffe l'âme et le corps. Nous causerons longtemps. Je vous dirai que chaque matin, à 7 heures, je me rends à l'église Saint-Wulfran, entendre la Messe, que j'ai le bonheur de servir habituellement, à la grande édification des fidèles qui y assistent : que j'y communie fréquemment et que, dans mes prières comme dans mes actions de grâces, je ne vous oublie pas aux pieds de Marie ni auprès du Sacré Cœur de Jésus. J'ajouterai que je demande pour vous les grâces qui vous sont nécessaires, et pour moi *la lumière sur ma vocation.* Je vous dirai que, là-dessus, je réfléchis beaucoup, et sollicite avec instance l'esprit de sagesse.

Depuis surtout trois ans, plus de vingt fois par jour, je demande à Dieu cette grâce insigne et je le fais par tout ce qui peut toucher le plus le Cœur de mon Dieu...

Ah ! voyez-vous, excellents parents, la sagesse c'est le don magnifique de l'infinie bonté de Dieu ; c'est la mère de toutes les vertus. Avec elle on comprend la vanité des choses de la terre, le prix d'une âme, l'honneur de servir le divin Maître ; avec elle on éprouve le désir de travailler et de se sacrifier tout entier pour Dieu et le salut de ses frères. Voilà ce qu'un de ses petits rayons m'a déjà fait comprendre et, chaque jour, j'en sens de plus en plus le prix. Trop heureux si je reçois la sagesse, je ne demande rien autre chose pour moi, mais pour vous, avec cela, je demande la santé, le bonheur, une longue vie, le courage et la résignation.

Puis, continuant notre conversation, je vous ferai entendre combien on m'aime, on me respecte ici et dans la ville, combien m'est attaché mon petit élève, que je talonne parfois, malgré moi, et pour son bien toujours. Au précepteur Dieu veut la fermeté. Sans jamais manquer aux formes, il doit parler à l'enfant et aux parents avec énergie, lutter même pour faire prévaloir la solution qu'il juge la plus équitable. Le précepteur est investi de l'autorité divine, il doit s'acquitter de ses attributions et assurer l'avenir de celui dont il est chargé. Jamais il ne doit céder sur ce qu'il croit être son devoir, dût-il souffrir beaucoup et même se retirer. Le Ciel, bien chers parents, me donne des grâces d'état ; déjà il me les a versées généreusement et votre fils saura toujours accomplir son devoir. On veut bien me dire que j'ai fait beaucoup de bien à cet enfant, pas tout celui que je désire, mais Dieu connaît mes intentions, mes sacrifices, mes espérances, et maître et élève seront bénis du Seigneur. A vrai dire, j'ai tremblé quelque peu à la pensée que moi, jeune homme de vingt-trois ans, sans expérience, sortant des écoles pour y rentrer encore, j'ai osé me charger de l'éducation d'un enfant. Aujourd'hui, j'en bénis Dieu et vous demande de le remercier avec moi. Les petites difficultés qui surviennent me sont très profitables, j'y gagne en patience et en fermeté de caractère. Parfois, il y a lieu de s'ennuyer : on voit sa tâche vaine, on s'use pour ne tirer aucun profit, du moins apparent, mais Dieu a ses desseins. J'ai fait composer mon petit élève avec ceux de l'établissement de la Providence, il a bien réussi. Il était le troisième en version latine, le cinquième en thème latin. Je travaille à le perfectionner et j'espère que Dieu ne me demande pas plus d'efforts que je n'en donne.

★★

Tout ce préambule et ce luxe de détails ont pour but de préparer sa famille aux déclarations qui suivent :

La lettre du bon petit père m'a causé beaucoup de peine ; une chose que je ne puis croire, c'est la menace de ne plus porter son fils dans son cœur si, un jour, il s'éloigne de la famille pour être missionnaire. Oh ! ce serait une chose qui me causerait la plus grande peine si elle pouvait avoir lieu. Mais, mon bien cher papa, alors même que j'obéirais à la volonté divine, ni mon cœur de fils ne méritera une si terrible épreuve, ni votre cœur de père ne se résoudra à me l'imposer... Papa ajoute que cette idée de vous quitter n'est point réfléchie et, par conséquent, ne saurait être celle de Dieu, mais bien le fait d'une ardente imagination. J'aime à croire qu'il ne parle pas ainsi de la détermination prise par les abbés Dupuis, Martinet, Garnier et Lachambre qui sont chez les Jésuites ou au Séminaire des Missions étrangères. Ils ont obéi non à leur imagination, mais à la volonté de Dieu qui les appelle. Ils n'ont rien dit à personne de leur détermination et ils sont étrangers, sinon par leurs prières, à la vocation qui germa dans mon cœur et celui d'autres de mes condisciples. Eux aussi sont disposés, comme moi, à obéir à l'ordre divin. Souvenez-vous, cher bon père, de cette parole si souvent répétée : « L'homme s'agite et Dieu le mène. » Oui, Dieu mène l'homme à ses destinées. Dieu le le mène et l'homme n'a qu'un mérite, c'est celui de l'obéissance. Malheur à lui s'il résiste à la volonté du Seigneur ! D'autres instruments se trouveront sous la main divine et lui, pour n'avoir pas voulu répondre à l'appel d'en haut, il ne fera qu'encourir disgrâces et regrets, car il sera malheureux ici-bas et dans l'éternité. De plus, quelle douleur pour lui de voir d'autres accomplir le bien que lui-même était convié à produire. Oh ! bon père, heureux les élus ! Qu'ils soient humbles pour se rendre dignes ! qu'ils soient généreux pour répondre, en dépit des difficultés : « Seigneur, me voici ! »

Je voudrais, aimables parents, compenser plus tard les sacrifices que vous avez faits pour moi. Dieu me le permettra-t-il ? Dès aujourd'hui, moins que jamais, je ne veux mériter le titre de dissipateur. Je veille sur mes effets, autant que je le puis. Par amour de la pauvreté, je restreins aussi mes correspondances. Cela me coûte énormément, mais que je suis heureux de pouvoir offrir au Seigneur cet acte méritoire.

Nous sommes dans le beau mois de saint Joseph. Oh ! je vous prie, ne l'oubliez pas. Priez pour moi. Que la volonté de Dieu se manifeste clairement à nos yeux ! Supplions ce bon Saint de répandre sur chacun de nous ses plus abondantes bénédictions. J'ai écrit à Eugène dont la bonne conduite au régiment doit réjouir le cœur de la famille. Dieu vous bénira, bons parents. Il le fait déjà. Vos enfants seront votre couronne sur la terre et dans le ciel. Continuez donc à les bien élever...

*
* *

Que s'était-il passé ? On le devine sans peine. L'abbé Charles avait fait à son père la communication décisive. Il avait déclaré que, se sentant appelé à l'œuvre des Missions Étrangères, il allait quitter son poste pour entrer au noviciat de cette Société. Décidé au complet sacrifice de sa liberté et de sa vie, il avait consulté Dieu dans la personne de ses supérieurs. Ceux-ci avaient confirmé son vif désir du plus parfait. Six de ses condisciples, au grand séminaire de Verdun, l'avaient déjà devancé dans cette voie.

A cette nouvelle, c'est la consternation au paisible foyer de Sivry.

De là, une protestation véhémente contre une telle résolution. M. Vigneront allègue l'argument du grand nombre d'âmes qui, dans le diocèse, attendent leur salut du zèle d'un bon Samaritain, ajoutant que le souci de remplacer l'oncle de Blercourt devait le détourner du désir d'aspirer à des conquêtes lointaines. Quoi ! Après tant de sacrifices, pouvait-on se résoudre à ne recueillir que l'ingratitude de la part d'un enfant qui, de gaieté de cœur, abandonne pour toujours ses parents, alors que ceux-ci auraient le droit d'exiger d'être payés de retour ? Quel signe évident que ce fils, victime de son imagination, méconnait les plus élémentaires devoirs de la piété filiale !...

A vrai dire, notre futur missionnaire s'attendait à recevoir un refus catégorique.

Il n'en poursuit pas moins ses préparatifs de départ, se réservant le profiter de l'occasion opportune pour réaliser les desseins de Dieu sur lui.

VIII

Les préparatifs de départ

Eugène, le frère cadet de notre futur apôtre, fait son service militaire, apprentissage dangereux pour un jeune homme de vingt ans. Très souvent, l'aîné s'émeut de cette situation. Il multiplie ses conseils et encourage le soldat à se détacher des créatures :

Abbeville, ce 9 mars 69.

Mon bon frère, que Dieu te protège !

Je te remercie de ta lettre. Elle m'a fait plaisir. J'ai partagé avec toi et toute la famille la joie que vous avez goûtée dans votre réunion du mardi gras. J'aurais voulu être avec vous. Mais l'exil me tenait loin du pays.

Oh ! l'exil, quelle triste invention !

Cependant partout sur la terre, même au sein de notre famille, ne sommes-nous pas en exil ?... La terre n'est qu'un lieu de passage. C'est une plage lointaine où de pauvres condamnés sont déportés, et ces malheureux ne le soupçonnent même pas. Ils vivent, ils causent, ils rient, comme s'ils étaient dans la Patrie ! Que dis-je ? Ils s'attachent à cette plage inhospitalière, ils y fixent leurs goûts, leurs appétits et ne pensent pas à s'en éloigner. Quel triste aveuglement ! Pauvres êtres dont le cœur est étroit parce que l'horizon de leur esprit est borné.

Nous, frère, nous en savons plus que les mondains, ne nous laissons pas séduire par leurs paroles vaines, ne nous fions pas à leurs dehors trompeurs. Ils paraissent satisfaits, mais ils ne le sont pas. La preuve c'est cette recherche incessante du nouveau et de l'incertain qu'ils appellent le *progrès*. Suivons notre voie à la suite des autres, mais jetons l'ancre de nos espérances ailleurs ; poussons notre nef sur la même mer, mais fixons notre regard sur le cap du hàvre de gloire. Le ciel est notre Patrie, c'est le terme de notre pèlerinage... Hâtons-nous d'y arriver.

De là-haut, nous verrons la petitesse de la terre, la vanité des travaux de l'homme ; nous verrons que ce que nous appelons ici séparation, exil, n'est que l'épaisseur du brin d'herbe qui cache, à la fourmi, la fourmi sa sœur. C'est la feuille de rose qui met à l'abri l'insecte et le dérobe à nos yeux. Ne sommes-nous pas ensevelis sous les plis de la présence de Dieu, dont l'immensité s'étend partout et dont la bonté nous parfume ?

Frère, que tu sois sur une feuille et moi sur l'autre, que la famille se trouve dans le calice et nous sur les bords de la fleur, dis-moi, ne sommes-nous pas toujours dans la même habitation, ne jouissons-nous pas des mêmes avantages et le regard de Celui qui embrasse toute l'étendue ne nous distingue-t-il pas ?

Rappelle-toi, frère, quand tout jeunes nous allions, parmi les lis du jardin, à la recherche de ces petits insectes rouges que nous prenions avec plaisir pour les enfermer dans notre main et les porter à notre oreille. En nous penchant sur l'une de ces fleurs, ne les apercevions-nous pas parcourant à grands efforts la longueur des feuilles et allant les uns dans un sens, les autres dans un autre, se suivant ou se dirigeant à l'opposé. Ils ne se connaissaient peut-être pas, quoique sortis de la même famille, assurément ils ne se voyaient pas et c'était miracle que deux d'entre eux se rencontrassent sur l'un des promontoires de leur empire aérien. Eh bien ! voilà ce que nous sommes pour Dieu.

Penché vers nous, Il nous sourit, Il voit avec plaisir nos efforts et nos combats, permet quelquefois que nous nous voyions après notre première séparation d'enfance. Puis quand son bon plaisir le veut, quand Il nous sait fatigués, Il nous prend, nous réunit dans sa main et nous porte sur son cœur. Heureux celui qui aura le mieux travaillé à accomplir sa tâche ! Heureux celui qui aura acquis bon nombre de mérites !... Frère, pour cela, gardons le sentiment de la présence de Dieu ; conservons-nous avec soin dans les prescriptions de sa divine volonté : nous sentirons le parfum de sa miséricorde, et au jour de la mort, Il nous recueillera... Si parfois sur le chemin étroit nous faisons un faux pas, si nous tombons, de sa main Il nous relèvera et nous soutiendra.

Nous ne devons pas nous désoler si nous vivons séparés : Celui pour qui nous travaillons nous voit l'un et l'autre et nous bénit. Voyons-nous dans son regard et, en quelque lieu que nous soyons, soyons à Lui et demeurons unis. Le jour de la réunion viendra bientôt.

Frère, je t'envoie à la hâte ce petit billet. Ecris-moi. Reçois ce peu d'argent. J'ai à te demander pardon d'avoir différé si longtemps. Prie pour ton frère. Il va bien. Il fait patiemment son devoir. Demande à Dieu que ce soit avec mérite. On m'aime beaucoup. L'enfant m'est attaché. Il m'embrasse et me dit vouloir m'aimer toujours, mais il est parfois difficile et j'ai besoin de toute la fermeté de mon caractère.

J'attends le plaisir où je te reverrai avec toute la famille. Si vous saviez combien je vous aime et désirerais vivre au milieu de vous !...

Adieu. Ton frère qui t'aime et t'embrasse de tout cœur.

⁎⁎

Quelle délicatesse de touche dans ces expressions et ces images ! Mais aussi quelle élévation de sentiments et quel désintéressement des biens que le monde apprécie plus que les réalités éternelles !

Ce jeune homme de vingt-trois ans possède la vraie sagesse. Cette sagesse lui dicte d'ingénieuses leçons, en même temps qu'elle lui inspire de les donner à ses sœurs en satisfaisant leur curiosité :

Abbeville, le 5 avril 1869.

Ma chère Angélina,

C'est à toi que je destine cette lettre. Sois heureuse tout le long de ta vie !

Laisse-moi te remercier de ton épître. Je t'en suis bien reconnaissant. Je réponds aux questions que tu me ferais si j'étais près de toi.

— Comment va la santé ?

— Elle est, ma chère, comme un jour de printemps. Cette année le printemps a eu bien de la peine à détrôner le vieil hiver, ce roi aux cheveux blancs et à la barbe hérissée de glaçons. Le printemps c'est un jeune fringant aux couleurs roses, il est séduisant de beauté et d'attraits ; on se laisse volontiers prendre à ses appâts. Je te dirai, ma petite sœur, qu'il compte déjà un grand nombre de partisans. Les jeunes filles surtout suivent ses pas et recherchent sa rencontre. Tu es bien de leur avis, n'est-ce pas ?

— Mais avez-vous eu des vacances ? Voici que Pâques est derrière nous aujourd'hui. Qu'avez-vous fait des loisirs qui vous ont été donnés ?

— J'ai eu huit jours, petite sœur, et je puis me rendre le témoignage de les avoir bien employés, c'est-à-dire avec utilité et profit. Du reste, je vais te raconter cela. Prête-moi bien tes deux oreilles, tes deux yeux plutôt. Le Mercredi Saint, à l'heure où le bon papa se rendait à l'église de Sivry, pour commencer le chant des Ténèbres, et lorsque tu étais sans doute à la campagne, je prenais le train pour Amiens, situé à 10 lieues d'Abbeville, sur le chemin du pays natal. J'entrais à Saint-Acheul, maison des Pères Jésuites. Je m'enfermai là, le reste de la semaine, pour y faire une récollection, me retremper dans une retraite, afin de réconforter mon âme, de purifier mon cœur, d'acquérir de la patience, d'examiner ma vocation et devenir meilleur.

Au soir du samedi, je rentrais après une visite à une Sœur dont je parlerai à maman. J'entendais les joyeux carillons de notre vieux Saint-Wulfran et des autres églises annoncer l'arrivée du saint Jour de Pâques, la fin du Carême et le retour du printemps. Mais hélas ! la neige tombait en abondance. C'était si triste d'entonner l'*alleluia* par un temps d'*adeste fideles* !

Le jour de Pâques, dans une des paroisses de la ville, j'accomplis les diverses cérémonies du culte, au contentement du bon Curé et à la curieuse attention des fidèles. Au soir, une promenade sur les bords de la Somme avec le Curé et les Vicaires. Je racontai de petites histoires.

Le lundi de Pâques, à 11 heures, je pris la voiture qui conduit à la ville d'Eu. Je me gardai de visiter M. le Maire... d'Eu, Félix Vilain, qu'on appelle aussi vilain Maire d'Eu, mais je me rendis au château de M. le Maire de Méneslies, père de cette jeune personne décédée le 24 janvier dernier. On m'y attendait à bras ouverts. Madame est une excellente chrétienne. Ses filles sont aussi bonnes que pieuses. Que dire du plaisir que j'éprouvai là, après les premiers moments de condoléance ? que dire des paroles échangées, des mille incidents joyeux ? Ce serait trop long. Sache, ma chère, qu'ici, sans oublier les pauvres défunts, on sait fêter les vivants... Voilà ce que la foi, la vraie foi apprend à mettre en pratique. Nous fûmes donc joyeux. Tiens, c'est un peu ce que nous

éprouvons lorsque nous sommes tous réunis ; tu sais, quand
Émile et Philomène se querellent, qu'Anna crie à ne plus se
faire entendre, que toi, ma bien-aimée, tu n'attends plus personne et que tes ouvrages sont faits, quand Maria pince ses
lèvres et décoche un trait piquant, lorsque notre militaire a
quelque chose à nous conter ou à imiter de nos vieux voisins et que moi-même je suis là avec ma gravité, mon air
rébarbatif, pour adoucir ce qu'il y aurait d'immodéré dans
votre gaieté, à ce point aussi que le papa et la maman se
voient contraints d'intervenir assez vivement. Voilà ce que
nous éprouvâmes durant ces jours de vacances au château de
Méneslies.

Le jour de mon arrivée, M. le Curé de la paroisse était
invité au dîner. Un certain marquis des environs y vint aussi.
On ne se coucha qu'à 11 heures. C'est modeste n'est-ce pas,
pour un début ? Le lendemain, je partis avec M. le Curé
pour une solennité d'adoration perpétuelle du Très Saint
Sacrement, dans un village voisin. Il avait eu la bonté de
m'annoncer au bon curé dont l'extérieur me rappelle M. Martin, l'ancien curé d'Eix. A 8 heures, je rentrai. On causa
encore jusqu'à 11 heures. Dans le salon, au coin du feu, Fox,
le célèbre Fox, couché à nos pieds, pensait à quoi ? je
l'ignore.

J'aurais à te faire une petite peinture des mœurs de la
jeunesse de Béthoncourt, mais regarde nos gaillards à l'église,
compte les coups de poing ou de coude, compte les niches
qu'ils se font, vois celles qu'ils dédient à leur humble curé,
au pauvre instituteur, quand ils ont les yeux baissés, examine
leurs gestes et leurs lèvres et tu pourras te dire : « Voilà ce
que mon frère voyait à 150 lieues de mon pays, sur les bords
de la mer, dans une église de campagne. » Ces spectacles,
s'ils n'étaient en lieu saint, seraient impayables.

Le lendemain, c'est-à-dire le mercredi de Pâques, je partais avec la famille de M. X... pour un château du voisinage,
Là encore on m'avait annoncé : un dîner nous attendait.
N'allez pas croire qu'il était à mon intention, j'en profitai
seulement.

On revint assez tard dans la nuit. Un éclair illumina le
ciel et nous fit voir notre route en entrant dans le parc. Le
lendemain, vers 11 heures, je repris le chemin de mon séjour
actuel. Puis, sans repasser par la même voie, je rentrai à
Abbeville vers les 7 heures du soir, 1er avril...

Maintenant du sérieux et pour toi seule, mon Angélina.

Je te remercie de prier pour moi, j'en ai besoin pour
connaître la volonté de Dieu et l'accomplir. Je prie pour toi

aussi et pour le même motif. Tu as comme moi une vocation. Fais ce que tu as à faire sans te préoccuper de ce qui doit suivre ; c'est l'œuvre du Maître cela. Sois docile à la grâce. Quand Jésus te parle au cœur, écoute-le bien, demande-lui où il te veut ; mais sois calme et résignée. Vois la main de Dieu en tout : c'est elle qui nous conduit.

Tu n'as pas à t'occuper de ta vocation présentement, Laisse Maria et n'envie pas sa place. Demande pour moi que je ne résiste pas à la grâce. Habitue-toi à surmonter les difficultés et les déceptions de la vie. Tu en éprouveras beaucoup sur la terre. Il faut te fortifier, façonner ton caractère. C'est en vivant de la foi, en t'approchant des sacrements ; c'est en te résignant à tout ce que Dieu demande de toi que tu feras œuvre de sanctification.

Je ne puis rien te dire de plus à ce sujet pour le moment... Si Dieu te fait l'honneur de t'appeler à la vie religieuse, tiens-toi heureuse et docile.

Adieu, ma bien-aimée, je t'aime et t'embrasse du fond du cœur, d'un cœur de frère.

_

La piété du séminariste est aimable et douce, comme il est facile de s'en rendre compte en parcourant ses lettres, il se plaît à égayer ses entretiens par les innocentes joyeusetés qui dilatent le cœur et récréent l'esprit, sans blesser la modestie ni la charité. C'est un trait de sa physoniomie qui mérite d'être noté. La lettre suivante en fait foi :

Abbeville, le 6 avril 1869.

Mon cher Eugène et frère bien-aimé,

Ta petite messagère m'apporte un réel plaisir. Je partage la joie de la famille à laquelle tu es rendu pour la période des travaux des champs. L'hiver a été bien long, les ouvrages en ont été retardés ; tu pourras aider d'autant plus.

Mais, d'après ce que tu me dis dans tes lettres, ciel ! que tu vas t'ennuyer au foyer domestique ! Que vas-tu devenir dans cette privation des « doux passe-temps que l'on sait si bien donner aux soldats, même pendant l'hiver » ? Te voilà sevré des « mille petites gentillesses » de tes aimables compagnons. Leurs gestes exquis, leurs paroles agréables, la délicatesse de leurs propos te vont manquer. Dis-moi, où pourras-tu retrouver tout cela chez nous ? Et ces danses et ces sauts pour le devoir accompli ?... Qui désormais satisfera tes désirs ? Rappelle-toi la nuit de Noël où tu fus injustement puni... Bon, je te vois bâiller. Autrefois, tu te représentais à mon imagination de petit séminariste, avec ta veste bleue, un fouet à la main, petit bonhomme conduisant les bêtes à l'abreuvoir. Puis je te vis plus grand, toujours à peu près dans le même accoutrement, dirigeant le soc de la charrue et t'exerçant à la patience au milieu des difficultés du labourage.

Ces temps-ci, je te suivais de loin, astiquant ton fusil, ta baïonnette, le ceinturon, les boutons, la plaque, la giberne, le fourreau, les souliers, les molletières, blanchissant les guêtres et noircissant tes mains, nettoyant tout, hors toi-même... Exercices, appels, théories, factions ; rien ne manquait à ton bonheur. Tu étais heureux alors et, le soir, lorsque tu rentrais et que tes amis te délassaient par ces récréations si douces qu'était la couverture, tu te prenais à te souhaiter d'aussi agréables compagnons pour le reste de tes jours. Oh ! encore un coup, que tu dois t'ennuyer !

Et quand, Ganymède, tu régalais la compagnie et que, pour « omelette aux champignons truffés », tu servais des tiges de bottes, probablement tu recevais en retour les mille félicitations de la chambrée. Tu aspirais sans doute à t'élever au grade de marmiton du régiment. Et aujourd'hui c'est tout au plus si, à la maison, il t'est possible de mettre une carotte au pot ou un minuscule cornichon sur le plat. Oui, je te plains, et que vas-tu devenir ? Et cette perspective de la « caporalité », du sergentisme, du généralat, où peux-tu l'entrevoir derrière ta charrue et sous le hêtre de la forêt ?

Bientôt tu me diras ce qu'il en est de la famille, comment tu te portes et mille choses aimables. Écris-moi surtout que tu as compris que j'ai voulu rire un petit brin avec toi.

Parle-moi de tous ceux qui m'intéressent. J'ai été très surpris d'apprendre la mort de Léopold, notre ami. Que Dieu aie pitié de son âme ! Dernièrement, ici, un jeune homme sorti officier de Saumur, arrivait à son régiment. Il tomba malade et voilà aujourd'hui sa famille dans le deuil. Il est mort à peine âgé de 20 ans.

Morts de tous les côtés, bon frère. Hélas ! nous sommes hommes et pouvons mourir aussi bien que les autres. Sache profiter des leçons que nous recevons de toutes les manières pour t'affermir dans la foi et la pratique de la religion.

Au régiment, tu as vu les tristes effets d'une mauvaise éducation. Sois-en indigné afin de profiter des bons exemples de nos parents et des gens de bien.

Tu as vu comment l'ordre social exige la soumission : ce n'est pas seulement de l'obéissance, c'est du servilisme qu'on impose aux militaires. Sache donc donner librement à Dieu, à l'Eglise, aux auteurs de nos jours, à la vertu, à l'honneur, ce que la raison et la foi nous font un devoir de donner.

Obéis à notre père, à notre mère : soumets toujours avec respect tes jugements et tes vues, sache quelquefois sacrifier pour la paix et pour le bonheur des tiens les élans spontanés de ton caractère. Reste modeste et réservé dans tes observations, agis avec douceur et politesse.

Adieu, je te sermonne quelque peu. Je t'en demande pardon, mais tu le sais bien, c'est ma qualité de frère aîné et de futur prêtre qui me donne ce droit.

Et même ces conseils ne s'appliquent à toi que dans la mesure où tu les oublierais.

Adieu, je t'aime comme tu m'aimes. Prie pour moi comme je prie pour toi.

⁂

Aux plus jeunes de la maisonnée, il adresse aussi des recommandations appropriées à leur âge, sur le ton d'une gracieuse familiarité :

Aux petits espiègles, une lettre tout entière !

Que leur dirai-je ? Pas n'est besoin sans doute de leur recommander d'être sages. Ils le sont, Emile surtout qui a fait sa Première Communion et qui a le bonheur de communier de temps en temps. Qu'il se prépare avec soin à cette grave démarche et que toujours il s'exerce à bien faire sa confession ! Que Philomène, un peu plus jeune, songe aussi à sa Première Communion. Qu'ils prient tous deux beaucoup le Seigneur Jésus qui est à l'église. Ils iront le visiter chaque jour, d'abord dès le matin en assistant à la Sainte Messe, puis dans la journée, et le soir encore quand ils en auront le temps. Qu'ils aiment bien la Sainte Vierge. Elle est notre Mère. Elle leur obtiendra beaucoup de grâces. Qu'ils se souviennent aussi du bon Père saint Joseph. Ils le prendront avec Marie pour leur Patron et ils se conserveront bien purs, bien obéissants, bien pieux. Voilà ce que je dirai aux enfants de la maison de... nous.

Ils prieront aussi pour leurs père et mère, pour leurs frères et sœurs, pour tous sans oublier les âmes du Purgatoire.

Qu'ils disent, chaque soir, une bonne prière pour leur frère aîné, afin que Dieu l'éclaire, le fortifie, lui accorde la sagesse et l'humilité. Qu'ils s'instruisent bien en classe et au catéchisme, autant qu'ils le peuvent. C'est l'instruction qui fait l'homme. Ce sont les premières leçons qui sont la base de tout. Pour élever un édifice, on ne commence pas par le toit. Il faut faire des fondations et y bâtir d'autant plus solidement que l'on veut élever plus haut la maison...

En conséquence, le catéchisme sera toujours bien su et bien compris, puis tous les devoirs de classe bien faits ; on ne jouera pas à l'école ni pendant l'étude.

Petite Philomène (toi qui es une petite fille), on ne causera pas, on ne retournera pas la tête. Entends-tu, enfant chérie ?

Je n'ose dire ceci au docte Émile. Il a déjà assez de raison pour le comprendre seul. Il doit travailler mais sans y mettre de l'orgueil. Qu'il lise beaucoup, soit en conduisant ses moutons, soit en vaquant à ses menues occupations. Que partout il prenne un livre et l'étudie. Qu'il en fasse une courte analyse. Toujours il y a quelque profit à tirer de ses lectures. Mais je lui demande de ne prendre que de bons livres : la bibliothèque paternelle n'en possède que de semblables.

Adieu, mes petits amis. Portez-vous bien et écoutez ce que je vous dis. Ma lettre est finie.

*
* *

Au retour de la belle saison, le futur apôtre, comme le captif qui compte les jours, se réjouit à la pensée de la délivrance. C'est ainsi qu'il écrit, à la date du 9 avril, pour annoncer la fin de son exil :

Mes bien-aimés parents,

Vive Dieu ! Le Printemps a renvoyé le Père Hiver en Sibérie ! C'est hier que s'est faite cette révolution. Tout le monde en est content. Les petits oiseaux eux-mêmes se mettent de la partie. Ils jubilent d'aise sous le gouvernement nouveau, eux qui étaient si tristes sous l'ancien ! Ils sentent qu'une ère radieuse s'ouvre et se livrent à la joie commune. On m'a assuré qu'ils appelaient les fleurs et que celles-ci ne tarderaient pas à venir parer le trône du jeune roi. Et dire que tous nous sommes invités au banquet de ce prince ! Bien mal avisés ceux qui ne veulent pas répondre à son appel et qui prennent le chemin du cimetière ou préfèrent la nuit des prisons. Moi aussi je suis prisonnier ; la ville ne ressemble guère à la campagne. Estimez-vous heureux !...

Petite mère, en quittant Saint-Acheul le Samedi Saint, je me rendis à Laneuville, orphelinat des Dames du Sacré-Cœur d'Amiens. Là, vous avez une amie, une amie que feu mon bon oncle m'avait bien recommandé d'aller saluer de sa part et que je n'avais pas encore pu voir jusqu'à présent. Cette amie se rappelle toujours Mlle Catherine ; elle ne peut se résoudre, en dépit des événements, à l'appeler Mme Vigneront ; cette amie qui n'oubliera jamais les doux entretiens, les bonnes conversations, les salutaires réflexions du jeune âge, de ces années si heureuses qu'elle a passées en votre compagnie ; cette amie que vous avez vue à Rampont, à Blercourt, à Chardogne, chez la cousine Sœur Reine, c'est Sœur Rosalie Pérignon.

Vous dire le bonheur et la joie de son âme en revoyant si loin et si haut un rejeton de cette jeune personne, sa compagne d'antan, qu'elle eût plutôt cru destinée à entrer dans un couvent qu'à devenir maman ; vous raconter son étonnement, ses interrogations, les mille incidents de notre conversation de trois heures, dans le jardin de l'orphelinat, c'est chose que vous pouvez facilement deviner.

Rappelez-vous « bonne Rosalie », rappelez-vous les beaux jours passés avec elle, et vous comprendrez la délicieuse joie que nous éprouvâmes l'un et l'autre. Il va sans dire que l'on parla de Mlle Catherine, du bon monsieur le Curé. Je n'omis pas de répondre à toutes ses questions. Elle m'interrogera encore lorsque j'y retournerai. Bref, on prie pour vous et votre cher frère, notre bon oncle... On prie pour votre famille et votre fils aîné, on vous envoie un souvenir, une image de la Passion, le Chemin de la Croix, souvenir et symbole...

Bons parents, les dix-huit mois passés ici m'ont fait beaucoup de bien, parce qu'ils m'ont appris ce qu'est la vie ; ils auront sur mon existence des effets avantageux et une répercussion salutaire. Je fais mon noviciat. En vérité, il est pénible. Que Dieu en soit béni ! J'ai répondu à son appel. Il me prendra par la main et me conduira où sa divine volonté me veut.

J'ai beaucoup gagné sur le caractère de mon petit élève. On m'estime et on m'affectionne. J'ai agi selon ma conscience en répondant de mon mieux à la tâche qui m'était imposée. Enfin, tout est pour le bien. Priez beaucoup pour moi, je prie pour vous. Je vous embrasse de tout cœur, en attendant de vous revoir bientôt.

**
*

Ces dix-huit mois de préceptorat avaient surtout contribué à rendre à l'abbé des forces physiques que ses études avaient épuisées. Le voilà maintenant rétabli, capable d'affronter la fin de son stage ecclésiastique et de suivre les cours réguliers jusqu'à la prêtrise.

Dès lors, l'avenir se présente à lui plein de promesses. Il peut voir poindre à l'horizon de sa pensée, non pas les vaines réjouissances d'un monde avec lequel ses fonctions de précepteur l'ont mis en rapport, mais l'agréable perspective de quelque clocher, dans la vallée de la Meuse, à proximité du pays natal, où sa vie s'épanouira ensoleillée de toutes les joies de la nature et de la grâce sous le regard de Dieu.

Non, tel n'est point l'idéal que rêve de réaliser le futur prêtre. Il lui faut autre chose qu'un champ clos et trop restreint pour son activité, autre chose qu'un ministère à exercer, avec des soucis terrestres, au milieu d'un monde qui lui est antipathique. Quoi ! Etre confiné dans la solitude d'un presbytère silencieux, dans un milieu dont il flétrit les vanités : quels dangers et quels tourments ! A lui, les larges espaces, les courses à la conquête de âmes, les dévouements héroïques, les immolations et les sacrifices parmi les infidèles qui attendent des paroles de salut.

Pauvres parents ! Quelle amère désillusion leur est réservée ! Mais déjà ne sont-ils pas prévenus ? Ils n'ont que trop souvent entendu les lamentations de ceux qui les plaignent : « Quoi ! de si beaux talents, de si belles espérances iraient se perdre dans le désert, au fond des steppes peuplées de barbares et de sauvages ? ».

Avant de fixer définitivement sa décision, et pour s'entourer de toutes les lumières d'en haut, le jeune lévite a eu recours à la sagesse de plusieurs prêtres éminents qu'il considère à juste titre comme les instruments que la Providence tient en réserve pour lui signifier sa volonté à son égard.

Parmi ces derniers, figure le nom du R. P. Vaughan — futur cardinal — que nous retrouverons plus loin. Il était alors à la tête du séminaire des Missions de Mill Hill, près Londres, fondation récente sur le modèle du séminaire de la rue du Bac, à Paris. Cet établissement avait surtout pour but de former des prêtres pour l'évangélisation des nègres des Etats de la grande République américaine. Le jeune et distingué supérieur était déjà réputé comme savant et comme orateur.

L'abbé Vigneron a la bonne fortune de s'entretenir de sa vocation avec l'homme de Dieu, dont la popularité exerce une extraordinaire influence en Angleterre. Le futur cardinal accueille le séminariste français avec la plus bienveillante sympathie, le comble de prévenances et lui propose même une place de choix parmi ses aspirants missionnaires.

**

Auparavant, il s'agit de rompre des liens de plus en plus infrangibles.

Qui donc n'a éprouvé, au cours de sa vie, la vérité de ce mot de Bossuet : « Les amitiés s'en vont avec les années et les intérêts ! »

Il n'en est pas de même de l'affection qui unit les membres de la famille Vigneront. Son intensité s'accroît de jour en jour. Ni le temps qui fuit, ni les émotions qui se succèdent, ni l'éloignement qui sépare n'ont la moindre prise sur des cœurs qui n'en font qu'un. Ce que l'un ressent, les autres l'éprouvent sans que le plaisir ou la douleur, en se répartissant, soient atténués.

Il en sera de même jusqu'à l'heure où la cruelle mort dispersera les uns et les autres pour en reformer le faisceau dans l'éternelle cité de Dieu.

Les émotions que font naître dans le cœur des parents les intentions du fils aîné se répercutent dans celui des frères et des sœurs. Charles lui-même s'efforce de maîtriser ses sentiments et de voiler sa douleur en essayant de consoler ceux qui redoutent le moment de la séparation. Il écrit à chacun des lignes attendrissantes :

Mon excellent Eugène,

Ce n'est pas toi qui compterais avec la fatigue et le danger. Tes chefs te commanderaient d'aller à l'ennemi, tu irais prompt comme l'éclair. Dieu m'appelle, Il me dit d'aller au loin le faire connaître. Je dois obéir. Ici, je n'ai rien à perdre. Nos ennemis sont bien doux. S'ils me tuent, c'est pour me donner une vie plus précieuse ; mais je n'aurai pas cette gloire. Qu'est-ce que la série des petites peines que j'aurai à endurer ? Tout le monde a les siennes, si je n'ai pas celles-là, j'en aurai d'autres.

Donc, bon frère, remercie Dieu avec moi, console nos bons parents, promets-leur de me remplacer. Dis-leur qu'ils n'auront rien à regretter, que tu seras là, toi, frère aimable. Prie Dieu avec nous et chaque jour implore le secours de

Marie, de Joseph, de saint François-Xavier et de tous nos saints Patrons.

Il y a longtemps que notre pieuse et excellente mère a accepté son sacrifice. C'est à elle que je dois en partie l'honneur que Dieu me fait et la force qu'il me donne. Le Seigneur la protège, il en prendra soin, et il saura bien lui assurer un avenir qui ne nous fera pas regretter le fils qu'elle lui aura offert. Beaucoup de bonnes âmes, de saintes Carmélites, d'Ursulines qui savent son cœur meurtri, déchiré, prient pour elle.

★★

Mon aimante Angélina,

Combien tu vas souffrir aussi. Ce n'est pas ce que tu attendais de moi ! Mais le Seigneur te donnera la force que cette épreuve demande.

Prie beaucoup pour moi et nos parents. Fais ton sacrifice. Aujourd'hui est-ce que je ne pourrais pas mourir ? La réunion sur la terre ne serait plus possible ?

La séparation se fait. Oui, c'est vrai, mais je ne meurs pas. Dieu me laisse le temps d'acquérir des mérites.

Tu sais que beaucoup vont en des pays lointains pour amasser des trésors et que bien souvent ils meurent, ne reviennent pas, ou reviennent pauvres.

Moi, je m'en vais aussi, mais je n'ai rien à craindre de cela. Si je meurs, c'est pour Dieu et Dieu se doit de me récompenser. Si je vis, si je vis pauvre, je ne parle pas de la pauvreté physique, c'est la vie qu'il me faut, mais de la pauvreté d'âmes sauvées, ah ! sois bien persuadée que ce ne sera pas de ma faute. Aidé de tes prières, j'amasserai des trésors, je sauverai des âmes, du moins je ferai tout ce qui dépendra de moi. Si j'ai le bonheur de conduire au Ciel quelques âmes, vois-tu la gloire que nous y aurons ? Toi, par tes prières, tu féconderas les travaux auxquels je me livrerai... Donc, bonne sœur, réjouis-toi et prie beaucoup, prie et console nos bons parents.

Adieu, mon aimante Angélina, surtout ne pleure pas. Dieu est avec nous, c'est Lui qui te demande ce sacrifice. Du courage et de l'abnégation !

★★

Ma chère Anna,

Tu dis : « Voilà bien ce que nous craignions depuis long- temps, nous avons deviné juste. Mon frère ne nous aime pas, malgré ses protestations d'amour. Ne pourrait-il pas sauver des âmes dans ce pays et acquérir des mérites ! Oui,

il sait bien qu'il nous attriste, mais peu lui importe ! Eh bien !
soit, qu'il s'en aille au loin ! »

Comme tu raisonnes, bonne sœur ! Il y a du vrai dans
ce que tu dis, mais j'y vois aussi beaucoup de faux. Eh quoi !
dire que je ne vous aime pas ? c'est me blesser au vif. Ne
le dis donc plus et sache que si je vous fais cette peine, c'est
bien une preuve que Dieu m'appelle. Moi-même je n'eusse
pu y penser, je n'eusse pu surtout l'accomplir. Demande à
Dieu que je sois sans cesse docile à sa grâce et... soumets-toi
toi-même.

Prie pour moi afin que j'aie la force et aussi pour nos
bons parents. Il faut que la volonté de Dieu s'accomplisse.

Plus tard je te parlerai de ta vocation. Donne ton cœur
à Dieu et laisse-Le faire ce qui lui plaira.

Adieu, ma bien-aimée.

*
* *

Mon bon petit Emile,

Tu es encore bien jeune. Tu ne sais ce que Dieu te
demande. Ah ! s'Il daignait t'appeler au sacerdoce, toi aussi !
S'Il voulait te recevoir comme missionnaire ! Mais c'est déjà
beaucoup d'honneur que ton frère aîné le soit. Sachons nous
contenter et demandons avec instance à ce Dieu miséricordieux que nous fassions tous et toujours sa sainte volonté.

Incline ton cœur vers Lui. Observe tout ce qu'Il peut
t'inspirer. Reçois-le, bénis-le, prie-le, demande la sagesse et
la lumière, la force et la docilité.

Bon frère, je t'aime beaucoup et j'aurais très volontiers
fait ta première éducation, même avec grand soin, peut-être
aussi avec succès, mais Dieu te fera rencontrer d'autres
mains... Je le prie pour cela.

Adieu, mon bien-aimé petit.

*
* *

Que te dirai-je *petite Philomène ?* Tu grandis toujours.
Est-ce aussi en esprit de prière, de piété, de pureté et d'obéissance ? Que Dieu veuille répandre sur toi cet esprit avec
une grande abondance ! Prie Marie et saint Joseph pour nous
tous. Prépare-toi bien à ta première communion, demande
au Ciel de connaître ta vocation, comme nous devons tous
faire.

Petite Philomène, je te porte dans mon cœur.

*
* *

Enfin, le fervent séminariste adresse à ses parents
des lettres de tendres et ardentes supplications, qu'on
ne saurait lire sans une poignante émotion. Dieu seul

peut inspirer de pareils sentiments et donner le courage
de triompher dans les combats que la nature livre aux
privilégiés de la grâce :

Boulogne-sur-Mer, 6 août 1869.

En pèlerinage à Notre-Dame de Boulogne,
En la demeure et sous la bénédiction de Mgr Haffreingue.

Mon vénéré père,

Ma mère bien-aimée,

Souvent déjà et depuis longtemps, je me suis mis à vos
genoux, vous suppliant de me pardonner les fautes dont je
me suis rendu coupable envers vous. C'était pour moi un
grave devoir, ce fut pour vous une joie sensible. Je me félicite
et je vous sais gré de votre indulgente bonté.

Qu'aujourd'hui cette bonté me soit encore propice et
qu'elle verse en ma jeune âme les bénédictions que j'implore
et dont j'attends beaucoup pour l'avenir. La bénédiction de
parents chrétiens, n'est-ce pas la bénédiction même de Dieu ?

Et que de fois, Dieu m'a béni !

Parmi ces bénédictions, il en est une que j'apprécie
au-dessus des autres, parce qu'elle en est le principe.

Heureux l'enfant que Dieu fait naître de parents vertueux ! Si son père et sa mère comprennent la grande tâche
qui leur a été imposée, s'ils rendent à Dieu le dépôt qui leur
a été confié, il est deux fois heureux.

Ces parents-là sont les serviteurs fidèles dont parle l'Evangile et ils méritent que le Seigneur les établisse sur de plus
grands biens. Cet enfant-là, c'est le petit grain de sénevé, qui
a de l'homme la misère et la faiblesse, mais qui a de Dieu
les richesses et la force.

Que les parents le rendent à Dieu et laissent Dieu accomplir en lui ses desseins et l'on verra... Le petit enfant gran-
dira et il deviendra fort et Dieu sera glorifié et le père et la
mère qui auront souffert (oh ! oui, souffrir, c'est la condition
et le seul bonheur de l'homme sur la terre) seront récompensés
au centuple.

Vous, père bien-aimé et mère tout aimante, vous avez
été jusqu'ici les parents fidèles lieutenants de Dieu auprès de
votre enfant. Tous deux, vous avez su rendre au Seigneur
ce qu'Il vous a confié, et comme si une seule fois n'eût pas
suffi, comptez le nombre d'offrandes que vous avez faites.

Je n'étais pas encore né et ma mère m'avait déjà consacré

à Dieu. Je venais de recevoir le baptême et Marie fut chargée du soin de ce dépôt sacré. J'allais faire ma première communion et vous me remîtes à Jésus. Je commençai mes études de latin et Marie en devint la proetctrice. Ma mère, ma bonne mère m'avait conduit à ses pieds ; l'an dernier, je vous quittai pour aller au loin et, en me bénissant, vous me confiâtes à la divine paternité de la Providence...

Vous avez fait tout votre devoir, parents chrétiens, vous êtes les « serviteurs fidèles » et votre récompense ne se fera pas attendre. Déjà le Seigneur ne vous en a-t-il pas donné une partie en vous remettant le soin de veiller sur une nombreuse famille ? Soyez donc félicités et espérez des biens plus grands. Mais continuez de suite la même voie ; que Dieu soit toujours le Maître et vous, ses dociles serviteurs !

Et moi, petit grain de sénevé jusqu'ici, que peut-on attendre de ma faiblesse ? Enfant de l'homme, si je reste avec l'homme, c'est-à-dire si je ne m'attache pas à Dieu et si je ne m'y attache entièrement et pour toujours, je serai faible, petit, stérile... Mais si Dieu, venant à moi, m'appelle à le suivre, est-ce que je ne puis pas tout espérer ?

O père vénéré, ô mère tendrement aimée, ce Dieu qui vous a vus, portant dans votre cœur l'offrande de ce que vous avez de plus cher, a daigné lui-même venir à votre rencontre.

J'ai entendu sa voix et je l'ai reconnue ; j'ai senti sa main et votre offrande a passé de votre cœur en son cœur, et Il m'a appelé, et Il m'a reçu, et Il me promet — et à vous aussi — mille dons précieux et une éternelle récompense.

Je ne m'illusionne point : par moi-même je ne suis rien, ni ne puis rien, mais avec Dieu que ne suis-je pas ? C'est bien la voix de Dieu que j'ai entendue, c'est bien sa main que j'ai sentie.

Il y a huit ans de cela, et depuis huit ans, je n'ai qu'une seule pensée, qu'un seul désir. Cette pensée, je l'ai manifestée, ce désir je l'ai fait connaître, j'ai prié et j'ai fait prier ; chaque jour je prie encore et il m'a été répondu, et chaque jour il devient plus clair et plus certain que ce désir et cette pensée sont la voix et la main de Dieu.

Ah ! parents chrétiens, toujours à vos genoux et les yeux baignés de larmes, le cœur plein de confiance, mais aussi de douleur et d'amertume, laissez-moi vous le dire : Dieu le veut, IL ME VEUT MISSIONNAIRE !... Dites que, vous aussi, vous le voulez bien.

Ne craignez pas, je serai toujours votre fils et votre fils tendrement affectueux. Puis, vous me reverrez, le Ciel sera notre partage. La réunion s'y fera, et pour toujours. L'éternel bonheur deviendra notre patrimoine et nous serons contents d'avoir souffert ! Ah ! vous pleurez !... Oui, et moi aussi... mais enfin, Dieu le veut, vous aussi, n'est-ce pas ? Père, mère, une fois encore, vous voulez bien que je sois missionnaire ?...

Allons ! du courage ! regardez le crucifix suspendu à la vieille cheminée... regardez le Cœur sacré de Jésus et la Mère des Douleurs qui est plus loin, puis dites bien du fond du cœur : *Mon Dieu, Vous le voulez. Eh bien ! nous aussi nous le voulons :* Fiat voluntas tua !... Merci, bons parents, merci de votre consentement. Encore une grâce : donnez-moi votre bénédiction, je vous en prie ! Donnez-la moi généreuse et abondante, je ne me relèverai qu'après l'avoir reçue. Pour elle, merci !

Que je sois félicité d'avoir un père et une mère dont le cœur si bien fortifié par la foi sait accomplir les sacrifices les plus douloureux ! Je n'attendais rien moins de votre piété.

Aussi me garderai-je de diminuer la beauté religieuse de votre geste en y apportant d'humaines considérations. Je ne réfuterai donc pas les différents motifs que votre sagesse a fait passer devant mon esprit pour qu'il examinât tout et ne se déterminât qu'après une entière et sérieuse réflexion. Ces motifs, mes bien-aimés parents, je les ai considérés devant Dieu, dont la parole éclaire et réchauffe mon cœur, et ils ont disparu ainsi que la petite goutte de rosée sous les chauds rayons du soleil d'aujourd'hui.

Vous-mêmes, d'ailleurs, en pouvez comprendre l'inanité. Dieu a parlé, cela est certain, Dieu est sage et rien n'arrive sans qu'Il le veuille ou le permette. Si donc ma résolution était contraire à vos désirs (cela ne peut être puisque vous-mêmes m'avez offert à Dieu), si donc ma résolution était contraire à vos désirs, eh bien ! c'est que ces désirs ne doivent être accomplis qu'au Ciel ; c'est que Dieu vous veut donner de plus abondantes bénédictions ; c'est que le bonheur sur la terre ne peut exister entièrement et que la réunion n'est parfaite qu'en l'autre vie.

Peut-être d'aucuns vous diront que j'ai un cœur ingrat, insensible. Vous les laisserez dire, car vous savez trop bien le contraire.

On vous dira que mes vœux pour la conversion des âmes et la glorification de Dieu, je puis les réaliser en mon pays, auquel je me dois tout d'abord et où je puis trouver les mêmes avantages.

Vous répondrez : « Et que deviendrait la parole du Sauveur Jésus qui convie au bienfait de l'Evangile toutes les nations de la terre ? Et vous-mêmes, que seriez-vous devenus, si vos pères n'avaient reçu, comme les peuples infidèles reçoivent aujourd'hui, les hommes apostoliques, dispensateurs de ses grâces et témoins de la Vérité ? Dieu nous honore trop en appelant notre fils pour que nous songions à mettre obstacle à ses desseins. »

Voilà ce que vous leur direz et ils se tairont et vous sentirez en vous la paix du Seigneur et moi aussi, votre fils, je serai très heureux.

Agréez, bien-aimés et vénérés parents, l'hommage de mon respect et l'assurance de l'éternelle gratitude avec lesquels j'ai l'honneur de me dire pour la vie, quelle que soit la distance qui nous sépare, votre tout affectueux fils en Notre-Seigneur Jésus-Christ.

*
* *

On devine la réponse que reçut le jeune aspirant. Il réplique aussitôt, le cœur noyé dans les larmes :

Vénéré père,

Je vous demande bien pardon de vous faire tant de peine ! Si vous saviez combien moi-même je souffre ! Eh quoi ! vous quitter, ne vous revoir peut-être jamais ! C'est là une épreuve que Dieu m'inflige pour expier peut-être mes fautes, mais il veut que cette épreuve devienne pour vous très méritoire. Il veut que j'aille lui sauver des âmes.

O mon bon père, si vous saviez combien volontiers je donnerais tout ce que je suis et possède pour le salut des âmes ! Si vous saviez combien il me serait doux d'assumer les plus grandes fatigues pour donner à mon Dieu un peu de gloire, vous comprendriez avec quelle joie j'accepte cette pénitence.

Mon père, cette peine passera vite pour vous ; puis vous avez mes frères et mes sœurs, moi je serai seul. N'est-ce pas moi qui dois paraître le plus à plaindre ? Mais ne craignez pas, Dieu qui m'envoie sera avec moi, et celui qui a Dieu pour gardien peut ne rien craindre.

Accordez-moi la double faveur que je sollicite de votre bonté : votre *consentement* et votre *bénédiction*. Ce n'est pas moi, mais c'est Dieu qui vous le demande. Sans doute, Il est le Maître, mais Il veut vous associer à son œuvre et vous faire mériter. Ne refusez pas, je vous prie, donnez-lui de tout cœur, comme vous savez aimer. Il vous rendra au centuple ce que vous aurez quitté pour lui. Laissez-moi aller avec Dieu, je serai bien.

Ah ! qu'ils sont beaux les cœurs des parents chrétiens qui

savent sacrifier à Dieu toutes leurs plus chères affections. Vous avez vos autres enfants. Je ne suis pas fils unique. Dieu vous a préparé d'autres mains pour vous « clore les yeux », ainsi que vous me dites. Et peut-être aurez-vous un autre prêtre. Ah ! que ce prêtre puisse aussi être missionnaire ! Oui, je voudrais que mon frère Emile fût prêtre et prêtre missionnaire. Ce vœu, père, vous devez le former comme moi. C'est pour notre bien à tous.

Je vais à Amiens solliciter la bénédiction d'un vénérable vieillard dont le fils a reçu dans les missions l'onction épiscopale et la palme du martyre. Quelle gloire pour le fils et pour le père !

Ma bien-aimée mère,

Combien de souffrances vous ai-je déjà coûtées ! Oui, ces souffrances que vous endurâtes en me donnant le jour n'étaient que le prélude d'autres plus nombreuses et plus poignantes douleurs. Mais aujourd'hui ce n'est pas par malice que je vous fais de la peine. C'est pour accomplir la volonté de notre grand et miséricordieux Seigneur, car Il s'est tourné vers moi, vers vous plutôt, ô ma mère, qui m'avez offert à Lui, et Il vous a dit : « Voyez combien d'âmes ne me connaissent pas encore ! Voulez-vous, femme, voulez-vous, mère. comme autrefois ma Mère à moi, voulez-vous donner à Dieu pour la rédemption du monde l'un de vos fils ? » Vous ne sauriez le lui refuser, ô ma bonne et pieuse mère ! Avec joie, comme la mère des Macchabées, vous nous donneriez tous les sept pour la gloire de Dieu.

Eh bien ! je vais donc vers Dieu, qui m'appelle. Ne me plaignez pas et ne vous chagrinez point. Nous serons tous heureux dans le beau Ciel.

Oui, après tout, le Ciel vient vite et la vie passe. Oh ! non, ne me regrettez pas. Dieu aime le cœur qui donne avec joie. Je vais à lui avec amour ; vous aussi, acceptez ce qu'Il vous impose et faites-le avec amour et joie.

Aimable mère, combien je souffre de vous quitter, mais c'est la volonté et la gloire du Tout-Puissant qui demandent ce sacrifice, c'est le salut des âmes qui le réclame de votre grand esprit de foi.

Bientôt je retournerai en Lorraine. Veuillez me faire parvenir votre consentement à l'adresse ci-jointe. Je ne puis rentrer à Sivry avant de l'avoir reçu. J'espère que votre réponse me sera favorable. Dans le cas où mon départ pour les Missions vous ferait trop souffrir, je préférerais ne pas reparaître à la maison.

Enfin, le cher missionnaire, au comble de ses vœux, annonce son retour au foyer et proclame le bonheur dont son âme déborde :

> Amiens, le 10 août 1869.
>
> En la fête de saint Laurent, martyr.
>
> A ma bien chère et bien-aimée famille,
>
> Je me rapproche, je suis à Amiens, dans quelques jours je serai à Paris, s'il plaît à Dieu.
>
> Je sors à l'instant de la maison habitée par Mgr Darveluy, martyr en Corée, en 1866. Je viens de recevoir la bénédiction de son vénérable père, âgé de 83 ans. Il pleurait, mais de joie. « Oui, disait-il, je suis le père d'un missionnaire martyr. Je n'ai rien fait pour mériter cette grâce. C'est Dieu qui a voulu se servir de moi comme d'un instrument. Je suis bien indigne de ce choix, mais Il l'a voulu, Il voudra bien aussi m'appeler près de mon fils, ce Dieu bon et miséricordieux. Oh ! le ciel, quand y serons-nous ?... Nous irons, oui nous irons dans ce beau ciel et nous serons heureux. » Voilà un peu de sa conversation. Il pleurait en parlant de la dignité de la vocation à l'apostolat : « Le missionnaire, c'est Jésus continuant son œuvre à travers le monde, endurant les mêmes privations, subissant la même mort, mais édifiant, enseignant, sauvant les hommes comme Jésus le fit lorsqu'Il vint sur la terre, donnant aux sauveurs futurs la grâce de l'apostolat et la fécondité pour leurs travaux. »
>
> Il dit cela et encore autre chose : je ne puis tout rapporter. Je lui demandai sa bénédiction, telle qu'il la donna à son fils. Il était vraiment ému et il s'excusait. Enfin je la reçus. Parents bien-aimés, je vous en envoie une partie, recevez-la, elle vous portera bonheur.
>
> Je vous envoie aussi celle de Mgr Hafferingue. Je le quittai hier. Il me dit de vous assurer qu'il vous bénissait en me bénissant moi-même et qu'à la Messe il prierait beaucoup pour vous. Hier il a dit les litanies de la Sainte Vierge à son autel privilégié, à votre intention. Soyez donc heureux ! Je vous verrai bientôt.
>
> J'attends au Séminaire d'Amiens M. l'abbé Darveluy, frère du martyr. Je lui servis la messe ce matin ; je loge et je mange chez lui. Il m'aime beaucoup.
>
> Sœur Rosalie Pérignon et les Dames du Sacré-Cœur vous envoient aussi leurs vœux. Elles vous disent qu'il faut être forts et bien généreux. A plus tard les détails.

Le R. P. Hannus qui habite ici ne vous oublie pas. Lui encore prie beaucoup pour vous. D'autres Pères Jésuites le font également, ainsi que des religieuses et religieux de différents Ordres.

Je vous quitte et vous embrasse tendrement. Un baiser d'amour filial et fraternel.

Ch. J. Fr. Vigneront,
Aspirant-Missionnaire.

IX

Au Séminaire
des Missions Étrangères

Fondé à Paris en 1663, par Lettres patentes du roi Louis XIV, confirmé l'année suivante par l'autorité du Souverain Pontife Alexandre VIII, le séminaire des Missions Étrangères de la rue du Bac a toujours été une pépinières d'apôtres, destinés à porter l'Evangile dans les régions lointaines où le paganisme exerce en maître sa honteuse tyrannie. Aujourd'hui encore, il recrute ses candidats au martyre dans toutes les provinces de France, parmi une jeunesse ardente, éprise d'un noble idéal, disposée à sacrifier famille, patrie, repos, bien-être, joies de l'esprit et du cœur, pour voler à la conquête des âmes assises à l'ombre des ténèbres et de la mort.

L'aspirant missionnaire se présente au seuil de cette maison avec le désir d'accepter d'avance le poste qui lui sera assigné dans une région qu'il ne connaît pas, au sein d'une population souvent hostile et dont il ignore la langue et les usages ; avec la perspective de subir, en retour des bienfaits dont ils sera le dispensateur officiel, toutes les cruautés de la persécution et même la mort, s'il lui est demandé de confesser la foi par l'effusion de son sang.

Il doit être embrasé du feu sacré de l'apostolat, uniquement préoccupé du salut des âmes les plus abandonnées.

Charles Vigneront envisage l'avenir sans effroi. Il sait ce qui l'attend et, si sa main tremble, si son cœur bat, en frappant à la porte du séminaire des Missions Etrangères, c'est qu'il éprouve une joie intense de voir enfin ses vœux réalisés. A peine a-t-il pénétré dans ce cénacle qu'il se sent envahi par une atmosphère de paix et de bonheur.

Ce bonheur ne l'empêche pas cependant de ressentir l'amertume de la séparation. Nous l'entendrons bientôt s'écrier, sous l'étreinte de la tristesse : « Que font-ils ? Sont-ils vivants ou morts ? » Si, parfois, il paraît pensif contrairement à ses habitudes, c'est qu'il se trouve en proie à une inquiétude au sujet des siens. Ah ! comme ils lui manquent ! A la chapelle, des larmes furtives coulent de ses yeux, au souvenir de ses bien-aimés.

Toutefois, il ne regrette rien, il a fait généreusement son sacrifice, il est aux anges ! N'empêche que son cœur le fait souffrir atrocement. Et il en sera ainsi jusqu'à la fin de son exil dans la vallée des larmes.

Maîtrisant sa tendresse pour les siens, l'abbé Vigneront respire dans sa chambrette un parfum d'extraordinaire ferveur. Son âme est en paix. Ni le passé, ni l'avenir ne troublent sa tranquillité. N'a-t-il pas la certitude d'avoir répondu à l'appel d'En-Haut et que peut-il craindre dans la voie nouvelle où la main de Dieu guide ses pas ? Il vit au jour le jour, content de son sort, attentif à profiter des grâces du moment présent. Si parfois il permet à sa pensée de franchir les limites de l'enceinte du séminaire, ce ne sont pas les splendeurs de la capitale qui l'attirent et le fascinent ; c'est encore et toujours vers le pays natal que le porte son imagination :

Je suis heureux, je suis au séminaire, le voyage s'est favorablement effectué, écrit-il à Sivry.

Il fait bon à la rue du Bac, mais non partout ailleurs, aussi ne sortirai-je que le moins possible.

De la maison bénie des futurs apôtres, au nombre desquels Dieu permet que vous comptiez un de vos enfants, je dirige vers vous un regard : un regard de piété filiale et de fraternelle affection. Recevez-le et avec lui la bénédiction que Dieu accorde aux âmes qui se sacrifient généreusement par amour pour lui, comme vous le faites. Recevez aussi la bénédiction de Marie qui aime d'un amour particulier les apôtres et ceux qui les envoient. Recevez encore celui de nos Pères et Frères, de ceux surtout qui sont au ciel. Ils sont saints, c'est-à-dire puissants et charitables. Ils obtiennent de Dieu quelque chose du bonheur dont ils jouissent, pour ceux qui les veulent imiter dans leur vie de sacrifice.

Soyez heureux comme je le suis moi-même et regardez le ciel... C'est là que nous nous rencontrerons par la pensée. C'est là que nous nous entretiendrons avant même d'y être !

Pour fixer notre esprit et notre cœur et nous donner un mutuel soutien, permettez que je vous offre un petit mot qui résume parfaitement la fin de notre existence, en général, et de ma vocation, en particulier. Ce petit mot c'est celui que nous répétons dans notre *Pater*. Il est destiné, si vous le voulez bien, à devenir notre *mot d'ordre* et la *devise* de notre vie. Le voici : « *Adveniat regnum tuum.* » Chaque fois que vous le prononcerez, songez à moi, comme je penserai à vous, et notre esprit comme notre cœur monteront ensemble vers le Ciel.

Donc c'est entendu, une fois pour toutes, et pour toute la famille, notre devise **est** et sera :

« *Adveniat regnum tuum !* »

⁂

Pour l'exilé, a dit le poète :

« Le souvenir est l'âme de la vie. »

Et quelle considération plus consolante pour des cœurs séparés, que celle-là : se retrouver à chaque instant au séjour des cieux, dans la vraie patrie des âmes !

Il ne faut pas croire toutefois que notre cher aspirant missionnaire se désintéresse des nouvelles de la famille. Il veut, au contraire, qu'on lui fasse part de tous les incidents qui s'y produisent, et de son côté il tient les siens au courant des menus détails de sa nouvelle vie :

Mes bien chers parents,
Que Notre-Seigneur vous bénisse sans cesse !
J'ai reçu avec grand bonheur votre lettre que je désirais
ardemment ! Tout va bien. Que la bénédiction de Dieu et de
Marie soit toujours sur vous ! Moi-même je me porte comme
un charme. J'ai le feu, l'entrain, le bon appétit. J'ai tout,
tout ce qu'il me faut pour vivre, travailler, me sanctifier.

Je ne fais pas défaut lorsque la cloche des repas m'appelle ; le corps lui aussi sait se soutenir à l'exemple de l'âme.
Puis je cause, ris et fais rire parfois. L'étude va bien aussi,
tout va donc bien, sinon parfois mes pauvres prières. Ce qui
me chagrine le plus, c'est que j'ai besoin de beaucoup de grâces et que je ne sais pas les demander. Veuillez le faire pour
moi. Je me console en disant à Dieu qu'il achève ce qu'il a
commencé. Je compte sur sa bonté et vis d'espérance.

J'étais à jouer une partie de boules, quand j'appris que,
par une aimable lettre, petite mère avait à me parler. Je ne
me fis pas tirer l'oreille et vite dans un coin, derrière un
arbre, je me mis à lire ses lignes si tendres pour le cœur...

Rien d'austère dans le langage du séminariste, malgré l'apparente rigidité de la Règle. Il rit de bon cœur
et plaisante agréablement. Ecoutons-le détailler l'ameublement de sa cellule :

Plus haut que la côte du « Longbois » ma chambre est
située. Je vois le ciel, non encore Dieu. Cela viendra, et pour
vous et pour moi, un jour, plus ou moins éloigné, peu
importe !... Mais j'entends les Anges et assez distinctement.

A gauche en entrant, voilà mon lit. Il est formé d'une
traverse de fer, d'un montant de fer, de deux autres traverses
de fer, d'un second montant de fer et de trois autres pieds de
fer !... Voilà bien du fer, n'est-ce pas ? Oui, tout est de fer,
et sur ce lit de fer, j'ai à faire, défaire et refaire mon nid,
muni d'un peu de paille et de quelques flocons de laine...

Evidemment ce n'est ni élastique, ni symétrique, mais
c'est économique et quelquefois même comique. Ne croyez
pas cependant que l'on dort mal. On a des grâces d'état au
Séminaire. Depuis 10 heures jusqu'à 5 heures, je suis aussi
immobilisé par le sommeil que je suis agité durant la
récréation.

Je prendrais volontiers mon miroir afin de me voir quand
je dors, les yeux et les poings fermés. Je suis dans une extatique oraison : celle de saint Pierre au Jardin des Olives.

Plus tard, si je le puis, je vous donnerai entièrement la

photo, ou si vous aimez mieux la topographie de mon « *Cubiculum* ». Un ordre parfait y règne, la propreté, le silence. C'est un peu la petite chambrette de Nazareth, mais ma mère n'est pas là....

Une autre fois, il écrira sous l'empire d'une émotion contenue :

Le dimanche de mon arrivée à Paris, je suis allé à Notre-Dame des Victoires, faire la sainte communion. J'irai y dire la Messe bientôt, du moins je l'espère... Le mardi suivant au matin, je me rendis à la salle où sont exposées les reliques de nos martyrs, entre autres celles du *R. P. Vénard Théophane*. J'y étais depuis quelque temps. Dieu permit que la Sœur, l'aimable Sœur Mélanie, arrivât... Je priai avec elle et lui adressai la parole. La connaissance fut vite faite. Il fallait l'entendre me dire : « Mon Père ! » Aimable Sœur ! Elle me demanda une image. Je fus heureux de pouvoir lui en offrir une. Elle m'en donna une pour Maria dont je lui parlai. Elle me dit qu'elle allait commencer une neuvaine pour que Dieu l'éclaire sur sa vocation. La bonne Sœur me donna son adresse et ajouta : « *Priez bien pour mes frères. Moi, je prierai pour vous et votre famille.* » Elle dit encore qu'elle avait un petit neveu qui ressemble à son oncle le Martyr, et qu'elle le recommandait spécialement à mes prières. Je lui promis de prier à ses intentions. Elle était là, devant la châsse de son frère martyr, heureuse, souriante. Elle me dit que son frère du Ciel lui faisait parfois de « petites niches » et qu'il ne voulait pas toujours l'exaucer.

Une fois encore elle promit de l'invoquer pour moi afin qu'il me soutienne dans mon apostolat. Elle me quitta après un entretien d'une demi-heure, me serrant la main « au nom de son frère », me dit-elle. Son âme était triste de ne pouvoir acheter quelques photographies de son frère. Mon bonheur fut grand de lui en procurer plusieurs. Je remerciai Dieu et le saint Martyr dont j'envie la mort...

C'est jeudi soir que commence notre retraite. Il faut que je me purifie et me sanctifie. Elle se terminera par la belle cérémonie de l'ordination. Près de 80 Pères vont recevoir les saints Ordres.

L'abbé Martinet, de Pouilly, est diacre. L'abbé Dupuis est promu au sous-diaconat. Pour moi ce sera l'an prochain probablement. Il y a 17 Prêtres qui partiront dans le mois de janvier.

Nous sommes 150 au Séminaire, mais si nombreux que

nous soyons, il en faudrait beaucoup plus et de grands saints. Priez que je devienne le docile instrument du bon Dieu.

Ne soyez pas étonnés s'il vous survient quelques peines. Dieu pourra vous faire payer la gloire qu'il vous donne, et certes, tout ce qu'il pourra vous demander sera peu en compensation de cette gloire.

Que chacun de vous, papa et Eugène en particulier, comme mes Sœurs également, sachent bien comprendre une telle gloire et remercier Dieu, par une fidèle observance de ses divins commandements. Ne faut-il pas, mes bien-aimés, qu'aux autres vous donniez l'exemple ?

Adieu. Soyez assez bons de m'envoyer quelques timbres, car ils me font défaut, et vous n'ignorez pas combien pauvres sont les futurs missionnaires.

Je vous embrasse tout fort !

*
* *

Il n'est pas difficile de se faire une idée de ce qui dut se passer dans l'esprit et le cœur du jeune apôtre à la vue de cette religieuse que la Providence semble mettre sur son chemin. Quelles émotions l'envahissent en présence de cette Mélanie dont le nom a si souvent bercé son imagination, alors qu'il relisait pour la centième fois la *Vie de Théophane Vénard*. La voilà donc, cette admirable sœur du martyr, celle à qui Théophane écrivait : « Tu es la moitié de moi-même. Je puis sans crainte verser dans ton cœur mes peines et mes chagrins ; car tu es plus qu'une sœur pour moi, tu es un ange gardien... » Une telle rencontre, quelques mois après son entrée au séminaire, est à ses yeux la plus précieuse récompense des sacrifices de la séparation. Son pauvre cœur, de plus en plus sensible, est pénétré de reconnaissance envers Dieu pour cette faveur dont le souvenir ne s'effacera pas de sa mémoire. Plus tard, aux heures de lassitude et d'abandon, il cherchera courage et réconfort auprès de cette âme privilégiée qui lui écrira comme elle l'eût fait à son frère.

Dès la première entrevue, il parle à Mélanie de sa sœur Maria, de son désir de la voir adopter le même genre de vie, le même idéal, sous le même joug, dans sa chère famille religieuse.

Tel a été, en effet, son rêve depuis l'époque où lui-même s'est décidé à marcher sur les traces de Théophane

8

Vénard. En s'efforçant de reproduire, trait pour trait, le modèle qu'il s'était donné en ce temps-là, il comptait bien que Maria n'hésiterait pas à imiter la sagesse de la sœur du jeune martyr.

N'est-ce pas en vue d'atteindre son but qu'il entretient avec sa sœur cadette de très fréquentes relations épistolaires où son cœur s'épanche sans détour ? Avec elle, c'est un échange de sentiments et d'idées qui fait que tout est commun entre eux, les peines et les joies, les confidences les plus secrètes et les plus intimes communications, à tel point qu'on peut bien dire que ces deux âmes étaient fondues ensemble et n'en faisaient qu'une seule.

A la suite de son entrevue avec sœur Théophane, l'abbé Vigneront lui écrit :

Séminaire des Missions étrangères,
Paris, le 26 décembre 1869.

Ma bonne Maria,

Je t'envoie le salut du petit Enfant Jésus. Il vient de naître. Tu l'as dans ton cœur et je te bénis. Il est aussi dans le mien. Soyons reconnaissants à notre Dieu ! Soyons-le pour tout le genre humain qui n'est pas assez sensible à la grâce ; pour notre famille qui a eu le bonheur d'entrer dans la Sainte Famille, celle de l'Eglise dont le berceau est le berceau même de Jésus ; pour nous-mêmes enfin qui ne sommes pas moins honorés que Marie. Oui, bénissons Dieu, bénissons-le avec les hommes de bonne volonté.

Tu répondras à la feuille ci-jointe. J'ai besoin de te consulter sur ton avenir et sur ce que la famille voudra décider.

Réponds-moi sur-le-champ, car j'attends ta lettre pour en référer à la digne Sœur Théophane. Ne sois pas inquiète. Si tu veux aller avec Mélanie et que ce soit ta vocation, cette bonne Sœur arrangera les choses elle-même. Elle est, tu le sais, supérieure de sa communauté. N'apporte que ce que la famille peut donner facilement. Réponds aux questions ci-jointes et fais-le avec précision.

Prie bien, chère grande, ou plutôt prions ensemble Dieu, Marie, saint Joseph, ton ange gardien. Dieu est avec toi, et si c'est sa sainte volonté, avance sans crainte. Imite la foi de saint Pierre, marche sur les eaux. Ne crains rien, Dieu est assez puissant pour te secourir et mener à bien tes résolutions. Consulte ton confesseur. Pas d'inquiétudes pour l'avenir :

Dieu saura te conduire par la main quand il voudra et où il voudra.

Adieu, ma chère Maria. Sœur Théophane te désire. Elle vient de m'écrire et demande une prompte réponse.

Bientôt je t'enverrai un petit livre qu'elle m'a remis pour toi.

Dis-moi si tous sont morts à Sivry. Je ne reçois rien et ai peur que l'on y soit souffrant. Puisque mon sacrifice est complet et que j'en suis heureux, apprends-moi de nouveau que mes bons parents imitent mon exemple. C'est Dieu Lui-même qui a tout arrangé.

Je t'aime et t'embrasse en frère.

*
* *

Sur un ton tout différent, le séminariste donne, dans une lettre à son frère Eugène, la description du séminaire des Missions et brosse en quelques coups de pinceau le portrait de vétérans de l'apostolat et de l'ardente phalange des futurs pionniers de l'Evangile. Simple croquis à peine ébauché à grands traits, le tableau ne manque pas de charme. Les moindres retouches lui feraient perdre cette originalité savoureuse qui plaît à l'observateur :

Mon bien-aimé frère,

Tu me demandes quelques détails sur notre maison et notre manière d'y vivre. Je ne t'aurais pas laissé le temps de me poser cette question, si j'avais eu quelques loisirs.

Je suppose que je viens de te recevoir à la gare : nous sommes en fiacre et nous traversons Paris ; nous voici aux Tuileries, sur la place du Carrousel. Après avoir passé le Pont-Royal, nous entrons dans la rue du Bac ; à l'autre extrémité, près de la rue de Sèvres, se trouve le n° 128. C'est cette maison, qu'il y a un siècle, un Evêque de « Babylone, donna à notre petite Congrégation qui forma des héros ». C'est là que de nobles cœurs ont battu et que chaque jour encore arrivent les enfants privilégiés du Bon Dieu.

Te dirai-je, cher frère, les sentiments que j'éprouvai lorsque, pour la première fois, je passai sous ce porche et entrai en ce glorieux séminaire ? Oh ! quelle joie ! Quelle générosité ! Que Dieu me conserve dans ces sentiments ! Prie-le pour moi, n'est-ce pas ?

Donc nous pénétrons en la petite cour d'entrée et nous saluons, en passant, la statue de saint François-Xavier, placée en face la porte, immédiatement devant notre chapelle, qui sert actuellement d'église paroissiale. Nous saluons et nous nous hâtons, car il fait froid en cette saison d'hiver. A Paris comme ailleurs, la pluie, la neige, le vent, le chaud, le froid se font sentir.

C'est par la petite porte grillée du coin de droite, que nous pénétrons dans la grande cour du Séminaire, en laissant à gauche la chapelle que nous avions tout à l'heure en face ! C'est dans cette cour que se font les derniers adieux, au moment du départ. Une large allée nous conduit, transversalement à la porte principale de la maison qui se dresse devant toi avec ses cinq étages. Entrons, il y fait bon : la paix y règne et son esprit est la charité.

Nous nous trouvons au pied du grand escalier. A droite, le parloir ; à gauche, au fond, tu vois la porte de la salle des martyrs. Cette salle, cette chambre plutôt, qui peut avoir 20 à 25 pieds carrés, possède un grand nombre de reliques dont elle est elle-même le reliquaire.

La porte est fermée, nous n'y entrons pas. Salue, du moins, nos frères, nos modèles et nos protecteurs, et bénis Dieu de leur avoir donné tant de force et tant de gloire. C'est là que j'ai rencontré : *Sœur Théophane Vénard*. Elle était agenouillée devant la châsse de son frère. Avec quel transport de joie et de confiance elle priait ! Et, soit dit en passant, j'ai déjà reçu d'elle quatre belles lettres. Nous les lirons tous deux.

Montons ! je vais te conduire à ma cellule.

Voici notre réfectoire. La porte donne au fond de ce sombre couloir, qui longe l'escalier tournant que nous montons. Pousserais-tu la curiosité jusqu'à vouloir flairer l'odeur de ses marmites ? Je puis te contenter. Vois donc cette vaste pièce, tout autour de laquelle se trouvent de grandes tables ! La table de MM. nos Directeurs est à l'extrémité, près du jardin ; la chaire du lecteur, au milieu. Vis-à-vis la grande porte, là-bas, au fond, remarque le grand crucifix. Tout est grand ici, oui, tout est grand, et les plats, et les marmites, et aussi... l'appétit.

Tu me demandes quel est cet apéritif qui stimule les bonnes dispositions de l'estomac ? C'est du *Kari*. Que veut dire ce mot chinois ? Je l'ignore.

Habituellement, chaque dimanche, on nous sert avec le bœuf une sauce qui te prend au nez à vingt pas du réfectoire : cette sauce, composée des plus fortes épices où domine le poivre à t'emporter le palais, est l'assaisonnement dont on use dans une partie de l'Orient pour relever la fadeur du riz. Si tu essaies d'en manger, tu transpireras mais ensuite tu retourneras au plat deux ou trois fois. On dit que c'est par là qu'on juge de la vraie vocation, c'est-à-dire si l'on a l'estomac apostolique. Je n'en crois rien, car dès mon arrivée tout en moi m'assurait une vraie vocation et cependant je ne pouvais me faire à ce *Kari ;* maintenant il n'y a plus l'ombre d'un doute...

Mais en voilà assez, quittons cette pièce et laissons les confrères qui veulent distraire la communauté renverser sur deux autres confrères le plat de soupe ou jouer sur le pavé avec des bouteilles en guise de toupies, ou encore, avec des assiettes faute de palettes. Sortons et replaçons-nous sur le grand escalier.

Salue la Bonne Mère. Vois-tu comme elle sourit en nous recevant dans la maison de son fils ? Relis l'inscription qui couronne sa niche :

« *Monstra te esse matrem.* »

Tu la retrouveras à différents endroits. Ici, c'est la Vierge Immaculée ; là, c'est la dévote Marie ; ailleurs, elle est le refuge des pécheurs, Notre-Dame des Victoires... partout c'est l'auguste reine des Anges, la reine du Sacré-Cœur, la consolatrice des Affligés, en un mot : la *Bonne Mère.*

Aimons Marie, bon frère, c'est elle qui fera nos affaires... Saint Joseph n'est pas oublié... tu y verras sa statue ainsi que celle du grand apôtre saint Paul.

Au premier étage, assez rapprochée de la statue de Notre-Seigneur présentant son cœur embrasé se trouve la chambrette de M. Martinet, sacristain, très occupé. Vis-à-vis est celle de M. Dupuis, infirmier, plus occupé encore. Plus loin est la chambre de M. l'Econome.

Nous voici au second étage. La chambre du milieu est celle de M. le Supérieur ; à gauche de sa porte celle de M. Libois, notre vénérable Procureur de Rome, actuellement en retraite ; à droite encore un retraité... On peut dire d'ailleurs que c'est l'étage, non pas des missionnaires, mais des démissionnaires.

En voilà six, en effet, voisins les uns des autres. Tu connais déjà M. Pourquié, le provicaire de la Mandchourie. Je te citerai encore M. Beurel que la paralysie a fait revenir, après un long apostolat. Voici M. Charrier, un confesseur de la foi. Il a laissé au Tonkin une partie de lui-même ; ayant subi le rotin, il fut conduit à la mort. Un ordre survint de la Cour : les portes du ciel n'étaient pas encore ouvertes pour lui. On lui reproche, ainsi qu'à ses deux compagnons, dont l'un fut Mgr Berneux, qui est allé cueillir, en Corée, la palme du martyre que lui refusait le Tonkin, d'avoir passé le temps de leur captivité et de tortures, dans une joie immodérée dont ils furent punis de Dieu par l'arrivée trop précipité de cet ordre. C'est lui qui répondait à qui l'interrogeait sur les pensées dont son âme était occupée quand il subissait la flagellation, que jamais sa mère ne lui en avait donné autant.

Figure-toi l'arrivée de ces trois nobles vétérans à un exercice de communauté, leurs jambes leur refusant tout service. C'est en se traînant qu'ils approchent lentement ; l'un portant sa belle barbe blanche et un bâton qui lui remplace la jambe gauche ; l'autre tout courbé et le troisième droit et carré, mais sans pouvoir faire aucun mouvement des cuisses.

Tu t'inclines devant ces invalides de la noble armée, devant ces soldats mutilés et portant glorieusement les cicatrices de blessures reçues dans la lutte contre l'Enfer, le monde et la chair, vaillants héros que l'infirmité du corps seule ramène du champ des combats.

Tout en causant ainsi, nous cheminons, nous avons dépassé le troisième étage. Et nous touchons au quatrième.

Voici la porte de notre bibliothèque qui tient lieu de chapelle provisoire. Elle est la partie supérieure de l'église dont je t'ai parlé plus haut. Il y fait froid mais on a soin d'y entretenir un bon poêle. Tu y verras plusieurs autels. Ils sont tous occupés par les prêtres qui attendent le jour du départ. En moyenne chaque jour de l'année il se dit une trentaine de messes dans notre maison. Unis-toi à moi, pour adorer Notre-Seigneur Jésus-Christ et le prier, en le remerciant.

Enfin, nous voici au cinquième. Ici nous touchons aux cimes et nous ne pouvons pas désespérer d'arriver au ciel.

Viens, suis-moi dans ce petit corridor. Tu sens un air vif ; il n'en est que plus pur. Tu es bien haut, tu t'éloignes d'autant du bruit et de l'agitation de la ville... Il fait bon ici ; on peut travailler. Nous arrivons ! Je n'ai pas besoin de compter ni de lire les numéros ; mes pas s'arrêtent instinctivement et ma main insinue la clef dans la serrure. Vois-tu ? ma chambrette est gardée par Marie : son image est fixée à la porte.

Plus de tapis, de fauteuils, de gravures historiques, ni aucune des choses qui ornaient ma chambre à Abbeville ; pas de secrétaire, ni de globes, ni de cordons de sonnette ; de grands rideaux ne pendent pas devant mes fenêtres, ni autour de mon lit ; non il n'y a pas tout cela, mais il y a plus ; il y a mieux. J'ai un bénitier, un crucifix, une statuette de la bonne Mère et la paix. En outre, un tableau représentant Mgr Borie, au-dessus de ma table de travail. La simplicité règne dans ma chambrette avec la propreté et l'ordre.

Chaque chose a sa place, même la boîte aux allumettes qui ont servi plusieurs fois. La semaine, je fais le grand ménage et chaque jour, le petit.

Chaque matin, je refais mon lit avec conscience. Autrefois, je le faisais une fois le mois et je dormais bien ; maintenant c'est une fois le jour... je t'assure que j'ai du mérite en accomplissant cet article de la règle. Ce n'est pas que j'en dorme mieux. Je me couche à 10 heures habituellement et je me lève à 5 heures ; mes paupières sont encore bien lourdes et je serais content si la cloche était paralysée. Cependant, je ne songe plus à l'oreiller une fois que j'ai reconnu la voix de Dieu qui m'appelle.

A quelque distance du petit lit, tout près de la fenêtre est ma table de travail. Le jour, le soleil m'éclaire ; la nuit, ma petite lampe. La statue de la bonne Mère me présentant son divin Fils, est au milieu ; de chaque côté, sont mes livres de piété et de lecture spirituelle, c'est-à-dire l'*Imitation de Notre-Seigneur*, le *Combat spirituel*, le *Cours des Saintes Écritures*, le *Traité de l'Amour de Dieu*, de saint François de Sales.

Quelquefois les lettres de la famille restent exposées et je les relis avec amour et chaque fois elles me font du bien. Oui, ma famille est digne d'avoir un apôtre. Quel bonheur pour moi d'en avoir une aussi pieuse ! Quel bon père ! Quelle vertueuse mère ! Quels excellents frères et sœurs ! Si seulement on pouvait dire que cet honneur, je l'ai mérité. Mais non, je ne suis pas digne d'elle, ni de ma vocation... Cependant je suis heureux et j'ai espoir, car vous prierez et Dieu manifestera sa bonté, sa sagesse et sa puissance.

Tout ce que je te dis, frère, tu l'écoutes de la fenêtre où tu es allé voir le spectacle qui se déroule à tes yeux de la hauteur de mon *aire*. Contemple l'horizon et dis : « J'ai vu Paris ! » Si la porte de mon vis-à-vis était ouverte, tu apercevrais, par sa croisée, les tours de Notre-Dame, la coupole du Panthéon. Plus à droite, voici le Val-de-Grâce, le Luxembourg et les tours de l'église Saint-Sulpice.

De la mienne tu remarques ici à gauche, séparée par la rue de Babylone, la maison des Filles de la Charité avec son vaste jardin et ses 500 religieuses à cornette blanche. Plus loin, c'est le puits de Grenelle dont les eaux s'élèvent dans ces colonnes à une hauteur prodigieuse pour se déporter de là en différents quartiers de la ville ; voici l'église Saint-François-Xavier, commencée depuis un grand nombre d'années et maintenant abandonnée. C'est nous qui en souffrons... le grenier de notre chapelle devenant, par la cession de notre chapelle même à la paroisse, le seul lieu convenable pour notre oratoire. Puis, tout devant, le grand dôme des Invalides dont les rayons, sous le soleil, viennent rejaillir jusque dans ma chambre. Tu n'ignores pas que ce dôme est doré, et qu'il est d'un effet merveilleux en un beau jour. Là-bas, à droite, tu distingueras l'Arc-de-Triomphe qui fait l'orgueil de la France et l'ornement de la barrière de l'Etoile. Si tu te trouvais dessous à l'heure de la nuit, tu verrais, dans toutes les directions, s'étendre au loin des lignes de lumière qui te paraîtraient comme d'immenses cordons se détachant du centre pour rayonner de toutes parts en ligne directe et éclairer la grande ville. Le spectacle est ravissant, je te l'assure, et tu te plairais à le considérer avec nous, lorsque nous revenons de la promenade.

Tu vois encore Sainte-Clotilde et ses deux flèches, l'église du Corps Législatif. Maintenant, si tu portes ton regard au bout de l'horizon, tu distingueras parfaitement le mont Valérien : l'un des anneaux de la ceinture qui enclôt Paris.

A droite, se trouve le bourg de Nanterre : tu connais, n'est-ce pas, la Vierge de Nanterre, la célèbre Patronne de Paris ! son berceau est là à quelques lieues de distance ; à gauche il te sera plus facile de voir Saint-Cloud, Sèvres, Bellevue et le château de Meudon. Imagine-toi le plaisir que j'éprouve au matin d'un jour de promenade, de voir là-bas, sous un beau soleil, rare encore, mais qui va revenir, notre maison de campagne où nous allons passer la journée.

Chaque mercredi, nous quittons la ville et nous nous rendons à la campagne. Pour te donner une juste idée de nos promenades, imagine-toi que Meudon est aussi distant de Paris que Rampont de Verdun. Nous quittons donc Verdun, non pas toujours par la porte de France, ou la porte Noire, mais par la porte Chaussée ou par celle de Saint-Victor, nous voyageons depuis les 8 h. 1/2 habituellement jusqu'à 11 h. 1/2, nous arrivons avec bon appétit, je te l'assure, nous avons fait alors bien des *passées* et suivi bien des chemins et vu bien du monde.

Souvent nous traversons Paris, puis nous nous dirigeons vers le bois de Boulogne. Là, on s'égare dans les dédales et le long des lacs, on court, on revient, on se repose, puis on va rejoindre la Seine qu'on remonte. On passe à Saint-Cloud en dessus du Palais de l'Empereur. Quelquefois on monte à la lanterne de Diogène, on entre dans Sèvres, où l'on fait son examen particulier, on arrive à Belleville, Fleury, Charny, Marre, Parvis et Ville. Le pas est bon et l'on ne sent pas la fatigue, puis l'on cause et l'on voit. On est heureux de faire cette course.

Il arrive bien souvent, hélas ! qu'il pleut ou qu'il neige à l'heure du départ ou du retour, mais qu'est-ce que cela pour des aspirants missionnaires ? Notre réputation est faite dans la ville et on dit que lors même qu'il tomberait des vieilles femmes, etc... (ici un terme de matelots), le Séminaire des Missions n'en irait pas moins à la promenade. On ajoute : Ce sont de fiers zouaves, le Pape a de bons soldats. Notre Congrégation est bien vue, du moins généralement. On distingue toujours un élève de ce Séminaire d'avec les autres étudiants religieux : je ne sais quelle tournure ils ont, quelle assurance et quel abandon, le tout tempéré par la modestie et la réserve nécessaires à un ecclésiastique, et l'on dit : *Voilà les braves qui vont en Chine !*

Il faudrait que la tourmente fût bien mauvaise pour que nous ayons à craindre ; en tout cas, ce ne serait pas à nous que l'on s'en prendrait, en premier lieu.

Maintenant que tu as vu ce que je pouvais te montrer et que tu es venu avec moi par la pensée, à la promenade, laisse-moi te reconduire, frère. Mon bonheur serait grand de converser avec toi, mais ni l'un ni l'autre n'avons de temps libre ; il faut travailler après avoir joui du délassement que Dieu m'a permis de prendre en ton aimable compagnie.

Saluons donc l'image de notre bonne Mère, comme nous l'avons fait en entrant et sortant. Tu penses que je vais te reconduire par le même chemin, non, il y a d'autres issues : suis-moi et ne fais pas trop de bruit afin de ne pas distraire mes bien-aimés confrères. Regarde là-bas dans ces armoires qui servent de « *ménageries* ». Voilà les dieux du Céleste Empire qui se reposent de leurs conquêtes passées et qui nous servent de jouets, après avoir reçu l'encens et la prière.

A vrai dire, le démon n'est pas beau, il a de vilaines photographies qu'il rend plus grotesques encore par les poses qu'il tient. Mais passons.

En descendant le long de nos corridors, je te ferai observer la sage disposition des conduites de gaz et d'eau. En peu de temps toute la maison est éclairée et reçoit de l'eau en abondance.

Enfin, après avoir descendu les 128 marches que tout à l'heure tu as montées et que nous montons, en moyenne, dix fois par jour, ce qui fait 1.280, pour les allées et 2.560 en comptant les retours : après avoir descendu, dis-je, du cinquième au rez-de-chaussée, nous nous trouvons dans notre grande salle. Elle est toute neuve et très agréable : un bon calorifère nous amène une douce chaleur dont on sait profiter ; c'est là qu'on va travailler, si l'on veut, et c'est là qu'on se dédommage des rigueurs de l'hiver.

La communauté y est réunie, tu peux la voir d'un seul coup d'œil. Chaque confrère y a sa place, les prêtres en premier lieu, suivis des diacres et des sous-diacres, puis ensuite les clercs minorés et les tonsurés et enfin quelques-uns qui ne sont pas encore, du for de l'Eglise, et qu'on appellerait à Verdun « les sans-culottes ». Maintenant si tu veux examiner en particulier, chacun de nous, tu trouveras dans cette belle unité d'amour de Dieu et du prochain, une diversité bien étrange d'origine, de pays, de langage, d'habitudes, de taille et de physionomie.

Un Flamand a pour voisin un Méridional. Le Normand et le Gascon s'entre-regardent d'un œil jaloux : l'Auvergne a ses représentants, le Breton, avec sa bonhomie, souffre difficilement le « traître Lorrain » ; le Franc-Comtois écrase ses « oi et en fait des $é$ ». On dirait qu'il rivalise avec le Champenois pour imiter la voix de ceux qui entrent avec eux, à égal titre, en ligne de compte...

Puis voici un Alsacien, il t'offre à manger « de la fiante (viande) dans sa crotte (grotte) et un ferre (verre) blein de pière (bière) ». A côté est un sujet de frère Guillaume Tell... un Suisse, tout heureux encore de la victoire de « Underwal ». Celui-ci a été dans son jeune temps, sinon maire, du moins adjoint, dans sa commune. Un autre a quitté la paroisse qu'il dirigeait depuis quelques années... Celui-là s'est sauvé par la fenêtre pour suivre sa vocation : ses parents s'y opposaient. Son voisin écrit à sa famille comme s'il était élève de Saint-Sulpice ; depuis un an qu'il est parti, on ignore encore sa détermination. Voici un ancien sous-officier dans la garde... Voici là-bas le neveu et le secrétaire de Mgr l'Evêque de Strasbourg... son oncle a failli l'excommunier à cause de son opiniâtreté... Ceux-ci étaient vicaires ; ils ont quitté une sœur qui espérait être heureuse auprès d'eux. Ceux-là ne peuvent recevoir aucune nouvelle de la famille tant elle était irritée. Chacun a ses petits sacrifices et il faut les supporter. Jésus-Christ n'a-t-il pas dit : « Qui aime mieux sa famille que Lui-même n'est pas digne de son Amour. »

Cher frère, je n'ai plus de temps à te donner... permets donc que j'accomplisse aussi ce petit précepte du Seigneur Jésus qui, m'ayant appelé à lui, veut que mon temps lui soit consacré.

Adieu, je t'aime et te remercie de ta visite.

Jouissant de la liberté des enfants de Dieu, heureux comme un prince dans la compagnie des apprentis-apôtres, le fervent séminariste souffre néanmoins d'être privé des nouvelles de sa famille. Ses lettres trop souvent restent sans réponse. Il connaît le courage de son père, sa foi ardente, son cœur généreux, mais il sait aussi quel coup son départ lui a porté, brisant pour l'avenir les plus belles espérances. A l'occasion de la nouvelle année, il insiste :

Mes bien-aimés,

Vous devez être très satisfaits de moi ! J'imite votre détachement. En marchant sur vos traces j'irai loin. Vous touchez déjà presque à l'héroïsme et je demeure confus d'être encore trop lié aux créatures, puisque j'éprouve une grande peine de ne pouvoir vous écrire plus souvent. Pousseriez-vous vous-mêmes la perfection jusquà n'éprouver point du tout cette peine ?... En un mot m'auriez-vous oublié ?... Cette crainte me donne de l'inquiétude et j'ignore sur quel ton commencer.

A qui m'adresser ? à des morts ou à des vivants ? Est-ce le *De Profundis*; est-ce un *Te Deum* qu'il faut entonner ?... Mon embarras est extrême !

Hélas ! depuis six semaines je suis sans nouvelles. Oh ! déjà me sevrer ? Que sera-ce donc plus tard ? Soit !... Il le faudra bien un jour, quand je serai à des distances infinies de vous ! Alors, dites-moi, faut-il que je me sèvre, moi aussi ?...

Je vous envoie mes étrennes par mon ange gardien. Agréez mes vœux et souhaits de bonne année. Qu'elle soit bonne, très bonne ! Bonne pour Dieu, pour nos frères et nous-mêmes ! Aimez le Seigneur, servez-Le, implorez sa miséricorde, observez ses lois... le bonheur est là.

Confiance ! Le Seigneur vous bénira. Jusqu'ici sa protection ne vous a pas manquée.

Je me porte bien. Dites-moi qu'il en est pour vous de même ! Tout va bien ici, dites-moi ce que l'on fait à Sivry.

Le 18 prochain, sept confrères partiront pour l'une ou l'autre des vingt-deux missions que la Congrégation compte en Asie. Ici, avec nous sont quelques bons vieux missionnaires, qui viennent se reposer de leurs fatigues. Entre autres, le célèbre M. *Dourisbourg* qui passa 20 *ans* chez les sauvages, isolé, solitaire, ne connaissant ni les mœurs, ni la langue de ces derniers : *les Banards*. Ses récits sont très intéressants.

Vient de revenir aussi *M. Pourthié,* provicaire de la Mandchourie, saint et noble vieillard qui compte plus de 33 *années* de missions. Nous en avons qui comptent 20, 25, 3o, 4o et jusqu'à 52 ans de labeur en pays étrangers.

Hier soir, veille du Nouvel An, à 10 heures, nous étions réunis dans un de nos couloirs. C'était merveille de voir ces 15o jeunes missionnaires, rangés sur la même ligne, le Supérieur en tête.

A un moment donné, le vénérable M. Delpech passe devant chacun et lui donne l'accolade. Son suivant l'imite, et tous, l'un après l'autre, s'embrassent. Telle est la manière de se souhaiter la bonne année ; c'est un usage qui date du siècle dernier, avant même la Révolution. Ainsi, par monts et par vaux, la cérémonie s'exécute et s'achève...

La réponse, cette fois, ne se fit pas attendre. Elle provoqua des sentiments de joyeuse gratitude :

Sém. Miss. Etrang., 128, rue du Bac.

Paris, 7 janvier 187o.

A ma chère famille, salut et bénédiction !

Je viens de recevoir l'aimable et toute bonne lettre de la petite maman. Elle m'émeut plus que je ne puis dire.

Je la remercie cordialement de ses pages qui m'ont fait du bien. J'étais si triste d'être privé depuis deux mois de toute nouvelle de la famille !

Vous pouvez m'écrire comme auparavant, autant qu'il vous plaira. De même plus tard, en adressant vos lettres au Séminaire, on me les fera parvenir, si loin que je sois. Il faudra deux mois pour l'Extrême-Orient. Autrefois pour opérer soi-même ce voyage on comptait onze mois, désormais on ne met que 5o jours. Donc ni pour les lettres, ni pour moi-même aucune inquiétude. Dieu est partout.

Le 18 prochain, sept confrères ont le bonheur de partir ; six autres les suivront le 15 février, puis six encore au mois de mars.

Vous me dites que je parais avoir oublié le petit Emile, à qui, plus tard, j'aurais dû moi-même apprendre le latin ? Non, croyez-le bien ; j'y ai pensé, mais si Dieu m'éloigne de lui comme de vous, il saura le protéger. C'est Dieu, en effet, qui dirige tout et, à ses pieds, on peut faire beaucoup plus qu'en remuant ciel et terre ! Pour ce que vous m'écrivez au sujet de cet enfant, voici ma réponse :

Mon petit Emile me fait le plus grand plaisir de m'écrire qu'il veut aller au Séminaire. Qu'il ne pleure plus mon départ ! la Providence trouvera pour lui quelqu'un qui fera beaucoup mieux que moi. Je remets l'affaire entre les mains de Marie et du bon saint Joseph.

Les prévisions du futur missionnaire se sont réalisées. Le petit Émile, le fils chéri, l'enfant de prédilection, est devenu ce digne prêtre que vénèrent encore aujourd'hui tous ceux qui le voient à l'œuvre dans les paroisses du diocèse de Verdun, où il se dévoue avec tant de zèle, depuis près d'un demi-siècle.

*
* *

Malgré tout, M. Vigneront tient rigueur à son fils aîné. Celui-ci s'excuse encore par cette lettre qui en dit long :

> Mon vénéré père,
>
> Que la paix de Notre-Seigneur soit avec vous !
>
> Je vous l'avais bien dit : « Je serai toujours votre fils tendrement affectueux. » Si vous voyiez tout ce qui se passe en mon cœur et combien grande est l'affection que je vous porte ; si vous voyiez combien de fois je pense à vous, à la famille, durant le jour et souvent dans mes rêves de nuit ; si vous entendiez les prières que j'adresse à Dieu avec ferveur ; vous trouveriez que vous n'avez rien perdu. Il semble au contraire que l'éloignement développe le cœur et dilate l'amour, et que les âmes sont d'autant plus rapprochées que les corps sont distants. Bénissez donc Dieu et le remerciez. Il est bon, admirablement bon...
>
> Voyez, ô mon père, combien ce Dieu vous aime ! Après vous avoir gardé pendant sept ans aux deux Séminaires de Verdun, et vous avoir donné les avantages d'une éducation religieuse, il vous a fait envisager tout le bien dont vous êtes l'instrument dans le monde et au sein de la famille ; il vous a laissé le mérite de votre bonne volonté à prétendre le servir dans le sanctuaire.
>
> David, lui aussi, se croyait appelé à glorifier Dieu par le sacrifice parfait de ses richesses et de ses dons ; il pensait lui-même devoir élever au Seigneur le temple de Jérusalem.
>
> — Non, lui dit Jéhovah, pas toi, mais ton fils ; ce sera Salomon qui me glorifiera. Et David se soumit à Dieu et il se tint heureux et reconnaissant.
>
> Peut-être, bien-aimé père, eussiez-vous désiré vous consacrer tout entier au bon Dieu et devenir un saint prêtre pour lui sauver des âmes ? Le Seigneur accepta votre désir en le bénissant au-delà de vos espérances.

Vous lui auriez consacré votre vie, vos soins, vos facultés. Sans doute encore que vous eussiez voulu faire davantage et sauver un grand nombre d'âmes, pour lui rendre plus de gloire et faire plus de bien.

Considérez comme vos souhaits sont exaucés. Sans parler de mes frères et sœurs dont la religieuse éducation se fera sentir au cours de leur existence sur ceux au milieu desquels ils vivront, je m'arrête à moi et je dis : « La vie de votre saint ministère, pieux lévite de jadis, sera doublée. Doublé aussi, centuplé peut-être sera le nombre des âmes sauvées ; sur la terre vous aurez reçu une double existence et, au ciel, une récompense plus grande... Mais laissez faire Dieu, soumettez-vous à lui, et ne croyez pas que ce que vous pensez soit le meilleur et le plus expédient. »

Mon bien-aimé père, j'ai beau aller au loin, votre sang coule dans mes veines et ma vie sera toujours votre vie. J'ai beau ne pas vous voir, je vous porte toujours en moi, par les vertus que vous m'avez inculquées, par les forces que vous m'avez données et l'existence que j'ai reçue de vous... Vous voilà prolongé. Vous vivrez peut-être dans un temps qui ne sera plus le vôtre et, dormant votre sommeil, vous agirez toujours « *Mortuus adhuc loquitur* ». Votre vie est doublée, ô mon père.

Le Directeur d'une Communauté religieuse, sans travailler actuellement sur beaucoup d'âmes, n'acquiert-il pas un grand nombre de mérites ? Le fondateur d'une Congrégation, le Supérieur qui nous dirige, ne sont-ils pas comme les premiers principes du bien qui s'opère ? Le missionnaire que l'on emploie à former des prêtres indigènes ne devient-il pas comme l'auteur même des grandes choses que ces prêtres opéreront plus tard et ne trouverait-on pas absurde de dire que, comparativement à un autre, et toutes choses égales d'ailleurs, il travaille fort peu, lui qui ne s'occupe que de quelques jeunes gens, tandis que les confrères ont de vastes contrées sous leur juridiction ?...

Car s'il a le bonheur de réussir, voyez quel bien il va réaliser ! Lors même qu'il ne réussirait pas, est-ce que Dieu n'est pas un juge intègre qui donne à chacun selon ses mérites, tels qu'il les voit au fond du cœur ?

Vous aussi, bon père, vous avez été chargé de former non pas une paroisse, mais celui qui doit diriger plusieurs paroisses, beaucoup de chrétiens. Vous avez préparé un instrument dont Dieu se servira pour le salut de beaucoup, en sorte que, outre la tâche que vous avez accomplie, un autre va l'entreprendre en votre nom, et pour votre gloire. C'est ainsi que vos mérites seront grandement augmentés, c'est encore ainsi qu'au ciel votre gloire sera immense, car, à vos bonnes œuvres, viendront se joindre celles que votre fils accomplira grâce à vos soins et à vos travaux. Reconnaissez combien Dieu vous aime !

Oh ! bénissez ce Dieu si bon ! Bénissez-le surtout de ce choix glorieux ; car si les considérations qui précèdent peuvent s'appliquer à tout prêtre, à tout homme de bien également, que dire s'il s'agit d'un missionnaire, du prêtre par excellence, de l'apôtre envoyé de Dieu, exposé aux plus grands travaux, en état de gagner des mérites plus abondants ?

Aimez et servez Dieu, mon père ; occupez votre esprit à méditer les infinies tendresses de son amour ; voyez-le au Saint Sacrifice de la Messe et dans des visites qui lui feront plaisir.

Adieu, bien-aimé père, je vous presse sur mon cœur.

Votre affectueux fils.

*
* *

Qu'il en coûte à la nature de soumettre à l'empire de la grâce ses vues, ses intérêts, ses illusions ! De ce chef, il existe dans le monde une singulière aberration d'optique. Les croyants eux-mêmes, et des meilleurs, n'échappent que très difficilement à l'emprise de l'égoïsme. Chacun se meut dans les étroits horizons de son petit domaine d'idées, de sentiments, de jouissance. On ajuste ses prétentions irréductibles au but entrevu à travers le rayonnement de sa personnalité. Volontiers, la sagesse humaine impose des limites à la puissance divine.

Si, de nos jours, il n'est pas de familles qui souffrent sans se plaindre des maux qui affligent l'humanité, cela vient en grande partie de ce que le regard ne perçoit plus la main de la Providence derrière le voile des événements contemporains. On prétend organiser sa vie indépendamment de la volonté de Dieu : il est sage de restreindre le nombre des enfants ; il convient de faire rendre à chacun le maximum de travail afin d'augmenter le chiffre des revenus... Il importe de songer à l'avenir et de s'assurer des réserves pour ses vieux jours.

En ce temps-là, ces considérations, ou d'autres semblables, provoquaient les objections du brave cultivateur de Sivry. De là, ses instances pour détourner le futur missionnaire de ses prétentions. Inflexible, l'abbé ne cessait d'amener son père à une plus haute élévation d'idées. Il fallait à tout prix fléchir ses résistances et lui faire apprécier le mérite de son sacrifice. Grâce à Dieu, il y réussit.

Si la blessure fut lente à se cicatriser dans le cœur de M. Vigneront, le Chrétien se révéla parfaitement soumis et résigné. Comment le père d'un fils au cœur si large, auquel il avait infusé du sang de missionnaire, n'aurait-il par eu lui-même un cœur d'apôtre ?

Apôtre, l'ancien Instituteur le fut jusqu'à sa mort. On le vit toujours fidèle à ses devoirs, donnant à tous l'exemple d'une solide vertu, se plaisant à chanter les louanges du Seigneur à l'église, se dévouant au service des saintes causes, aimant à favoriser les œuvres paroissiales, étroitement uni dans la prière et dans l'action aux ministres des autels.

Sa force d'âme et sa vigueur de caractère ne connaissaient pas les demi-mesures. Dès que sa conscience, éclairée par les arguments du séminariste, eut imposé silence aux récriminations de la nature, il avoua ses torts et comprit les sublimes beautés de la vocation apostolique.

Franchement, ne peut-on pas être un homme de grande foi et n'accepter qu'avec une cruelle douleur la perte irréparable d'un fils tendrement aimé ? Etre et paraître indifférent en pareille circonstance ne serait-ce pas faire preuve d'une insigne déraison ?

Bref, M. Vigneront conclut à la fin comme le père de Théophane Vénard : « Que deviendrait la prophétie de Notre-Seigneur Jésus-Christ, qui déclare que l'Evangile sera prêché par toute la terre, si les Directeurs de Séminaires, ou les pères de famille empêchaient les jeunes ecclésiastiques de partir pour les Missions ? »

Franc, loyal, généreux, très sensible sous une écorce qui paraissait un peu rude au premier abord, M. Vigneront était de taille à s'élever aux plus hautes considérations surnaturelles, quitte à déduire des grands principes de la foi les rigoureuses et austères conséquences du sacrifice.

✱
✱ ✱

Non content de se donner à Dieu pour le salut des

âmes les plus abandonnées, le futur apôtre des noirs, comme saint Bernard, voudrait entraîner à sa suite ses frères et ses sœurs dans la voie étroite du renoncement où il marche à grands pas. Il profite de toute occasion favorable pour lancer à l'un ou à l'autre des appels urgents en faveur de la vie religieuse et apostolique.

Il ambitionne d'allumer dans leur cœur le feu sacré dont le sien est embrasé. Sous sa plume, se révèle une connaissance exacte de la théologie ascétique et pastorale. A le lire, ne croirait-on pas avoir affaire à un vétéran du Sacerdoce, habitué depuis de longues années au maniement des âmes ?

A une simple ouverture que lui fait sa sœur Angélina, il répond :

Sém. des Miss. Etrangères,
Paris, 15 février 1870.

Mon excellente Angélina,

Avec quel bonheur je m'entretiendrais avec toi, mais la distance est trop grande et, d'autre part, le temps me manque.

Il est faux que tu aies encore le temps de songer à ta vocation, et je te plains de ce que tu sois obligée d'entendre te dire de pareilles choses ! O ma bonne sœur, c'est Dieu qui le veut pour t'éprouver, il n'y a pas de faute à ne pas être éclairée comme tu le désires. Dieu, un jour, t'enverra toute la lumière qu'il te faudra.

Patiente quelque temps, en lui demandant avec instance la grâce de te révéler son admirable volonté sur toi d'une façon ou d'une autre, car Dieu ne se sert pas uniquement, quoique le plus ordinairement, du Directeur de la conscience pour parler à une âme !

Je viens de relire ton aimable lettre et avec quelle joie !

Aime le Bon Dieu, ma sœur, va souvent le voir à l'église ; reçois-le et quand tu le tiens, ne le laisse pas aller sans qu'il t'aie bénie.

Demande-Lui les conseils qui te sont nécessaires pour te diriger dans la vie.

Bonne sœur, te voilà arrivée à un âge où il faut prendre un parti. L'esprit de l'homme est trop faible pour embrasser plusieurs choses à la fois : d'ailleurs nous n'avons qu'une voie, la voie de la vocation sur laquelle seule se trouvent les grâces que le Seigneur nous a départies pour nous aider et nous mener au bonheur céleste.

La difficulté est précisément de connaître cette voie unique qui est la nôtre. Mais ne crains pas, Dieu te la manifestera et t'y fera entrer ; tiens-toi toujours docile à sa grâce, écoute ce qu'Il te dit au cœur, étudie tes pensées et tes sentiments et sois dans la disposition de Lui obéir aussitôt qu'Il t'appellera.

Si tu avais un Directeur, j'ajouterais : Interroge-le, expose-lui ton intérieur, tes inclinations et tes goûts ! Sois-lui soumise..., mais Dieu ne veut pas encore se servir de ce moyen. Néanmoins, malgré la résistance que l'on pourra te faire, parle, parle assez souvent de ta vocation d'une manière ou d'une autre à ce confesseur que la Providence de Dieu te donnera. Ainsi, tu mériteras que Dieu lui ouvre la bouche, après lui avoir donné l'intelligence de sa volonté.

Pour ma part, bonne sœur, je ne puis guère te dire autre chose ; je ne connais pas assez ce qui se passe en ton âme et ce que le Bon Dieu t'inspire ; je ne puis qu'aller à tâtons sur un chemin tout couvert pour moi d'obscurités et, en voulant te faire du bien, je pourrais te nuire... Je prie le Seigneur de me remplacer Lui-même auprès de toi ; peut-être aussi que si tu m'écrivais plus de détails, quelques données sur tes dispositions, je pourrais, avec plus de réserve encore, te marquer quelque chose de plus positif.

Ce qu'il y a de certain, c'est que toi, comme moi, comme toutes les autres créatures, tu te dois tout entière à Dieu. Voilà notre grande et commune vocation ; elle est belle. Mais de même que Dieu a donné à chaque homme, outre la nature qui lui est commune avec tous les autres hommes, un caractère spécial, des dispositions et des aptitudes particulières, il a donné aussi à chacun, outre cette vocation générale et première, une vocation spéciale qui le conduit directement au parfait accomplissement de l'autre.

Pour la première, il n'y a pas de difficultés à la connaître. Comme il n'y a pas de prétextes qui en dispensent : tous y sont appelés.

Il n'en est pas de même pour la seconde, quoique Dieu donne toujours les moyens de la connaître et d'en accomplir les devoirs. Les passions du cœur s'opposent souvent à ce que l'esprit juge sainement. Cela n'est pas à craindre en toi, chère sœur, et tu te soumets entièrement au bon plaisir de Dieu : une seule chose te préoccupe, c'est la connaissance de ce bon plaisir et pour y arriver, tu pries, tu fais tout ce qui est en ton pouvoir.

Pour accomplir plus facilement la grande vocation commune dont je parlais plus haut, tu as deux voies :

Tu peux servir Dieu en te consacrant exclusivement à

la vie chrétienne, c'est-à-dire en embrassant *la vie religieuse.*
C'est la plus parfaite, tu le sais, et on y trouve de nombreux
moyens de salut quand Dieu y appelle réellement.

Tu peux encore servir Dieu en te livrant aux soins et à
l'éducation de la famille, c'est-à-dire en entrant dans le
mariage et en te vouant à la pénible tâche *d'épouse* et de
mère. Cette vocation est moins parfaite que l'autre, quoiqu'elle
soit bonne, et que, dans certains cas, elle soit la cause d'un
plus grand bien et pour Dieu et pour les hommes. Tu en as
un exemple en notre digne mère, à laquelle je puis faire, sous
le rapport de la vie religieuse, le même raisonnement qu'à
notre excellent père pour l'état ecclésiastique.

Voilà donc, chère sœur, deux voies qui s'ouvrent devant
toi, ou la *vie religieuse* ou le *mariage*, et je n'en vois point
d'autre ; car je ne comprends pas le célibat qui, à coup sûr
n'est qu'une exception è laquelle Dieu peut appeler, mais qui
est la plupart du temps ou une excuse ou du moins un grand
danger pour s'abandonner au mal, quand il n'est pas le moyen
plus direct de servir Dieu — la vie religieuse sous une autre
forme — comme il en est des saintes Veuves et de quelques
autres personnes.

Voilà, ma bien chère, ce que je puis te dire pour le
moment : vois vers quel chemin Dieu t'attire plus doucement. Pour l'un ou pour l'autre de ces deux états, livre-toi à
sa sagesse et à sa bonté.

Adieu. Je t'aime beaucoup et t'embrasse.

****

Cette fois, tout sombre nuage a disparu. Le cœur du
séminariste de la rue du Bac déborde d'une joie sereine.
Sous le même pli, lui arrivent des lettres de tous les
membres de sa famille. Prompte est la réponse à chacun :

A ma chère et bien-aimée famille,

Hier il pleuvait et le temps était triste... Aujourd'hui,
c'est la joie dans la nature : le ciel est pur et radieux. Joie
aussi dans mon âme en raison de votre aimable visite. Bénissons tous le Seigneur !

Merci, tendre papa, pour votre excellente et bien douce
lettre ! Une fois encore, pardon pour toutes mes fautes passées,
pour les chagrins que j'ai pu vous causer.

Merci ma toute bonne mère. A une autre fois, n'est-ce
pas ?

Il fait si bon converser avec le cœur d'une mère ! Merci

mon excellent Eugène, je suis ravi, mais je n'ai pas le temps de répondre aujourd'hui. Tu n'y perdras rien.

Merci, mon aimante Angélina. A plus tard ! Du reste, ne viens-tu pas d'être gâtée et bien longuement ?

Merci, ma bien-aimée petite Anna. J'attendais cela de toi et je ne me trompais pas. Je ne te tromperai pas non plus.

Merci mon bon petit Emile. A plus tard aussi !

Un bon baiser à petite Philo que j'aime beaucoup.

J'ai reçu toutes vos lettres, mais je veux les relire encore. A demain, à la promenade !

L'examen me presse et le temps ne m'appartient pas. Veuillez tous avoir patience et attendre un peu. Le 10 mars l'examen sera passé, et vive la joie méritée à tous ! Nous nous écrirons.

Maria a dû recevoir aujourd'hui deux grandes lettres renfermant les détails demandés par Eugène. Elle doit vous les envoyer tout prochainement.

Veuillez dire à Mlle E... que je lui demande bien pardon de l'avoir trompée au point qu'elle conçoive de ma piété, de mon jugement et de ma sagesse une pareille estime... J'ai parcouru sa lettre, je la félicite de ses bons sentiments, la priant d'en rendre grâces à Dieu de qui nous vient tout ce que nous avons de bon.

Voici bientôt le beau mois de mars consacré au glorieux saint Joseph. Nous saurons prier ce bon Père.

Adieu. je vous aime et vous embrasse. Embrassez également ceux qui me sont chers.

*
* *

Après le « coup de feu » des examens, l'aspirant missionnaire revient tout joyeux à ses correspondants. En dehors des membres de sa famille, « ceux qui lui sont chers » ont mille motifs de se plaindre de son silence. Il prie pour eux, mais il croirait manquer à la règle en leur écrivant. Il a fui le monde et ne veut plus conserver de relations avec ses partisans. Très rares les exceptions. Il concentre son esprit et son cœur dans le cercle intime de son double foyer. Tout entier à ses études, à la préparation de son futur ministère, il se borne à profiter de ses heures de repos pour s'entretenir cœur à cœur avec les siens. C'est là pour lui le plus agréable délassement. Comme aussi, rien ne lui cause une satisfaction plus sentie que les lettres qui lui viennent de Sivry. Si peu qu'elles se fassent plus rares, il en éprouve du chagrin ; il souffre, craignant qu'un malheur ne se soit abattu sur quelqu'un de ses proches. Alors, les billets se succèdent coup sur coup, sollicitant un mot, une explication qui dissipe ses inquiétudes.

A l'occasion d'un anniversaire, d'une fête liturgique, de ces dévotions qu'il préconise comme moyens d'entretenir la piété au sein de la famille, il ne manque pas d'adresser une courte exhortation, sachant bien que ce sera pour tous une grâce de choix : En même temps, il implore pour lui des prières :

Paris, 128, rue du Bac, 13 mai 1870.

Ma bien chère famille,

Que le sourire de Marie vous égaie toujours !

Je sais que vous êtes fidèles à invoquer chaque jour cette bonne Mère. Permettez-moi de vous demander un souvenir spécial à son autel pendant ce mois.

Une visite chaque jour à la Vierge. Combien je désire la voir aimer et la glorifier moi-même !... Je me réjouis de ce que, travaillant pour son Fils, je travaille pour Elle. Marie aura une large part dans tous mes travaux. Si je l'ai pour moi, tout est gagné. *Peut-être ne verrai-je pas moi-même les résultats, mais ceux qui viendront après moi trouveront le terrain préparé, et les âmes seront sauvées.*

Oui, pour moi, s'il vous plaît, que l'on prie la bonne Mère ! Le chapelet tous les jours, n'est-ce pas ? Soyez sûrs que Marie saura vous en récompenser !

Pour la première fois, sous la plume de notre apôtre, apparaît un vague pressentiment du sort qui l'attend. Son rôle sera plus tard celui du semeur. Il est destiné, dans les desseins de Dieu, à défricher le terrain, à y jeter la bonne semence. D'autres viendront après lui pour récolter la moisson. Qui sait si le sourire de Marie n'a pas déjà laissé entrevoir à son serviteur l'aube radieuse des célestes visions ?...

X

En l'année terrible

Il est d'usage, au Séminaire, de procurer chaque semaine aux aspirants missionnaires une journée entière d'un repos bien gagné. En ce temps-là, une spacieuse maison de campagne sur les hauteurs de Meudon permettait à la communauté de la rue du Bac de s'y rendre de temps en temps pour jouir d'un air salubre et fortifiant. Libre à chacun d'entreprendre une excursion dans la banlieue, ou de s'occuper à l'intérieur d'exercices délassants. L'abbé Vigneront profitait, pour converser plus longuement avec les siens, de ces heures de répit, sacrifiant ainsi ses goûts, les agréments de la promenade ou des lectures, pour faire oublier à sa famille les peines de la séparation.

Meudon, le 25 mai 1870.

A la bonne et chère famille du petit Aspirant.

Salut, paix et bonheur par Marie !

Aujourd'hui, nous avons quitté le bruit et les odeurs de la grande ville.

A quelques lieues de Paris, nous pouvons jouir à notre

aise d'une jolie campagne. Nous y arrivons par les bois, dès sept heures du matin. En ce mois de mai, des fleurs et des oiseaux, rien de plus agréable que l'aspect de Meudon.

A l'Ouest, au-dessus de la Terrasse, là-haut dans les arbres, se dresse le château du Prince Napoléon, l'hiver il habite le Palais-Royal.

A l'ombre du pavillon s'abrite la pieuse princesse, fille du Roi Emmanuel. J'avais déjà vu ses deux charmants petits garçons, mais je désirais la rencontrer elle-même.

Chaque matin, on peut la voir descendre à l'église accompagnée d'une de ses dames d'honneur. Sa mise est modeste. Les yeux doucement baissés favorisent la paix intérieure de celle qui va recevoir le corps du Divin Maître, car elle communie à peu près tous les jours.

Un matin je me dirigeais vers le château. Sur l'escalier de la terrasse, je fis sa rencontre et recueillis un sourire. Ce n'est qu'après avoir dépassé les confrères et en arrivant à moi, qui me tenais en arrière, qu'elle leva les yeux et sourit doucement. Je reçus d'elle un noble salut. Elle descendit et moi je montai. Je me perdis dans les allées du parc, puis dans les sentiers du bois, pensant à vous, mes bien chers, que je venais de quitter et aussi aux exigences d'une cruelle politique qui tient captive une si pure colombe, aux mains cruelles d'un homme dont le cœur est profondément étranger aux nobles sentiments.

Innocente victime, pensai-je, elle va demander la force à Celui qui s'est fait Victime pour tous. Qu'elle soit bénie de Dieu et des hommes !

Un autre jour, je voulus la voir à l'église. Elle avait la pose et la piété d'un ange. Elle se leva, alla recevoir son Dieu et revint s'entretenir avec Lui, lui conter ses peines, lui demander ses grâces, pendant trois grands quarts d'heure. Elle dut bien prier pour son époux, sa famille, pour la France et l'Italie.

J'étais édifié. Je me retirai bénissant le Seigneur de ce qu'Il suscite des apôtres qui se sacrifient sous les lambris d'une royale demeure, comme Il en appelle d'autres pour les déserts de l'Asie ou de l'Océanie...

Le beau mois de mai s'en va rapidement. Ainsi s'écoule la vie. Puisse-t-elle toujours être un mois de Marie, par les hommages que nous rendons à la bonne Mère ! Avec quel bonheur nous nous réunissons chaque soir au pied de son autel. Nous prions, nous chantons, nous sommes heureux. Elle est la *Reine des Apôtres*, des *Confesseurs* et des *Martyrs*. Elle est l'*Etoile de la Mer*, la *Cause de notre Joie* et le *Secours des Chrétiens.* Elle ne peut oublier ceux qu'Elle a amenés comme par la main pour les envoyer à la recherche des âmes qu'Elle veut sauver.

... Je rentre du salut. Vous connaissez par comparaison le lieu où nous nous rendons. Or la marche ne nous a pas assez fatigués pour que nous ne puissions pas aller dans les villages environnants et ils sont nombreux.

Pendant l'hiver de saintes Sœurs franciscaines nous recevaient dans leur chapelle. Elles habitaient au milieu des bois, en un parc assez gentil. Nous nous y rendions pour assister au salut que des confrères chantaient. Ces bonnes Sœurs ont dû se retirer, mais nous n'y avons rien perdu. Si nous n'allons plus aux Bruyères (qui sont pour Meudon ce que la ferme de Molville est pour Sivry), nous allons à Clamart. Ce bourg, dont la position relativement à Meudon est celle de Fontaines pour Haraumont, est au milieu des bois. Son curé aime à nous remettre, lorsqu'il le peut, le soin des offices et des cérémonies. Il trouve toujours des gens de bonne volonté. On monte à la tribune et l'on chante, on prend chape et l'on officie. Tout se fait avec précision et harmonie. On chante vêpres et complies et on donne le salut. Le retour s'effectue sous bois comme l rea'lleltdsdDèdpdoe5rmoap iaelo -!vndfl sous bois comme l'aller et l'on est heureux d'entendre l'horloge du château annoncer par ses cinq coups l'heure du dîner. Tel est l'ordre de nos promenades à partir du mois de mai. A sept heures du soir nous rentrons à Paris.

Ces détails — sans intérêt pour les étrangers — étaient lus et relus sous le toit de l'ancien instituteur de Sivry. Chaque semaine des narrations instructives et édifiantes, agrémentées de quelques conseils et toutes pleines de tendresse, rappelaient le souvenir du cher abbé dont l'absence devenait de la sorte un motif de joie pour tous les membres de la famille. C'est ainsi que Dieu se plaît à récompenser les plus durs sacrifices acceptés pour sa gloire.

**

Le jeune aspirant poursuit avec succès le cours de ses études théologiques. La perspective d'être utile aux âmes qui l'attendent lui fait désirer d'avancer rapidement vers le terme. A chaque nouvelle étape, il est encouragé par l'appel aux saints ordres des aînés, qui reçoivent ensuite leur feuille de route pour une destination lointaine dans le céleste Empire. Tantôt, des missionnaires de la Chine et du Japon, vétérans de l'apostolat, fatigués par les rudes travaux du ministère ou marqués par les glorieuses cicatrices de la persécution ; tantôt de vénérables évêques des pays infidèles venus au Tombeau des Apôtres pour rendre compte au Saint-Père de leurs épreuves et de leurs succès, apparaissent tour à tour au Séminaire et ne manquent pas, à leur passage, de stimuler l'ardeur des élus appelés à continuer leurs œuvres.

On comprend les impressions produites par ces vaillants apôtres sur l'imagination des jeunes recrues du sanctuaire.

Ces fortes impressions, l'abbé Charles Vigneront les traduit dans ses lettres et les communique avec enthousiasme à ses parents.

Parfois aussi, Sœur Théophane Vénard le charge de quelque message ou lui demande des nouvelles de ses sœurs, espérant les voir entrer dans sa Congrégation .

« Je viens de lui envoyer une *Vie* de son frère qu'elle m'avait demandée et dont elle a voulu me remettre le prix. Elle prie beaucoup pour vous... »

Puis, c'est l'annonce des prochaines ordinations :

« En ce moment, nous avons parmi nous Mgr Bigaudet qui doit conférer les saints ordres aux confrères. Au nombre des 8o ordinands se trouve M. l'abbé Martinet. Il aura le bonheur de célébrer sa première messe le dimanche de la Trinité... Quand donc, à mon tour, aurai-je ce bonheur désiré depuis longtemps ?... »

Avant de parvenir au sommet de ce Thabor, il devra parcourir une dernière étape à travers un chemin hérissé d'épines. Il n'est pas au bout de la voie montante et rocailleuse qui le conduit à ses sublimes destinées.

★
★ ★

A Sivry, la famille Vigneront fête le retour du soldat libéré après six mois de service militaire. Eugène décrit en termes lyriques sa bonne fortune ; il rentre couronné de lauriers, satisfait de ses exploits. Il invite son frère aîné à revenir en vacances, comme les années précédentes, pour être témoin de sa gloire... et bénir son mariage. Sous la main du copiste inhabile des taches d'encre ont maculé le papier... La réplique ne se fait pas attendre. Elle met en relief la simplicité d'une âme naturellement portée à la joie, à la vraie joie des enfants de Dieu.

Paris le 1er juin 1870.

Habile nautonier,

Je t'admire et te félicite... Encore un peu de courage et te voilà hissé sur le pavois.

Ta grande expédition est terminée. Tu reviens d'un lointain pays témoin de ta valeur guerrière. Une Troie nouvelle avait été offerte à nos modestes héros et, preux chevalier, ta noble audace t'a entraîné.

Vicissitudes de la vie !... Paisible laboureur, le soc brillant de ta charrue, tu l'as converti en une épée sanglante.

O mères éplorées, jeunes et tendres épouses, dites-nous par vos gémissements le mal qu'elle a fait entre ses mains... Que d'ennemis abattus, que de morts !... Quel triomphe !

Non, ni l'intrépide Ajax, ni Achille le Magnanime, ni le fier Agamemnon ne sont plus illustres qu'Eugène. Eugène seul ! Mon frère seul... Mais l'épée à son tour a dû être remplacée par une rame et c'est une rame que le bras vigoureux du brillant Eugène manie aujourd'hui.

Je m'explique : Il y a un an, je recevais de mon frère une lettre dans laquelle, par une figure géographique assez bien réussie, il se mit sous mes yeux voguant à pleines voiles sur la mer Noire.

Depuis lors, je trouvais le temps long. Ayant perdu toute trace de son itinéraire je ne pouvais plus le suivre par la pensée.

Soudain, m'arrive un précieux renseignement : j'en suis heureux, car mon bon frère revient, il se rapproche de la Patrie, actuellement il vogue dans l'Archipel.

Après avoir dépassé Scopélos et Halonisos, où un vigneron se peut bien plaire, il est entré dans les Cyclades, il a vu Ténos et Myconos couverte de vignobles ; déjà même il touche aux Sporades, mais il en sortira aussi adroitement et rien ne pourra le retenir, pas même Artypoléo. Il revient et bientôt nous le reverrons. Il a fait preuve d'une adresse égale à sa valeur. Quelle gloire ! Vraiment je suis fier d'être de sa famille.

Sa nouvelle carte maritime où d'une main expérimentée il me figura de nombreuses îles de l'Archipel est aussi parfaite que la première.

Habile pilote, vogue donc et hâte-toi. Je t'attends à Marseille, n'est-ce pas ?...

Sais rire, frère, tu es déjà illustre pour ton âge. C'est toi qui as dompté le fougueux Blond. Les bœufs et les taureaux, sous ton aiguillon, allaient, timides, comme des agneaux. Rappelle-toi Soliman et Hachemet... Ces braves, rien que ton petit gilet bleu les faisait trembler.

Ta main vigoureuse secouait le sol où ton regard avait découvert un filon de froment. C'est toi qui as appris à arracher à la terre ses trésors dorés qui font crépiter les chars et les greniers.

Vaillant soldat, la Patrie avait besoin de ton secours. Tu ne fis que paraître : six mois, c'était suffisant. Les ennemis en pleureront longtemps et les plaines de la Crimée garderont leurs cendres. Ils dorment là-bas leur dernier sommeil.

Toi, tu reviens et les difficultés et les périls de la route nous révèlent en toi un héros. Tu te joues avec les dangers ; les écueils et les récifs n'ont rien qui puissent t'inspirer la peur"

Laboureur intelligent, indomptable guerrier, nautonier prudent, c'est peu que l'adresse et le courage te servent ; dans ta vie intime tu as encore à ta disposition ce qui attire et plaît.

Tu connais les douces paroles, tu répands la gaieté. Une agréable raillerie est finement aiguisée sur tes lèvres, tu sais offrir l'encens. Tu possèdes le plain-chant, voire même un peu de musique. Enfin... tu fais des cartes de géographie. Qui jamais a réuni autant et de si éloignés contraires ?...

Grâce à Dieu, je ne connais point la jalousie, mais ici où tous les autres doivent la sentir, moi-même est-ce que je puis l'éprouver ? Ta gloire n'est-elle pas à moi ? Nous sommes frères et tes mérites m'honorent.

Et tu n'es qu'au début de ta carrière ! Que ne nous promets-tu pas ? Courage donc, bon frère. Oui, courage, noblesse oblige ! Nous nous rejoindrons à la porte triomphale... Si tu ne me dédaignes pas, je t'aiderai à porter tes nobles et nombreux lauriers.

. . . .

... Comme je suis enfant, n'est-ce pas, bon frère ? et qu'il me faut de pages pour te dire que j'ai reçu de toi des lettres où tu avais pris le soin de mettre quelques brouillons.

Que cela ne t'intimide pas, tes lettres fussent-elles des cartes de géographie, me font un grand plaisir. Maladroit que je suis moi-même, je vais me heurter contre les récifs dans la lecture ; cependant jusqu'ici le mal n'a pas été grand.

Envoie-moi, quand tu le pourras, une feuille, quoi que

tu aies mis dessus. L'empreinte de ta main seule me réjouit.
Que sera-ce si tu y mets ton cœur et ton esprit ?

Si j'avais le temps je t'écrirais plus souvent. Il est rare
que je fasse le paresseux. Il peut arriver que je diffère, ayant
le temps, parce que je n'y ai pas l'esprit. Quant au cœur il
y est toujours, tu n'en doutes pas.

... Je viens de relire ta lettre. Elle est datée du 19 avril.
Avec toi, je remercie le Bon Dieu de t'avoir préservé de l'accident que tu signales. Il te bénira toujours, sois-en persuadé,
si toi-même tu ne l'oublies pas.

Combien je voudrais, bon frère, te communiquer quelque chose de ce sentiment que le Seigneur a daigné me mettre au cœur sur sa divine Providence !

Tu connais et tu crois, comme moi, la vérité de la
paternelle Providence de Dieu sur sa créature. Aussi n'est-ce
pas du dogme que j'eusse voulu te parler, mais du sentiment
de cette vérité ; de la joie, de la douceur, de la paix que cette
vérité donne à l'âme qui a le bonheur de la sentir.

Pour le missionnaire, s'il n'avait plus cela au cœur, sa
vie serait insupportable et le courage des martyrs aurait
défailli avant l'épreuve... mais qu'y a-t-il de plus consolant
au milieu des privations et des souffrances, de plus réconfor-
tant dans les travaux et les fatigues, que cette pensée ?... Cette
vue, ce sentiment d'un Père tendre, généreux, sage, puissant,
qui a l'œil attentif sur chaque action de son enfant, qui prépare les événements, disposant les hommes et les choses juste
à point dans la mesure et le temps que sa sagesse a détermi-
nés pour l'amener à la perfection de son être, en faisant
avancer progressivement le monde par le progrès de sa connaissance et de sa gloire personnelle.

Car voilà bien ce que l'observation recueille de l'histoire, surtout de l'histoire renfermée dans nos Livres Saints...
Aime à faire ce travail par toi-même... Tu connais la Bible
et tu peux encore l'étudier. C'est un livre qui ne devrait
jamais quitter les mains d'un chrétien.

Je n'ai encore fait que rire sur ta lettre et cependant
j'aurais bien sujet de parler sérieusement, mais à vrai dire,
je ne peux guère faire autre chose, puis il faut bien se distraire... puis aussi il y a bien matière... ta lettre entière n'est-
elle pas sur ce ton ?

. . . .

Mes confrères du Séminaire de Verdun sont étonnés que
je ne leur écrive pas. J'ai peut-être tort. Cependant je les
aime toujours beaucoup et, si je me tais, c'est que j'aspire
à restreindre ma correspondance pour monter plus haut et

chercher à en faire descendre la sagesse dont j'ai un bien grand besoin. Pour le but que je me propose ne me faut-il pas Dieu avec moi ?

Tu me parles d'une jeune personne qui est connue de toi et de moi. Tu veux connaître son intérieur chrétien avant de l'engager. Tu fais bien, cher frère, et je t'en félicite doublement. Souvent les apparences trompent. Un lointain est parfois spécieux, il est bon d'approcher pour connaître.

Comme il nous arrive trop souvent de juger selon nos intérêts, il n'est pas rare que la raison, si elle est saine, n'ait à diminuer, pour ne pas dire changer, l'opinion préconçue. Voilà ce qui peut arriver pour toi. Et vraiment tu devrais peut-être en bénir le Seigneur. Que ton cœur instruit reconnaisse toujours que pour être bonne épouse, il ne suffit pas d'avoir de la piété et des richesses.

Je prie la Providence qui dirige toute chose et qui a su donner à Isaac et à Tobie l'épouse qu'il leur avait destinée, de te préparer à toi aussi une compagne qui réunisse tout ce qui, selon sa Sagesse, doit entrer dans ton bonheur, celui de la terre et de l'éternité.

Ne doute pas que le Seigneur nous exauce ; demande de connaître sa volonté. Ne t'inquiète en rien, suis les événements et le temps. Laisse-toi doucement flotter sur les circonstances, ces vagues de la vie. Fixe ton ancre en Dieu, tu ne saurais périr.

Mon bon frère, tu ne saurais périr, tu ne saurais même être malheureux. Tu as le secret du bonheur, je m'en réjouis et t'en félicite.

Tu termines ta lettre par ces paroles « Que la Volonté de Dieu se fasse. » Oh ! que tu me fais plaisir ! Oui, que cette sainte Volonté se fasse ! Elle est aimable, sainte, puissante.

Eh bien ! c'est précisément parce que la sainte Volonté de Dieu se fait que je n'ai plus ces vacances que tu désires. Ah ! nous en aurons d'autres, des vacances éternelles, dans la joie, dans la vie, dans la gloire, avec toute la famille, les anges et Dieu, avec les Saints et la toute bonne Mère. Que ton cœur soit rempli de joie à cette pensée, car nous irons au ciel, au beau ciel, chacun après la besogne de notre petite vie.

Dis-moi, frère, si je ne m'étais séparé de toi, aurais-tu éprouvé les joies qui embellissaient nos vacances ? Si j'avais des vacances, c'était parce que j'avais été tenu éloigné de mon bon frère. Une sortie suppose une rentrée.

Dis-moi, encore, as-tu attendu longtemps pour me revoir en vacances ? Te rappelles-tu comme les années s'écoulaient vite ? Les vacances étaient très rappochées... oui, c'est d'expérience.

Oh ! bon frère, la vie c'est une année, ce n'est même pas une année ; elle passe si vite, la vie ! Eh bien, après cette année de la vie, s'ouvriront nos vacances ; mais des vacances dont les autres ne peuvent te donner une idée, des vacances éternelles, heureuses au-dessus de toute expression.

Qu'il sera beau le jour de notre sortie, car nous irons au ciel et c'est là que nous prendrons nos vacances. Bon frère, pèse cela et vois que, même humainement parlant, le plus court chemin pour se voir, c'est de se séparer pour Dieu, car Dieu m'a donné une âme qui aime mon frère et ma famille et s'Il me donne une récompense, ce sera de revoir mes bien-aimés, de les revoir pour toujours en Lui, avec Lui, sous le regard et le sourire de Marie.

Accepte, frère, ces pensées ; c'est avec elles que je te laisse et t'embrasse tendrement.

*
* *

Rarement, le séminariste se permet le ton plaisant, si ce n'est avec son frère cadet. Avec les plus jeunes de la famille, il est plutôt grave, tout en adaptant son style à la simple portée de leur intelligence, soucieux avant tout de leur inculquer des principes de piété et de vertu.

Voici comment il les exhorte à bien faire :

Paris, 5 juin 1870.

Aux trois chères petites,

Philomène m'a fait grand plaisir. Je l'embrasse jusqu'au fond de sa petite âme. Prie toujours bien la bonne Mère, mon Ange. Va te jeter à ses pieds, dis-lui de nous bénir tous. Dis-lui de te prendre, de te faire connaître ta vocation et de te préparer à une sainte première communion.

Garde ton cœur et ton petit corps bien purs.

Petite enfant, écoute bien ce que te dit ton frère qui t'aime tendrement. Il faut que tu sois une petite sainte, entends-tu ? Etudie bien à l'école, tu n'as pas encore fait grands progrès. Il faut racheter le temps perdu.

Ecoute bien nos Parents, ta mère si pieuse ; ne sois pas désobéissante, aime l'ordre et la propreté. Dis bien tes prières et va souvent à l'église. Que puis-je te recommander encore, chère petite ? C'est de beaucoup prier saint Joseph pour les missionnaires et leurs missions, pour le Saint Père, l'Eglise et le Concile, prie toujours, prie beaucoup.

Quant à vous, mes deux grandes, Angélina et Anna, je

suis persuadé que vous marchez toujours dans la même voie, c'est-à-dire dans le dévouement à Notre-Seigneur, à la Bonne Mère, dévouement que vous témoignez par une conduite sage, pieuse, laborieuse. Vous êtes faites pour le ciel et vous savez que les biens de la terre ne rendent pas heureux. Courage, oui, courage et persévérance ! Il faut lutter, il faut combattre, mais la récompense nous attend, une grande récompense.

Étudiez votre cœur pour qu'il ne coure pas après la créature et que vous connaissiez distinctement la sainte Volonté de Dieu.

Vous avez votre place marquée en un coin de la terre comme au ciel, il faut par votre correspondance à la grâce que vous y arriviez tout doucement et juste à temps. Donc, plus de négligence dans le service du Bon Dieu, pas de relâchement surtout !

Mes bonnes petites, la vie passe vite. Rendez-vous dignes de la grâce de Dieu et vous sentirez la paix dans votre âme. Oui, rendez-vous dignes de cette grâce qui éclaire l'intelligence en donnant la sagesse et une juste science des choses du temps et de l'éternité.

Que vous serez heureuses si vous faites cela ! Allons, un peu de courage !

Si vous le voulez bien, vous m'exposerez dans une prochaine lettre tout ce que vous m'avez déjà dit au sujet de votre vocation.

Si Dieu appelle Maria à la vie religieuse, vous savez qu'elle sera heureuse, parce qu'elle aura choisi la meilleure part.

Mais il y a plus d'une voie pour entrer au beau ciel ; le Bon Dieu nous donne une vocation en rapport avec ce que nous avons au cœur et selon nos dispositions et notre aptitude. C'est pour cela qu'il faut, chaque jour, bien étudier son cœur.

Vous avez vore confesseur, qui vous dirigera si vous le désirez, car le Seigneur lui donnera l'intelligence de votre âme et la volonté de vous faire du bien. Vous l'avez déjà expérimenté et j'en bénis le Bon Dieu.

Aimez à être seules lorsque vous vous rendez aux champs. Il vous sera plus facile de faire un peu de méditation sur un mot de vos prières, sur ce que vous aurez entendu ou lu dans l'Evangile et l'Imitation. Oui, il faut que vous fassiez, comme vous le pourrez, un petit brin de méditation chaque jour.

Assistez à la sainte Messe autant que possible. Faites votre visite au Saint-Sacrement et ne manquez pas de réciter votre chapelet. Dans la journée, il est possible de trouver un moment pour le bien dire ; pour gagner les indulgences, vous le savez, il faut méditer sur les mystères de la vie de Notre-Seigneur et de la Sainte Vierge. Vous les trouverez exposés dans les livres qui me servaient autrefois dans mes exercices de piété.

Chaque jour faites une toute petite lecture. Quand ce ne serait que celle d'un chapitre de l'*Imitation*, du *Combat Spirituel* ou de l'*Introduction à la Vie dévote*. Faites cela, je vous le demande. On trouve toujours le temps de faire ce que l'on veut.

Surtout aimez à approcher des sacrements. C'est la vie, la joie et la lumière de l'âme. Rendez-vous dignes de communier souvent sans ostentation, avec simplicité, foi et amour.

Allez à Notre-Seigneur comme un à un Bon Père, si vous avez péché, demandez-lui pardon. Promettez-lui de ne plus recommencer et tenez parole. Dites-lui de vous parler, de vous bénir. Il le fera si vous le lui demandez. Allons, mes petites, allons vers le Bon Dieu. Il y fait bon et c'est le chemin du ciel. Nous nous réunirons tous là-haut et pour toujours ! Dans cette espérance je vous embrasse et je vous aime en frère tout dévoué.

**

Et cette lettre à son frère Emile qui marche si bien sur ses traces et désire arriver, comme lui, sur la sainte montagne du sacerdoce ?

A mon bien-aimé petit Emile,

Ta lettre, mon bien cher, m'a réjoui le cœur. Je l'ai relue plusieurs fois et je t'en félicite. Elle te fait autant honneur qu'elle me fait plaisir.

Eh bien ! je puis te le dire, au nom du Seigneur, tes vœux seront exaucés. Ils le seront ces vœux si purs et si ardents que tu portes en ton cœur. Tu deviendras, je l'ose espérer par la grâce de Dieu, un bon prêtre. Ne me fais pas mentir, n'est-ce pas, enfant bien-aimé ? Il faut que tu le mérites par ton obéissance, par ta piété et ton application au travail. Aime beaucoup le Bon Dieu, honore Marie, garde-lui ton cœur et ton corps innocents. Invoque saint Joseph. Aie de la dévotion aux âmes du purgatoire, et à tes saints Patrons, ainsi qu'à ton Ange Gardien. Fais tous les jours une prière pour obtenir la connaissance et l'accomplissement de la Volonté de Dieu. Et puis sois sans inquiétude. L'heure de la Providence n'a pas encore sonné. Le grand secret de la vie, pour tout et en tout, c'est d'attendre le moment.

Etudie toujours ta grammaire latine. Si tu le veux, tu prendras un petit livre de traduction. Dis au papa de te donner l'*Epitome*, peu importe lequel, pourvu que tu puisses déjà, avec le dictionnaire qui est à la fin, faire quelques versionnettes. Cela t'avancera d'autant. Puis prie, prie surtout. Il n'y a que Dieu qui puisse faire ce qui est à faire. Prie beaucoup, et sois obéissant, soumis et sérieux !

Cher enfant, je t'embrasse et te bénis. Je te recommande souvent à Marie et à nos Saints Martyrs. Mais sois docile à la grâce de Dieu. Dis bien les prières, assiste à la Messe, garde ton cœur, purifie ton âme et ne la dégrade pas.

Embrasse petite Philo. pour moi. Ne la taquine plus et donne-lui le bon exemple.

Embrasse aussi le frère Eugène, Angélina, Anna et puisque, à la fin de ta lettre, tu m'envoies le souvenir du petit poulain, de Minette, des petits poussins, dis-leur de ma part que je ne les oublie pas. Enfant, tu m'as fait bien rire.

Adieu bien cher. Je t'embrasse sur le cœur du Seigneur Jésus.

★
★ ★

C'est surtout l'avenir de sa sœur Maria qui le préoccupe. Son plus vif désir serait de la délivrer de la servitude d'Egypte et de l'introduire dans la Terre Promise de la vie religieuse. Il ambitionne pour elle le titre d'Epouse de Jésus-Christ. Quel idéal de vrai bonheur ici-bas et quel précieux gage de salut éternel !

Pour réaliser son désir, il met à contribution ciel et terre. Il s'adresse à ses protecteurs du Paradis et à ses auxiliaires du purgatoire ; il demande au vénérable Théophane Vénard et à sa sœur Mélanie de lui obtenir cette faveur. Il multiplie ses instances auprès de l'intéressée. A la date du 21 juin 1870, il écrit :

Ma bonne Maria,

Je ne puis t'en dire long aujourd'hui. Seulement deux mots.

La décision de ton Directeur m'a fait le plus grand plaisir, mais tu es toujours dans l'hésitation. Où entreras-tu ?

Je recevais, il y a quelques jours, une lettre de Sœur Théophane Vénard. Comme elle t'aime et les autres Supérieures aussi !

Il me semble que là se trouvent réunis tous les avantages désirables à tout point de vue.

J'ai écrit au Rév. Père Vautrot. Je lui ai même envoyé la

lettre de la très digne Sœur Théophane afin qu'il voie toute ma pensée et toute son affection.

J'ai préféré la lui communiquer entière plutôt que de la morceler, précisément pour cela.

Je le priai de me faire connaître prochainement les diverses choses qui ne lui plaisent point, dans l'Institut de la Sainte-Famille. Je désire avoir sa réponse pour écrire de suite à Sœur Théophane qui doit voir ce mois-ci la T. R. Mère Supérieure Générale.

Prions ensemble, bonne petite, afin que la volonté de Dieu se fasse et qu'Il nous la manifeste d'une manière ou d'une autre. Sœur Théophane, de son côté, prie avec ferveur. Si tu le peux, rends-toi chez le R. P. Vautrot.

Adieu, chère enfant, je t'aime beaucoup et veux ton bonheur.

M. l'abbé Martinet va partir le 6 juillet pour Hongkong. Il est nommé Procureur à Saïgon.

29 autres missionnaires partent avec lui, le 6, le 17 juillet et le 3 août. Prie pour eux tous et pour ton petit frère qui en a besoin.

Le R. P. Vautrot jouissait alors, dans le diocèse de Verdun, d'une réputation de haute sagesse et d'éminente vertu. Il était le Supérieur général des *Clercs réguliers de Notre Sauveur*, qu'il venait de reconstituer avec l'esprit et la règle de saint Pierre Fourier. Entouré d'une belle phalange de missionnaires, il paraissait doué des qualités qui assurent le succès. Après de brillants débuts, la récente fondation devait subir le contre-coup des proscriptions et disparaître quelques années après la mort du fondateur.

C'est à ce digne prêtre que Maria Vigneront avait demandé une direction appropriée à son état d'âme. Très habile dans son emploi de modiste, elle continuait son apprentissage à Verdun dans l'atelier de couture de Mlles Bon, apparentées à sa famille. Naturellement timide et réservée, elle hésitait à prendre une décision. Son frère insiste :

Bien chère Maria,

Il y a presque deux mois que je n'ai pas reçu de lettre de Sivry. Je vis dans la Chine...

Qu'allons-nous avoir avec la Prusse ? Dieu le sait. Des

larmes et du sang vont couler sans doute. Dieu est le Maître et l'homme doit être instruit et châtié.

Il n'y a rien à craindre, je crois, pour Eugène. Si on le rappelle, je suis persuadé que ce n'est point pour l'envoyer au front. Il ne faut pas s'inquiéter.

J'ai donc reçu une réponse. Elle était décisive, je te l'assure.

Nous avons passé la récréation du soir avec le R. P. Vautrot. Je m'estimais grandement heureux.

Voici en trois mots ce qu'il m'a dit :

Tu as une vraie vocation et elle te porte à garder les malades. Cela vient de Dieu, on ne peut s'y opposer.

L'ordre de la Sainte-Famille présente toutes les conditions requises : tes vœux et les désirs de ton Directeur sont satisfaits. Cet Institut d'ailleurs offre toutes les garanties. Il est approuvé et il fait du bien. Tu pourras y trouver le bonheur.

Maintenant tu as encore à rester quelque temps chez tes maîtresses. Ensuite tu retourneras un peu dans la famille et, en ce beau jour où la Tradition nous fait célébrer l'entrée de la Vierge, encore tendre enfant, dans le Temple de Jérusalem, tu pourras entrer, toi aussi, dans la maison de Dieu, dans la famille de Jésus, Marie, Joseph.

Je te félicite, je puis espérer que tout ira selon tes désirs, qui sont les miens. Tu ne peux pas souhaiter ton bonheur plus ardemment que moi. Mon avenir me paraît assuré si le tien l'est.

Tu as compris, bien chère petite. Tu entreras très probablement dans la Sainte-Famille et à l'heure indiquée.

Bénissons le Seigneur. Prions-le toujours. J'écris en même temps à Sœur Théophane.

Ce que tu as à faire pour le moment, c'est de t'entendre avec nos chers parents, de parler à tes maîtresses, leur disant que Dieu t'appelle à Lui, qu'il te faudra les quitter bientôt : mais que tu resteras encore deux mois pour leur laisser le temps de te trouver une remplaçante et qu'ensuite, en les assurant de tes sentiments de gratitude, tu les quitteras pour aller prier pour elles et te consacrer aux soins des malades.

Voilà, sœurette, ce que tu leur apprendras toi-même ou nos chers parents.

Jusqu'à ta sortie, persévère avec le même courage et le même esprit de foi.

Apprends ton noviciat. Rien n'est petit dans le chemin de la vertu, si on le veut.

Place-toi sous l'œil de Dieu et de Marie qui te considèsent, t'aiment et te conduisent. Avec eux tu n'as rien à craindre.

Si quelques personnes te faisaient des objections, tu n'as pas à t'en inquiéter... Dis-moi lorsqu'il faudra prévenir Sœur Théophane, ces demoiselles de Verdun, et j'écrirai aussitôt.

Adieu, chère petite, je t'aime en frère, en Dieu. Prions bien l'un pour l'autre.

Prie aussi pour l'Eglise et le Concile. La grande question sera bientôt décidée dans le bon sens. Que le Seigneur adoucisse et apaise les esprits !

Prie pour la France et ses futures destinées ! Que Marie et Joseph nous bénissent et nous protègent tous !...

*
* *

Entre temps, la guerre éclate entre la France et l'Allemagne. Le tocsin de la mobilisation appelle sous les drapeaux tous les hommes valides. Le premier coup de canon a retenti, l'ennemi a déjà envahi la frontière et menace de porter partout sa fureur de destruction.

Dans la Meuse, on appréhende les pires catastrophes. Le foyer si paisible de M. Vigneront n'est pas à l'abri du danger. Eugène a dû rejoindre son régiment dès la première alerte. Que résultera-t-il de cette imminente tuerie qui s'annonce redoutable et désastreuse ?...

A Paris, l'abbé Charles tremble pour les siens, exposés comme ils le sont, à proximité de la ligne de feu. Un billet laconique de son frère mobilisé sollicite des prières. C'est tout ce qu'il reçoit pour calmer ses inquiétudes.

S'oubliant lui-même, il encourage le soldat à faire vaillamment son devoir en bon chrétien :

Meudon, 25 juillet 1870.

Frère très cher !

Daigne le Seigneur devenir ta force et ton bouclier !

Daigne Marie te prendre sous sa puissante protection !

Daignent saint Joseph, nos Saints Patrons et ton Ange gardien te diriger et te conserver !

Je te mets sous la protection spéciale des âmes du purgatoire.

Où cette petite messagère va-t-elle te trouver ? Un souffle favorable la poussera-t-elle et la dirigera-t-elle ? Oui, j'en ai le ferme espoir. Tu la recevras, tu la liras et tu seras heureux.

La tienne m'a fait plaisir. Tu es vraiment l'enfant du Bon Dieu, il ne t'arrivera pas malheur. Ton langage est digne de ton cœur et ton cœur, frère, est digne de nos parents et de Dieu.

Oui, sois béni, bon frère ! Dieu est avec toi.

Tu es parti courageusement et chrétiennement ; tes affaires sont en ordre : tu peux répondre à l'appel de Dieu, comme tu as répondu à celui de la Patrie.

Frère, sois gai, sois valeureux ! Suis les nobles sentiments de ton noble cœur : tu es digne d'être soldat.

L'heure du combat a sonné et te voilà sur le champ de bataille...

A cet appel de la Patrie, tu as senti se réveiller en toi ces généreux sentiments d'énergie et d'abandon à Dieu, qui ont toujours battu en ta large poitrine. Tu t'es levé et tu es parti. Aujourd'hui tu es sur la frontière, attendant l'ennemi.

Courage, ô mon frère, sois aussi brave soldat que tu es bon chrétien. Remets-toi tout entier entre les mains de la Providence et arrive ce que Dieu voudra ! Si Dieu t'appelle, que crains-tu ? puisque c'est son heure, puisqu'il veut te récompenser et te donner le ciel.

Car, bon frère, soit aujourd'hui, soit plus tard, tu iras au ciel. Dieu par sa bonté nous sauvera tous : il nous réunira au ciel, où nous serons heureux pour l'éternité.

Je t'ai recommandé à Notre-Dame des Victoires à Paris, et à la Reine du Sacré-Cœur à Issoudun, ainsi qu'aux prières des bonnes âmes que je connais ; d'ailleurs, je prie moi-même beaucoup pour toi.

J'ai une conviction presque invincible qu'il ne t'arrivera pas de mal. Je n'ai pas de révélations assurément ; mais j'éprouve au fond du cœur un sentiment qui me dit que puisque ma famille a fait volontiers le sacrifice que Dieu lui demandait l'an dernier, il ne lui demandera, cette année, que la peine d'une séparation momentanée. L'intérêt que j'ai à cette affaire peut sans doute m'illusionner ; c'est pourquoi je m'abandonne entièrement à la volonté de Dieu.

Ce qui nous arrivera sera l'effet de sa toute-puissante sagesse et de sa miséricorde envers nous. Ce sera pour sa gloire et notre bien. Que nous faut-il de plus ? Vivre ou mourir peu importe !... Si c'est Dieu qui le veut.

Approche des Sacrements le plus que tu pourras, frère. Invoque la bonne Mère ; porte son scapulaire, sa médaille miraculeuse que tu pourras te procurer près des aumôniers et des Sœurs. Fais de fréquents actes de foi, d'espérance et de charité. Dis à Dieu que tu lui offres tout, même ta vie et ton sang pour l'accomplissement de sa volonté sainte, quelle qu'elle soit ; puis, invoquant les noms bénis de Jésus, Marie, Joseph, va, vole au combat, bats-toi comme un lion, sois vaillant et ne crains rien. Si une action se présente à accomplir, sois un des premiers, marche en tète et triomphe. Dieu est avec nous, avec toi, comme il était avec le jeune David ; son ange t'accompagne, comme Raphaël accompagnait le jeune Tobie : tu vivras et tu seras vainqueur.

Vois qu'il fait bon être pieux. Ma mère m'a écrit un billet admirable comme ta lettre. Ah, la digne mère ! Qu'il fait bon aussi d'être enfant de pieux parents. Pauvre mère, elle est, malgré le danger, en toute sécurité. Elle a, comme beaucoup de mères, un motif bien puissant d'être inquiète et angoissée ; cependant la foi la soutient, elle est calme et tranquille. Elle souffre beaucoup moins que les autres mères... parce qu'elle est une vraie chrétienne.

Et toi-même, frère, tu as à craindre comme tes compagnons d'armes, mais parce que ta jeunesse s'est passée sous l'œil de Dieu et à son service, parce que ta foi en la bonne Providence t'éclaire et te fortifie, tu es calme et tu seras courageux dans le danger. A ce point de vue, seul, la religion est salutaire...

Je demande et fais demander à Dieu pour toi la sagesse afin qu'elle te dirige dans toutes tes actions ; la vaillance afin que tu sois à la hauteur de la situation, la résignation dans la souffrance et les privations, l'humilité et la gratitude dans le triomphe.

Sois docile à tes chefs ; demande pour eux la prudence ; qu'ils sachent vous conduire pour la gloire de la Patrie et ne pas vous sacrifier inutilement.

Sois bon et prévenant à l'égard de tes camarades ; adoucis l'amertume qui doit être au fond de leur cœur ; élève leurs âmes vers Dieu, adresse-leur des paroles de réconfort. Si l'un d'eux, grâce à toi, pouvait faire une belle mort !... Tu peux exercer l'apostolat.

Et même à l'égard des ennemis... accomplis ce qu'on te commande, mais que si tes mains leur envoient la mort, que ton cœur au moins leur souhaite la vie de la grâce et du ciel... Prie pour eux et autant que tu pourras épargne... Ils ont aussi des parents, des frères, des sœurs qui désirent leur retour. *La guerre est un châtiment du péché. Dieu irrité est terrible !*

Le bon Père Fourquerie, dont tu m'as déjà entendu parler, prie chaque jour pour toi ; il me disait hier que tu allais probablement à la gloire. Frère, la gloire de Dieu est certaine et dépasse la gloire de l'homme. Si Dieu voulait t'accorder un peu de celle-ci, assure-Le, à l'avance de ta fidélité.

Frère, tu sais combien je t'aime. Garde ton âme. Oh ! aime le Bon Dieu et fuis le péché ! Reviens-nous encore plus sain de cœur et d'esprit que de corps. Je t'aime et te presse sur mon cœur.

★
★ ★

Cette ravissante piété, jointe à l'amour fraternel adoucissait, pour le futur missionnaire, l'amertume de la séparation et de la douloureuse épreuve de la guerre.

En même temps, il a hâte de donner un témoignage de sympathie à ceux qui lui sont chers. Il adresse à sa chère famille la lettre suivante qui prouve la beauté de son âme :

En la fête de sainte Anne, 26 juillet 1870.
Salut, bien chère et bien-aimée famille !

Que le Bon Dieu vous comble de ses plus précieuses bénédictions !

La lettre d'Eugène m'a fait plaisir. Généreusement et chrétiennement, il est parti pour la guerre. Combien je prie et fais prier pour lui ! J'ai la conviction profonde qu'il ne lui arrivera pas de mal, au moins mortel.

Il faut nous abandonner à la sainte voloné de Dieu. Elle est bonne, elle est sage.

Marie l'a pris sous sa protection, l'Ange du Seigneur l'accompagne, l'Esprit Saint sera avec lui dans le combat et le retirera du sein de la mêlée : il vous reviendra, je l'espère en toute confiance.

L'an dernier, bien chers parents, vous avez fait le sacrifice de votre fils aîné. Dieu ne vous demandera que l'éloignement momentané d'Eugène.

Une offrande à Dieu, donne droit d'espérer pour le ciel.

L'excellent Père Pourquerie prie beaucoup la bonne Mère pour lui ; Elle l'exaucera, j'en suis persuadé. Union de tous dans les Saints Cœurs de Jésus et de Marie pour le soulagement des âmes du purgatoire à la protection desquelles je confie spécialement mon bon frère. Son Ange gardien, ses Saints Patrons, ceux de notre famille le protègent : il reviendra du combat. Puisse-t-il en revenir comme le jeune David, prions, prions !

Au revoir, bien chère Famille. Je vous laisse avec cet espoir et ce vœu.

Votre fils qui vous aime tendrement.

Quelques jours plus tard, nouvelles angoisses. La situation s'aggrave, le péril est imminent, les correspondances entre Sivry et Paris s'échangent plus concises. Le cœur du fils très aimant est brisé par l'émotion qui l'étreint. Cependant, il s'efforce de ne laisser rien paraître de ses inquiétudes, assumant le rôle de consolateur :

Meudon, le 19 août.

Mes bien chers parents,

Votre lettre m'est arrivée mercredi dernier. C'était un jour de départ : dix confrères nous quittaient pour l'Extrême-Orient. Heureux amis !...

Et donc, les nouvelles politiques ne sont pas rassurantes. Qu'est-ce que Dieu réserve à la France ? Comme vous devez être dans la peine ! Mettez-vous sous l'aile de la Providence et laissez faire Dieu. Il vous conduira au ciel, cela suffit.

Je ne sais si nous pourrons nous écrire. L'ennemi marche vite, dit-on. J'ignore tout ce qui se fait, je n'en parle qu'avec le bon Dieu, Le priant avec ferveur pour ma patrie et ma famille. Dieu peut humilier la France et ensuite tirer vengeance de ses ennemis. Mais quand ? et après quelles épreuves ? Dieu le sait.

Que faire dans cette désolation ? Voyez ce que les plus sensés du village font et faites de même.

Vous aurez une retraite dans les bois, sans doute, et Dieu vous y viendra en aide. Offrez vos souffrances pour la gloire du Bon Maître et le salut des âmes. Ne vous inquiétez pas au-delà de ce qu'il faut. Voyez tout en Dieu, c'est le seul vrai point de vue.

Pour ce qui concerne mon frère, je suis heureux d'apprendre ce que vous m'en avez écrit. Mon Eugène est bon et la gloire vous en est due. Vous en serez récompensés, bien chers parents. Je demande aussi au Seigneur de vous le ramener sain et sauf. Il le fera, j'en ai l'intime persuasion.

Je ne reçois aucune nouvelle de lui. Je ne puis lui écrire, n'ayant pas son adresse, ce serait ma plus grande peine de ne plus pouvoir correspondre avec lui.

La gravité des tristes nouvelles de la guerre n'empêche pas l'abbé Vigneront de poursuivre son projet relatif à la vocation de sa sœur. Craint-il pour elle les risques de l'invasion étrangère et veut-il la soustraire aux périls qui la menacent ? Il profite du moins de l'occasion, qui lui paraît favorable, pour obtenir le consentement paternel :

Quant à Maria, que le Seigneur vous la conserve et vous la ramène de Verdun ! Sa vocation paraît certaine, à moins que les circonstances y mettent obstacle. Faites pour elle ce que vous avez bien voulu faire pour moi. Dieu semble l'appeler au service des malades : elle vous l'a dit. Dans quel ordre ? Vous avez dû lire mes lettres. Il est probable que c'est dans l'Institut de la Sainte-Famille, car les conditions les plus avantageuses semblent se trouver là réunies. Cet Ordre peut lui convenir parfaitement. Tout promet qu'elle y sera heureuse. A quelle heure ? Bientôt, je pense, mais je ne sais rien encore. Maintenant qui donc la tient indécise et oppose des difficultés. C'est elle-même ; si elle le voulait, tout serait fini de suite.

Son confesseur ne peut lui dire : « Vous irez ici plutôt que là. » Il faut que cela vienne d'elle, comme son désir d'entrer en religion. Il faut qu'elle se prononce et que, voyant les avantages que j'ai indiqués dans mes lettres, elle dise tout simplement : « Je désire entrer là. » Son Directeur alors, déchargé de toute responsabilité, lui répondra : « Votre heure est venue, ou elle ne l'est pas encore, mais vous entrerez là où vous désirez aller. »

Or, pour cela, il faut, puisqu'elle vous a consultés et puisque son confesseur attend votre décision, il faut que vous vous prononciez vous-mêmes, mes bien chers parents.

Ne laissez pas cette enfant dans l'embarras plus longtemps : il faut lui dire, après réflexion : « Mon enfant, à l'heure de la Providence, tu pourras entrer là. » Quant à cette heure, comment la connaîtrez-vous ? J'en parlerai ailleurs. Mais j'insiste et je vous prie de ne plus laisser Maria dans l'hésitation. Aimez-la assez pour lui permettre de répondre au dessein de Dieu sur elle.

Adieu, je vous recommande à Notre-Seigneur et aux bonnes âmes du Purgatoire.

Avez-vous reçu le livre intitulé *Notre-Dame de Lourdes*, par HENRI LASSERRE ? J'ai dû vous l'expédier vers le mois de mai dernier. Si vous ne l'avez point, je vous l'enverrai.

*
* *

Enfin une lettre d'Eugène survient à propos. Elle exprime de nobles sentiments qui réjouissent le cœur de l'aspirant-missionnaire. Tout heureux de le savoir en de telles dispositions, celui-ci lui répond aussitôt :

Meudon, le 14 août.

Salut, bien-aimé frère !

Je bénis la bonne Mère d'avoir inspiré nos parents de te donner le beau nom de Marie. Sais-tu que c'est vraiment demain la fête ? Oui, c'est le jour où tu peux espérer d'abondantes grâces du ciel, par l'intermédiaire de l'auguste Vierge Marie.

Et peut-être devras-tu te battre ce jour-là et être exposé à tous les dangers de la mort ? L'issue, frère, ne peut être mauvaise. Si ce jour-là, Dieu t'appelle, c'est pour aller fêter ta Patronne. S'il te conserve, c'est grâce à sa puissante protection. Courage donc, frère !

Vive Dieu ! le Seigneur se plaît à être appelé le Dieu des Armées. Il ne prend pas garde au nombre. C'est sa Providence qui décide de la victoire.

Au milieu du feu, il a gardé ceux que l'Ange de la mort n'avait pas encore l'ordre de cueillir. Il les a gardés et Il te gardera toi-même, je l'espère.

Combien ta lettre m'a fait plaisir ! Qu'elle était attendue ! Je me retournais en tous sens pour avoir ton adresse, estimant comme un malheur de ne pouvoir t'écrire. Je priais le Seigneur et me soumettais à cette épreuve. Mais aujourd'hui qu'Il permet que je t'envoie quelque chose, je le prierai plus souvent encore. Et je commence, frère, la veille de ta fête.

Bonne fête donc, sur le champ de bataille !

*
* *

Les événements se précipitent, sans qu'il soit possible d'en deviner l'issue. Les défaites succèdent aux défaites, la trahison favorise le succès de l'ennemi, la vaillance de nos soldats ne suffit pas à retarder l'élan de l'envahisseur. L'horizon s'assombrit chaque jour davantage. Pas la moindre éclaircie dans le ciel. Pas une lueur d'espoir du côté de la terre.

Sur ces entrefaites, une lettre de Sivry parvient à l'abbé qui s'empresse de répondre :

En la fête du Cœur très pur de l'auguste Marie.

Mes bien-aimés,

Daigne Marie répandre sur vous ses plus abondantes bénédictions ! Qu'Elle-même se charge de vous remettre cette petite lettre.

La vôtre m'a procuré la plus grande joie. Datée du jour de l'Assomption et partie sous les auspices de la bonne Mère, elle ne pouvait ne pas m'être remise.

La mienne aussi, je l'espère, vous parviendra. C'est aujourd'hui la fête du Cœur très pur de l'auguste Mère de Dieu et, sous sa protection, je vous l'envoie.

Vous vous portez bien, tant mieux, certes ! Que le Seigneur vous conserve la santé et la vie dans ce temps de malheurs et de désordres !

Moi aussi, je suis en bonne santé.

Il faut se soumettre à la divine Providence, qui ne nous envoie rien que pour notre bonheur.

Oui, la France a beaucoup péché. Elle pèche encore chaque jour. C'est bien triste à voir et à entendre, mais la France ne sera pas perdue, elle ne saurait l'être. Dieu veut l'humilier, la corriger, l'amender ; après, Il la relèvera, l'embrassera et la comblera de ses bienfaits.

La France est le royaume très chrétien, elle est la nation des Enfants de Marie. Dieu l'aime, Il la sauvera. Il l'aurait abandonnée depuis longtemps, mais un Père n'abandonne pas son enfant. Il le corrige, le punit, mais ne le laisse pas périr. La France ne périra pas. Il y a en elle deux camps bien distincts : le camp du bien : les enfants de la France, ses vrais enfants. Le camp de mal ; il est composé de tout ce qui est impur.

Mais parce que les enfants de Dieu se sont unis en quelque chose aux enfants des hommes, tous sont punis, et les bons souffrent comme les mauvais. La souffrance, en effet, est commune, mais les motifs et les résultats diffèrent.

Mon cœur bat toujours et souvent je le surprends à converser avec vous... et il me semble qu'il ne pourrait vous en dire plus qu'il n'en dit au Seigneur, le laissant agir selon sa volonté, prêt à endurer avec patience tout ce qu'il lui plaira d'envoyer. Résignation, abandon, oui abandon à Dieu. Foi vive et pratique, voilà les meilleures armes. Il faut faire cependant ce que la prudence recommande. Peut-être est-il déjà trop tard ? L'ennemi doit être chez vous. Il a assiégé Verdun. La ville a été brave. L'ennemi s'est comporté en *barbare, il a tiré sur les ambulances !* C'est tout dire.

Que devient la petite Maria ? Dieu veillera sur elle...

J'aurais répondu poste pour poste, mais c'est hier, 27, que votre lettre m'a été remise, hier soir seulement. Aujourd'hui, je vous consacre les dernières heures passées à Meudon. Nous rentrons demain dans la capitale, dont les barrières se fermeront sans doute sur nous... L'ennemi approche. On ne croit pas qu'il commette l'imprudence de venir jusque sous les forts de Paris. Cependant tout est prêt pour l'y recevoir.

Que deviendrons-nous ici ? C'est l'affaire de Dieu. On craint moins de la guerre que de ce qui la suivra. Encore une fois, le tout à la garde de Dieu !

Nous autres, futurs missionnaires, nous sommes les enfants de la Providence, notre vie à nous, c'est d'être toujours entre la vie et la mort.

Eugène m'a donné signe de vie à la date du 12. Depuis ce temps, je lui ai écrit au moins dix lettres, une chaque jour, presque. J'ignore s'il les reçoit. J'étais bien en peine ces jours derniers, mais c'est à Dieu que je conte tout.

Nous avons les nouvelles de la guerre telles qu'on peut les recevoir de première main. Ne vous inquiétez pas trop. Les affaires vont mieux ; la Prusse paraît fort imprudente. Bénissons le Seigneur alors même que la France n'ait pas eu les premiers succès...

*
* *

Contrairement aux prévisions qui avaient cours dans le public, le mal n'avait fait qu'empirer de jour en jour, et la capitulation de Sedan, le 2 septembre 1870, finit par désiller les yeux des plus optimistes. Dès lors, il fallut s'attendre aux pires calamités. Paris allait être encerclé de fer et de feu, et aux horreurs du siège devaient succéder les saturnales sanglantes de la Commune.

La situation devenait donc de plus en plus critique pour les honnêtes citoyens, notamment pour le clergé en butte aux passions populaires et à la persécution des communards.

Les autorités ecclésistiques décidèrent l'urgence des mesures préventives. La plupart des communautés de la capitale furent invitées à chercher un asile loin du danger. A peine rentrés à Paris, les séminaristes des Missions étrangères durent se réfugier en dehors de la zone des champs de bataille, soit dans leur famille, soit dans des établissements qui pouvaient leur offrir quelque sécurité.

L'abbé Vigneront, ne pouvant songer à rentrer dans la Meuse, fut dirigé vers le Nord avec quelques confrères. Là, il eut l'idée, pour correspondre avec sa famille, de faire passer son courrier par la Belgique. Un service postal, livré à tous les hasards de l'éventualité, s'organisa vaille que vaille, et facilita les relations épistolaires entre les habitants situés non loin de la frontière.

Deux de ses lettres seulement parvinrent à destination. La première est du 15 septembre 1870 :

> Bien chère famille,
>
> Que Marie porte Elle-même ce message !
>
> L'abbé Charles attend de vos nouvelles. Ne le faites pas languir si vous le pouvez. Qu'êtes vous devenus ? Que faites-vous ? Dieu voit vos souffrances, Il les compte et vous en récompensera.
>
> Adressez votre lettre par la Belgique... Il y aura bientôt un mois que je n'ai rien reçu. C'est depuis cette date que les événements terribles se sont succédé avec la rapidité de la foudre.
>
> Je n'apprends rien du militaire. Je viens de lui écrire, mais ma lettre lui arrivera-t-elle ? Celles aussi que je vous ai expédiées à différentes reprises vous sont-elles parvenues ?
>
> Adieu, patience et force ! Le ciel est notre Patrie. La vie est un exil. Qu'il est dur parfois ! Hâtons-nous d'en sortir !
>
> Adressez : 20, rue de Lille, à Douai (Nord).

C'est donc dans la bonne ville de Douai que les réfugiés de la capitale trouvent une hospitalité provisoire. Une communauté les abrite en attendant que sonne l'heure du retour. Là, du moins, ils jouissent du silence et de la paix dans l'étude des sciences sacrées, tandis que Paris est assiégé par les hordes prussiennes et ses habitants réduits à la famine.

Quelle gâterie providentielle en faveur de notre théologien, avide d'acquérir les connaissances indispensables à l'exercice du ministère apostolique ! Habitué à voir partout la main de la Providence, il constate une fois de plus qu'elle dispose pour son bien des événements les plus tragiques. Pour en témoigner sa reconnaissance à Dieu, il s'applique au travail avec une nouvelle ardeur, s'impose journellement quelques sacrifices et se fait un devoir de profiter de sa solitude pour progresser dans la perfection.

Privé des nouvelles du pays, convaincu que ses lettres resteront sans écho, il persiste à les envoyer comme si elles atteignaient leur but. Le 24 novembre il trace ce billet destiné à réjouir le cœur de sa sainte mère :

Ma toute bonne mère,

Je ne veux pas que cette année si douloureuse soit la première sans les souhaits de bonne fête que je vous adresse régulièrement. Je suis convaincu que vous ne recevrez pas ma lettre. Du moins, j'aurai fait ce qui m'est possible. Je sais d'ailleurs que vous n'avez pas besoin de ce témoignage sensible pour connaître les dispositions du cœur de votre fils.

Toutefois, ma mère sera heureuse de recevoir un baiser de son enfant. Je vous l'envoie et, avec lui, tout ce que mon âme peut avoir de plus délicat et de plus affectueux. Recevez tout du ciel puisque les hommes ne peuvent plus m'aider maintenant.

Je prie mon bon ange d'aller vers vous et de vous dire au cœur mille bonnes choses, comme il m'en dira de vous ; oui, je suis bien persuadé que vous me l'avez envoyé plus d'une fois, je l'ai entendu me parler. Je vous remercie.

Bonne fête ! A plus tard d'autres détails, ajoutés à ceux de mon départ de Paris et de mon arrivée à Douai.

Je me porte bien. Comment va toute la famille ? Qu'est devenu le militaire ? Ah ! c'est bien pénible de ne rien recevoir...

Adieu ! Courage, espérance et amour !

Votre tout dévoué et affectueux fils en N.-S.

L'Abbé Charles,
20, rue de Lille, Douai (Nord).

*
* *

Il en coûte néanmoins au futur apôtre d'être privé des avantages qui lui rendaient si doux le séjour du Séminaire des Missions. Il regrette la solitude de ses cellules, le calme de ses corridors, l'ordre des exercices, la gaieté de ses récréations, la charité de ses habitants, le charme de sa chapelle, la voix de ses souvenirs. Son esprit revient fréquemment sur ses maîtres vénérés, sur la salle des martyrs, sur tous ces objets qui entretenaient en son âme la flamme de l'apostolat.

Que de fois il appelle de ses vœux la fin de son exil ! Mais surtout il aspire à voir se dissiper la tourmente au milieu de laquelle se débattent sans doute ses bien-aimés parents. Nul indice d'une éclaircie à l'horizon que scrute son regard anxieux.

C'est alors qu'on le surprend, les yeux baignés de larmes, agenouillé dans la pénombre d'une chapelle où il s'attarde à prier pour sa double famille.

Il a le bonheur de constater que ses ferventes oraisons ne restent pas sans écho dans le cœur de Dieu. Quelle n'est pas sa surprise de recevoir, un jour, la visite d'un soldat qui arrive de Sivry. Le fait vaut d'être conté. Après la capitulation de Sedan, le vainqueur enivré de ses triomphes, organise en hâte un service de déportation en masse. Des régiments entiers sont dirigés vers l'Allemagne par Stenay, Dun, Sivry et Damvillers. Chemin faisant, des prisonniers parvenaient assez facilement à se dérober à la surveillace de leurs gardiens. C'est ainsi qu'à leur passage à Sivry-sur-Meuse une cinquantaine s'évadent dans les bois d'où ils font appel à la charité des habitants. M. Vigneront et son fils Emile, témoins de leur détresse, ne trouvent rien de plus pressé que de leur venir en aide. Ils leur portent aussitôt des vivres et des déguisements, les ramènent ensuite dans des abris sûrs et accueillent même les plus endoloris sous leur toit. Parmi ces derniers, un malheureux petit fantassin, gravement atteint de dyssenterie, leur inspire une profonde pitié.

— Donnons-lui l'hospitalité et prodiguons-lui les soins que réclame son état, insiste M. Vigneront.

— Faisons pour ce pauvre malade, ajoute sa digne épouse, ce que nous voudrions qu'on fît pour notre Eugène. Qui sait si, lui aussi, n'est pas malade ou blessé dans un hôpital ?

Et l'inconnu, traité comme l'enfant de la famille, reçut l'accueil le plus empressé dans la demeure des parents du missionnaire. Ils poussèrent la condescendance jusqu'à céder leur chambre et leur lit, pendant un mois, à l'infortuné petit soldat qui dut à cette admirable générosité sa complète guérison.

Aussitôt que ses forces lui permirent de rejoindre l'armée de Faidherbe, il parvint sans encombre à Douai.

Le récit de ses aventures arrive, comme par miracle, aux oreilles de l'abbé Vigneront. Et c'est ainsi que, renseigné et mis au courant de la situation, l'heureux privilégié rend grâces à Dieu de cette rencontre fortuite et du soin de la Providence à récompenser sur-le-champ un acte de charité.

Grande aussi fut sa joie quand le réfugié apprit que son modeste bouquet de fête avait embaumé le foyer familial.

Le parfum de cette tendre piété avait contribué, par ailleurs, à tempérer la douleur occasionnée par la mort de l'aïeule. Originaire de la commune d'Eix, à proximité de Verdun, M. Vigneront aimait à passer quelques jours, chaque année, au pays natal. Là, entre son père et sa mère, vénérables vieillards, il se disait le plus heureux des hommes et se croyait toujours jeune. On se souvient que la bonne-maman choyait son petit-fils Charles, alors qu'il suivait les cours des Séminaires de Verdun. Cette digne femme venait soudain d'être ravie à l'affection de sa nombreuse famille.

Dans la réponse aux vœux de fête, la triste nouvelle est signalée à l'absent. Aussitôt, il écrit à Eix :

Mon bien cher grand-papa,

Une lettre de Sivry m'apprend la mort de la bonne-maman. Si vous n'aviez pas près de vous mes oncles, mes tantes et tous leurs enfants, quelle solitude pour vous et quel chagrin !...

Je prie pour le repos de l'âme de la si regrettée défunte. Vous dirai-je que sa mort ne m'a pas causé une grande tristesse ? Vraiment, bon-papa, il ne doit point y avoir de douleur irréductible pour le chrétien.

La mort, qu'elle le frappe dans sa personne ou dans ses affections, ne doit pas l'effrayer. Elle est, en effet, le repos après le travail, le repos tout à la fois du cœur, de l'âme et du corps. Là-haut, bonne-maman n'aura plus les inquiétudes que je lui ai vues ; elle n'éprouvera plus les fatigues qu'elle a souvent endurées. Voyez, bon-papa, à quoi peuvent servir les soucis et les peines de la vie, si l'on ne prend garde de les consacrer au Bon Dieu ! On a été malheureux en cette vie et on s'expose à l'être dans l'autre. Il faut être sage et ne pas s'attrister en pure perte.

Bonne-maman, je l'espère, aura bientôt la récompense du ciel, si elle ne l'a déjà reçue. Pour cette récompense, bon-papa, donnez-vous à Dieu et accomplissez toute sa loi.

Je vous aime beaucoup, cher grand-papa, et c'est en raison de cet amour filial que je désire vous voir travailler à votre salut de toutes vos forces, car la vie passe trop vite pour qu'on travaille seulement en vue du temps. Nous sommes faits pour le ciel. Il faut y songer.

Les circonstances actuelles prêteraient à développer mes pensées, mais... une autre fois.

Priez pour bonne-maman et pour moi. J'espère que vous recevrez ma petite lettre.

Veuilez la communiquer à la famille. Je les salue tous et les aime.

Qu'ils travaillent pour le ciel et qu'ils prient pour moi, afin que ma courte vie soit consacrée à la gloire de Dieu et au salut des âmes...

Est-ce à dessein que l'abbé Charles semble quelque peu céder à une indéfinissable impression de mélancolie ? Est-ce la nostalgie du ciel qui lui inspire les graves considérations qui jaillissent sous sa plume ? Et cette dernière phrase qui tinte comme un glas ? Ce pressentiment de sa mort prochaine ne serait-il pas plutôt l'indice d'une grâce spéciale, telle qu'il plaît à Dieu d'en favoriser certaines âmes privilégiées ?...

XI

Mill Hill

En février 1848, le jeune Théophane Vénard écrivait à l'un de ses frères : « La communauté traversait hier les Champs-Elysées ; une foule innombrable circulait en tout sens, et plusieurs, voyant passer des ecclésiastiques, délibéraient sur ce qu'il fallait en faire ; mais quelques-uns dirent : « Laissons-les : ce sont eux qui vont se faire *martyriser* en Chine. » De tout temps, même aux époques les plus troublées, le Séminaire des Missions Etrangères a été respecté par les émeutiers. En eût-il été de même pendant la triste période qui suivit le siège de Paris, alors que la Commune exerçait ses fureurs contre le clergé et assassinait lâchement l'archevêque et les otages ?

Notre aspirant-missionnaire, relégué dans le Nord, au courant des sinistres rumeurs qui circulent dans le public, souffre de n'être pas au milieu des dangers de la capitale. Il regrette une si belle occasion de faire le sacrifice de sa vie en s'offrant comme victime entre les mains des bourreaux. Sa gaieté habituelle fait place à la tristesse et la crainte de succomber à la tentation du découragement lui inspire des inquiétudes. Il redoute comme un irréparable malheur de n'être pas digne d'être envoyé dans les régions inhospitalièères de l'Extrême-Orient. Privé du secours de l'entraînement et de l'exemple d'une communauté fervente, il se reproche certaines défaillances qui le déconcertent. C'est alors qu'il s'adonne intensément à l'oraison. Il écrit à genoux une ardente prière « à la fille chérie de saint Joseph, à l'illustre Thérèse de Jésus » :

Me voici prosterné devant vous, ô la plus glorieuse des filles du Carmel, implorant de votre puissance une protection spéciale, pour la gloire de Dieu et le salut d'un grand nombre d'âmes.

Vous avez servi le Seigneur et vous l'avez fait connaître avec un zèle enflammé : dites donc à saint Joseph, qui ne vous a jamais rien refusé, qu'il daigne prendre sous son patronage un pauvre exilé et lui obtenir votre esprit d'oraison dans les limites de la sagesse de Dieu. Oh ! qu'il embrase mon cœur d'un amour semblable au vôtre pour le salut des âmes et fasse de moi un saint, un grand saint !... J'ose vous prier de devenir vous-même ma protectrice, de veiller à mon avancement spirituel... O illustre sainte, voyez les besoins de mon âme. Il me faut une lumière qui éclaire mon intelligence et une force qui soutienne ma volonté. Que ma seule ambition soit d'aimer Dieu de tout mon cœur et de lui gagner des âmes... J'ai la certitude que je serai exaucé...

Pénétré au fond du cœur de ce double sentiment : « Je ne puis rien par moi-même, mais je puis tout avec la grâce », il s'efforce de se rapprocher de l'idéal que la vie des saints missionnaires et des illustres serviteurs de Dieu lui suggère.

Comme saint François-Xavier, Charles Vigneront médite sérieusement la parole du Maître : « Que sert à l'homme de gagner l'univers, s'il vient à perdre son âme. »

Chacune de ses aspirations dégage son esprit des futilités de ce monde pour l'élever dans la contemplation des vérités éternelles. Il a horreur du terre à terre avec ses étroits horizons, tout en redisant avec le poète : « Je vois le bien, je l'approuve et cependant je fais le mal. » Mais en face de toute difficulté, il a recours à la grâce : il prie, il sollicite avec confiance cette secrète vigueur qui trempe les caractères. Il appelle à son aide la douce Vierge Marie, saint Joseph, ses saints de prédilection et les âmes du Purgatoire auxquelles il a voué une dévotion spéciale depuis les premières années de son enfance.

Parfois, il lui semble entendre le Seigneur lui dire comme à son prophète : « Ne dis pas : Je suis un enfant, je ne sais parler. Car tu iras vers tous ceux à qui je t'enverrai. Tu diras tout ce que je t'ordonnerai. Sois sans crainte devant eux, car je serai avec toi pour te délivrer. » (Jérémie, I. 7, 8.)

Et quand la volonté de Dieu lui est clairement manifestée, il n'hésite pas à affronter les obstacles, à triompher des tentations, bien convaincu qu'aidé de la grâce il sera capable de s'élever jusqu'à l'héroïsme.

*
* *

Tout en progressant dans la voie de la perfection, le séminariste avance à grands pas dans l'acquisition des sciences ecclésiastiques. Il se livre à l'étude de la théologie avec un tel entrain qu'il réussit en quelques mois à voir tous les traités du dogme et de la morale. Ses supérieurs lui laissent entendre qu'il sera promu aux saints ordres à brève échéance. Ils décident, dans cet but, de l'envoyer en Angleterre, au collège Saint-Joseph de Mill-Hill, près de Londres.

Cet établisesment, de fondation récente, était destiné, comme le Séminaire des Missions Etrangères de la rue du Bac, à préparer des apôtres de l'Evangile aux multitudes sans pasteur des pays infidèles.

Emus de compassion à la vue du triste abandon dans lequel était plongée la race noire, les évêques des Etats-Unis s'étaient concertés pour trouver un remède à la situation, très déplorable au point de vue *religieux*, de cette immense caste de parias, que guettaient, pour l'entraîner dans l'hérésie, les sectes protestantes.

La pénurie des prêtres catholiques ne permettait pas, alors, de soustraire de leurs fonctions paroissiales, ces ouvriers débordés eux-mêmes par les devoirs d'un ministère écrasant. Il fut donc décidé qu'on adresserait au Cardinal Manning un pressant appel en faveur des noirs. De là, l'institution nouvelle érigée dans la splendide propriété de Mill-Hill, sous la dénomination de Collège Saint-Joseph. Le recrutement des futurs missionnaires se fit dans tous les pays de langue anglaise, sous l'habile direction de celui qui devait être un jour le Cardinal Vaughan.

Jeune encore, actif, clairvoyant, doué d'une haute intelligence et de brillantes qualités natives, l'abbé Vaughan savait attirer à l'Œuvre d'excellentes recrues. Il aspirait surtout à faire pénétrer dans sa Maison l'esprit du Séminaire des Missions Etrangères de Paris. Les circonstances le servirent à souhait. Il offrit aux réfugiés de Douai, d'accord avec l'administration parisienne, ce que ne pouvait leur donner un campement provisoire, en attendant que les événements pussent permettre la reprise des cours à la rue du Bac.

Transplantés en Angleterre, les séminaristes de Douai sont accueillis fraternellement au Collège de Mill-Hill.

Charles Vigneront n'a pas de peine à se faire apprécier de ses nouveaux Directeurs. Lui-même, tout heureux de jouir des avantages d'une fervente communauté, se sent revivre dans cette douce atmosphère qui l'enveloppe des pieds à la tête. En peu de temps, il apprend l'anglais, sans rien omettre de ses principales études. Il retrouve sa joviale gaieté et sa belle humeur. Les charmes de son commerce avec ses condisciples lui gagnent leurs sympathies. Deux évêques missionnaires, de passage à Mill-Hill, le prennent en belle affection et s'offrent à le défrayer du prix de la pension, tout en lui procurant l'utile et l'agréable, au gré de ses désirs.

A coup sûr, la Providence, réalisant ses vœux, lui donne maintes preuves que ses prières sont exaucées.

Cependant, une préoccupation — toujours la

même — tenaille son cœur. Il lui est interdit de communiquer à sa famille les changements survenus dans sa situation, car le service des correspondances s'effectue difficilement.

Toujours sans nouvelles des siens, et ne pouvant que hasarder quelques lignes, ignorant si son message parvient à destination, il souffre d'un tel isolement.

La seule lettre reçue avant l'armistice rassure ses bons parents non moins inquiets que leur fils :

Mill-Hill, London, **N. W.**

Chère et bien-aimée famille,

Que le Seigneur vous bénisse et vous conserve tous !

Voici bien des lettres que j'envoie à Sivry ? Les avez-vous reçues ? Je ne vois rien venir.

Je me porte très bien. Bénissons Dieu ! J'ai la paix et la solitude pour prier et étudier. Dites-moi ce que vous devenez, où est mon frère Eugène.

Nous aurons long à nous raconter après l'horrible bourrasque. Je suis l'hôte de l'Angleterre ; deux évêques paient mon entretien en un séminaire. Dieu est admirable !

Que fait-on à Sivry ?

J'irai vous voir quand je serai prêtre, si Dieu le permet et je resterai quelque temps parmi vous.

Je pense à vous souvent et prie beaucoup à vos intentions. Soyons plus intimement unis pendant le beau mois de saint Joseph. Je le prie de bien vouloir vous porter cette lettre et de me rapporter de vos nouvelles. N'est-il pas très complaisant ? Il me fait volontiers de ces commissions qui me sont utiles. J'en ai la preuve tous les jours.

Invoquons-le de tout cœur et avec la plus entière confiance. Prions-le pour la sainte Eglise dont il est proclamé le patron universel. Oh ! que j'en suis heureux, spécialement pour les missionnaires. Mes affaires iront bien ; notre avocat est habile et éloquent. Bénissez Dieu qui me fait trouver un patron avec lequel il me sera si facile de travailler.

Dites-moi ce qu'est devenu petit Emile, ce bien cher enfant que j'aime tant. Qu'il garde son petit cœur à **Dieu** ! Il appartient de droit au Bon Dieu qui veut faire de lui un prêtre. Son heure viendra bientôt, n'en doutons pas, quoique je ne sache pas encore comment.

Quant à Maria, qu'elle n'oublie pas que Sœur Théophane Vénard l'attend. C'est bien dans la Sainte-Famille qu'elle entrera, je l'espère, comme j'ai la persuasion que Dieu me veut missionnaire.

Et ma bonne Angélina et ma chère Anna et petite Philomène, que deviennent-elles ?

Petit papa voit maintenant que la vie est chose bien triste et que le prêtre n'est pas toujours fait pour prêcher et prier dans un petit coin, tout près de son village ; non, non, il y a des hommes sur lesquels Dieu a d'autres desseins, il y a des lieux qui doivent recevoir des apôtres nés sur d'autres rivages. Qu'il veuille bien se rappeler que nous sommes faits pour Dieu et pour le ciel, qu'il nous faut servir le Divin Maître où Il veut et comme Il veut, et qu'un homme n'est pas perdu pour ne plus voir l'humble clocher de son village.

Quant à petite maman, elle a dû faire provision de bonnes réflexions durant ces jours funestes. Plus tard, elle voudra bien me les communiquer. Je ne doute pas que Notre-Seigneur soit toujours sa lumière et sa force.

Adieu, bien chers tous, je vous aime comme je vous suis uni.

*
* *

A la nouvelle que son frère Eugène a été préservé providentiellement sur les champs de bataille et qu'il revient au foyer avec une glorieuse cicatrice, l'abbé laisse libre cours à ses sentiments :

28 Février 1871.

Mon bien-aimé frère,

Je te salue avec le respect que l'on doit à celui qu'une noble souffrance a sacré et que la main même de Dieu a touché. Je t'embrasse avec tout l'amour dont est capable un cœur d'apôtre.

Combien je bénis la Providence de m'avoir ménagé un aussi grand bonheur après ces jours d'angoisse ! Je t'ai lu, bien cher, toi dont je n'ai reçu aucune nouvelle depuis bientôt sept mois.

J'ai toujours souvenance de ta lettre dernière : C'était le 12 août, un vendredi. J'allai m'asseoir solitaire dans les bois de Meudon, il était déjà bien tard et toi-même tu me disais être au soir de ta vie. Te l'avouerai-je ? J'ai pleuré, mais bien peu, car je sentis tout de suite que je faisais acte de défiance à l'égard du Bon Dieu ! Je lus et relus ta lettre. Je la baisai cent fois. Je ne voulais pas la quitter et je la portais toujours sur moi.

C'est alors que je compris ce qu'est l'affection d'un frère pour un frère aussi aimable que toi et j'eus une nouvelle preuve de la sincérité de ma vocation. Oui, franchement, il faut que Dieu m'appelle pour que je puisse vous quitter.

Mon esprit était toujours avec toi et, dans mes prières, tu occupais une large place. Je t'écrivais souvent et pendant un certain temps chaque jour. Je n'ai cessé, que lorsque j'eus la conviction que tu ne recevais rien.

Le jour de l'Assomption, j'ai eu le cœur bien gros. Je badinai cependant dans ma lettre et je t'envoyai sur le champ de la mort un souhait de vie. Je te souhaitais une bonne fête. Marie, ton auguste Patronne, écouta la prière de nos pieux parents en te conservant, le lendemain. Le jour même de ta blessure, le 16, à Gravelotte, j'honorai saint Joseph d'un souvenir spécial : c'est lui sans doute qui a placé devant toi un bouclier impénétrable, puisque tu en as été quitte pour une balle à la jambe. Bien des âmes ont prié pour toi : la chère et sainte Sœur Théophane Vénard ne te dira pas ce qu'elle a fait en ta faveur ; le Carmel d'Abbeville et la Visitation de Boulogne-sur-Mer ont eu un souvenir spécial pour toi dans leurs prières ; sois bien reconnaissant pour le secours que tu as obtenu.

J'étais inquiet, cependant une certaine confiance occupait toute mon âme. Un vénérable prêtre auquel je te recommandai m'avait dit : « Votre frère se conduisait-il bien ? » — « Oui, avec la grâce de Dieu. » — « Eh bien, soyez sans inquiétude, le Seigneur vous le rendra », avait-il répondu. Plus tard, je reviendrai sur cette parole qui se rattache à une pensée féconde, à des enseignements que je te communiquerai.

Je n'ai eu de tes nouvelles que le 20 décembre ; jusqu'alors ce que j'avais appris de toi était fort incertain.

D'abord j'avais conversé avec plusieurs soldats blessés qui n'ont pu me donner que des renseignements très vagues sur ton régiment. J'ai rencontré ensuite M. l'Abbé Baron — que tu as vu sans doute, — noble et zélé aumônier du 84e. Il m'a fait l'éloge de ce régimnet. Lorsqu'il quitta Douai, je lui donnai une lettre et une modeste pièce de 10 francs, seule ressource que je pouvais t'offrir. Je te croyais alors captif en Allemagne.

J'écrivis aussi aux trois officiers du 84e de ligne : au capitaine Decamps, qui me répondit de Coblentz une lettre fort aimable, me disant que, ne sachant rien de lui-même, il allait écrire à son ami Clanet, capitaine de la 3e compagnie, alors prisonnier à Landau. Celui-ci me donna pour renseignement que tu ne figurais pas sur la liste des hommes tués ou blessés de sa compagnie. Lui-même a été blessé le 16 août, il est entré à l'ambulance. Son sergent lui a remis les noms

Collège Saint-Joseph de Mill Hill

des hommes disparus (45 sur 95), le tien n'y paraissait pas, d'où il concluait que tu étais prisonnier.

Dans l'intervalle, j'avais écrit à M. Duffort, sous-lieutenant. Dans sa lettre, datée du 29 décembre, il me répond qu'il ne sait où est son pauvre régiment. Interné à Bappart, il n'a jamais entendu parler de ses soldats. Il lui semble se rappeler ton nom, comme ayant été proposé un jour pour une récompense ou un grade.

Ces trois Messieurs ont été on ne peut plus aimables, surtout ce M. Decamps, qui a un membre de sa famille dans l'état ecclésiastique : il est même protonotaire apostolique.

Quant à ta lettre de janvier, je n'en ai encore rien vu. Puisque la Providence nous permet de reprendre le cours de notre correspondance, une chose omise aujourd'hui se dira demain.

Lundi 27, je reçus ton aimable messagère. Mon Dieu, quel bonheur j'ai éprouvé ! Je te remercie de ton affection. Nous nous aimerons toujours ainsi malgré la distance. Il y a entre toi et moi un lien d'amitié plus étroit que le lien du sang ; il me semble que je t'aimerais autant même si tu n'étais pas mon frère.

Quand le glorieux caractère du sacerdoce viendra-t-il fortifier et embellir mon âme ?... Je l'ignore. Il peut se faire cependant que je sois ordonné prêtre d'ici quelques mois. Prie pour ton pauvre frère. L'heure du combat sonnera bientôt pour lui. Je ne veux pas être indigne de toi ; il ne sera pas dit que ton aîné aura moins de courage.

A quand ? Peu importe !... nous nous retrouverons certainement au ciel.

Adieu, bien-aimé de mon cœur. Je t'aime et t'embrasse comme tu sais.

⁂

En même temps que l'abbé Vigneron recevait la lettre de son frère Eugène, la poste lui remettait celle de son père.

Quelle abondance de bien, après de longs mois de disette !

Aussi la réponse ne se fit pas attendre :

28 février 1871. Mill-Hill, London.

A ma chère et bien-aimée famille,

Salut, paix et bonheur en Notre-Seigneur et Marie-Immaculée.

Bénissons le Bon Dieu. Il use envers nous selon sa toute

grande bonté. Combien je suis heureux ! J'ai reçu la lettre de mon bon père, celle aussi de mon bien-aimé Eugène.

J'éprouve une joie comme celle que j'éprouverai en mission, après avoir souffert toutes les peines de l'anxiété, de l'abandon et de la solitude. Encore une fois, bénissons le Seigneur qui nous a rendu notre Eugène.

Je suis heureux, tout va bien à la maison. Ne nous plaignons pas de ces petits maux que vous souffrez, au milieu des ennemis. Soumettez-vous ! Ce n'est rien, dans la détresse commune.

Il suffit que l'on ait, à l'heure de la faim, un morceau de pain, le reste est du superflu. Dieu nous donnera toujours au moins cela, tant qu'Il nous voudra sur la terre ; on peut faire son salut avec cela : ce qui est en surplus peut plutôt gêner que servir.

Allons ! de la générosité dans l'âme et de l'abandon en Dieu. Nous serons toujours aussi riches que le Seigneur le jugera avantageux à notre salut. Point d'inquiétudes pour l'avenir... Vivez votre vie de chaque jour, comme si tous ceux qui vous intéressent devaient n'être plus le soir. La terre n'est rien, le ciel est tout, nous sommes faits pour Dieu.

Je remercie Dieu de vous conserver en bonne santé. Profitez en pour mieux l'aimer. Faites-le connaître par vos bons exemples.

Ma santé est florissante. Il faut voir les effets (permettez-moi de le dire en riant) de la bière et des pommes de terre anglaises sur le *phys...ique* de *moât*. Pas une douleur de dent, ni d'oreilles, rien aux yeux, rien à l'estomac, qu'un grand appétit, et toujours de l'activité dans les membres. Aussi mes souliers s'en ressentent. Le p'tit papa n'est plus obligé de m'en fournir. Il ne me grondera plus.

Que petite maman m'écrive à son tour, puis Maria qui est de retour de Verdun, puis Angélina, puis Anna, puis Philomène.

Et notre jeune Emile ? Oh je suis content ! Combien je remercie le petit papa de m'avoir copié quelque chose de sa lettre. Conservez tout ce qu'il vous écrit ce petit-là. Dieu le prend aussi pour sa gloire et le salut des âmes. Ne vous inquiétez de rien, on lui donnera des livres et des souliers... Il fera ses études, et un jour il sera prêtre. Oh ! je remercie Notre-Seigneur ! Quelle bonne pensée Dieu vous a inspirée de l'envoyer à Eix. Il sera bien. Je prie pour lui et pour son maître. Je vais lui écrire.

Oui, combien j'aime cet enfant ! Tout jeune encore, voyant que vous versiez des larmes, il va à pied chercher

Maria à Verdun et vous la ramène, à travers les lignes prussiennes, faisant sans se plaindre plus de 40 kilomètres. Puis, plus tard, se mettant en route seul, son petit sac sur le dos, un petit bâton à la main, sa grammaire latine dans la poche, portant dans son âme l'appel de Dieu et la fierté d'une généreuse correspondance, arrivant de Sivry à Eix à travers la neige, pour commencer ses études de latin.

Oui, c'est un petit héros. A son âge, entreprendre un aussi long voyage à pied, ne voulant point attendre quelques jours de plus, pour profiter de la voiture et cela pour commencer plus tôt ses études !...

Puis, allant à l'église demander l'aumône à notre Dieu, aumône d'un peu de lumière et de force, et se confier à la bonne Mère. Certes, bien chers parents, vous devez être fiers de votre jeune enfant. Dieu vous récompense dès cette vie. Il en est de même de mon Eugène et de mes sœurs. Il n'y a donc que moi, qui, par mes fautes passées et mes imperfections présentes, doive vous causer de la peine. Priez pour moi afin que je me convertisse entièrement.

*
* *

S'il prend intérêt à ce qui se fait à la maison paternelle, s'il s'occupe des moindres détails concernant la santé et l'état d'âme de chacun des membres de sa famille, l'aspirant-missionnaire n'a cure de faire état de ses travaux, de ses succès, de sa vie au milieu des étrangers où la Providence l'a conduit.

Il ne dit rien du nouveau régime auquel il est astreint. Quelques notes rapides, comme par manière d'acquit :

«J'ai reçu des nouvelles de Paris. Rien de fâcheux n'est arrivé à notre Séminaire. Un obus est tombé dans le jardin sans nuire à personne...

« J'avance dans l'étude de la théologie... L'anglais ne va pas mal. C'est une langue indispensable dans les missions... Nous sommes une quinzaine de Français à Mill-Hill.

« On ne sait encore quand nous rentrerons à Paris. Je suis bien ici et j'y travaille autant que je puis, mais je serai heureux de revoir tous mes confrères. »

A propos d'un compte-rendu, il fait des réflexions peu banales :

Le jour de la saint Joseph a été une bien grande fête pour le collège dont il est le Patron. De plus on a béni la première pierre d'une église destinée à perpétuer le souvenir et à remercier Dieu du « décret » qui déclare saint Joseph Patron et Défenseur de l'Eglise universelle.

C'est un grand acte de foi dans ce siècle et dans l'œuvre de la miséricorde de Dieu sur la terre. Nous touchons à une heure de rénovation générale. La France est peut-être appelée, si elle se convertit, à de grandes destinées. Il faut qu'elle souffre, afin qu'elle soit digne de recevoir les missions qu'il plaît à Dieu de lui confier. Il lui faut de grands hommes, des hommes savants et saints. Il faut des héros pour renouveler les prodiges qu'on lit dans l'histoire, à l'entrée des plus belles époques. Nous assistons à l'aube nouvelle d'une période destinée à répandre les fruits de la rédemption. Du haut du ciel, nous verrons et nous comprendrons tout le plan divin. Pour le moment il nous faut entendre les coups de pioche que donnent les démolisseurs pour renverser ce qui gêne et creuser les fondements d'une restauration.

Insensés ! Ils croient faire ce qu'ils veulent, ils ne peuvent comprendre qu'ils ne sont que de vils mercenaires qu'on ne paiera même pas, qu'ils n'auront pour eux que la peine du travail et la honte d'un insuccès.

Quand l'homme veut aller contre Dieu, c'est alors qu'il montre plus nettement son impuissance et son incapacité...

Donc, saint Joseph a été bien fêté ici. On s'y était préparé par une neuvaine, et chaque jour du mois par quelque exercice en son honneur. Le soir de la fête, après la bénédiction de la pierre et un discours de circonstance par Mgr Manning, Archevêque de Westminster, on fit une quête qui rapporta 18.000 francs. L'assistance était peu nombreuse cependant et on comptait beaucoup de protestants. C'est ainsi que saint Jospch arrange les affaires de ceux qui lui sont dévoués. Voilà de quoi commencer son église, à laquelle on travaille activement. Je suis fier et heureux que Dieu m'ait amené pour pareille solennité en ce collège nouveau. C'est, en quelque sorte, une fondation du Séminaire de la rue du Bac, aux portes de Londres, dans la grande et matérielle Angleterre. Son heure viendra, à elle aussi, d'être purifiée par l'épreuve, peut-être par une révolution qui sera suivie du rétablissement du culte catholique. Et alors, elle ira par le monde et elle enverra ses missionnaires réparer le mal qu'ont fait ses commis-voyageurs, vendus à l'erreur, qui vont semer leurs bibles pour gagner de l'argent. Au fond l'Angleterre n'est pas plus protestante qu'elle n'est catholique. Le protestantisme supposerait encore quelques principes de la vérité dogmatique, mais c'est l'indifférence, l'impiété et surtout l'ignorance qui la conservent dans sa position sociale et la ruinent moralement, comme elles ont ruiné la France. Aujourd'hui pour convertir l'Angleterre les prédicateurs n'auraient pas d'autres thèses à exposer que celles qui doivent réveiller la foi en France. Nous sommes à une heure où tout est mort autour de nous : il faut que Dieu envoie son souffle pour rendre la vie au monde ; il faut que la vérité réapparaisse lumineuse et forte, il faut que la croix règne et domine et que Jésus soit connu et glorifié. Voilà pourquoi il faut à l'église des hommes savants et saints, et des héros dont l'âme ne puisse pas se laisser abattre à la pensée des souffrances et des labeurs en perspective.

Priez le Seigneur qu'Il suscite beaucoup de ces hommes. Priez pour notre bon Père et saint Pontife Pie IX, illustre apôtre et glorieux martyr dont on ne connaîtra les vertus héroïques que quand il ne sera plus. Priez pour son successeur. Ce sera une lourde tâche car il sera difficile de succéder à Pie IX. Priez pour le sacerdoce, il faut de saints prêtres. Hâtez par vos prières, je vous en conjure, que Dieu daigne m'honorer bientôt du caractère sacerdotal afin que je le glorifie aussi dans ma petite sphère...

Je quitterai Mill-Hill sans doue pour me rendre en mission. Dieu, me permettra, je l'espère, d'aller vous voir et vous embrasser. Quelle joie ce serait pour vous et pour moi !

J'ai reçu le 10 mars la lettre d'Eugène, datée du 4 janvier ! Le 20 du même mois, j'ai aussi reçu la lettre de mon père datée du 20 décembre.

J'ai écrit plusieurs fois par Virton sans obtenir de réponse. Pourquoi le Bon Dieu me prive-t-il de vos bonnes paroles ? Dieu veut sans doute m'habituer à l'isolement de ma mission. Qu'il soit béni et aimé ! Nous nous causerons au ciel ! Hâtons-nous de mûrir : le Seigneur cueille ses fruits lorsqu'ils sont mûrs.

Paris n'est pas encore prêt à recevoir ses écoliers. Que mon pauvre pays est à plaindre ! Que le Seigneur ait pitié de lui, et vous donne ses plus abondantes grâces !

Je vous aime et vous embrasse.

Puisque je n'ai pas perdu de temps, c'est à Noël prochain que je devrai être ordonné prêtre. J'espère qu'il en sera ainsi. Aidez-moi à me préparer.

★
★ ★

A Sivry, les jours s'écoulent trop lentement au gré de la pieuse famille qui se réjouit à la pensée du retour de l'exilé. Sa digne mère, plus que tout autre, le suit avec attendrissement dans son ascension vers la prêtrise. Elle prie de toute son âme pour obtenir à son cher fils les grâces qui lui sont nécessaires.

Pour ne pas troubler son recueillement, à l'approche des ordinations, elle évite d'écrire aussi régulièrement qu'elle le désirerait.

Néanmoins, il lui tarde parfois de recevoir les conseils qui stimulent ses efforts dans le parfait accomplissement de sa tâche. A qui donc les demander, si ce n'est à celui qui connaît le mieux son cœur ? N'a-t-elle pas éprouvé le bienfait de cette correspondance tout imprégnée de suavité surnaturelle ? A n'en pas douter, son aîné est le privilégié du bon Dieu. Elle voit en lui le rayonnement d'une beauté angélique, et la splendeur d'une sainteté qu'elle admire.

Elle le consulte dans ses difficultés ; elle lui confie ses peines ; elle a recours à ses lumières.

A mesure que l'aurore du grand jour approche, il se sent lui-même pénétré d'onction surnaturelle et ses lettres exhalent un parfum de tendre piété. Témoin la réponse qu'il adresse à celle qui lui ouvre son âme :

Ma bonne petite mère,

Je prie Notre-Seigneur de vous donner une large part des bénédictions de son divin cœur. Je vous souhaite la patience, la douceur et la force.

J'ai reçu votre bonne lettre vendredi matin. Il y a longtemps que je l'attendais. Quelle joie elle m'a procurée !

Je remercie Dieu de vous conserver la santé. Il me fait la même grâce, j'en profite pour me préparer à l'apostolat ; l'heure du travail sonnera bientôt pour moi.

Cette lettre est pour vous, bien chère mère, parce que vous me l'avez demandée. Une autre fois vous me direz si je n'écris pas trop fin et toujours illisiblement pour vos yeux qui ont déjà tant pleuré.

Ne craignez pas, bonne mère, ces larmes que vous avez répandues sont salutaires et votre bon Ange les recueille. Un jour elles seront changées en autant de perles qui orneront votre couronne de gloire dans le ciel.

N'est-ce pas que vous avez à souffrir, chère petite mère, surtout en ces temps malheureux ? Prenez patience ; une fin viendra suivie de la récompense.

Votre pauvre fils, lui, va commencer seulement ; il aura beaucoup à endurer, mais n'importe ! Il ne faut pas compter avec la douleur : c'est Dieu qui compte pour nous, nous n'avons qu'à l'endurer avec joie : c'est notre Richesse. Vous avez les peines de la famille, les peines du mariage, celles aussi des circonstances pénibles de cette malheureuse guerre. C'est par là que Dieu veut vous sanctifier. Travaillez à les rendre méritoires — autant que vous le pouvez — par l'abandon le plus absolu à la volonté du Seigneur et par votre patience à les supporter. Dieu vous veut à une belle place dans le ciel. Il vous offre l'occasion de l'acheter, donnez-Lui du bon argent.

Je vous conseille, petite mère, de vous approcher souvent de la Sainte Table, vous le pouvez, je vous l'assure, car vous êtes bien chrétienne. Allez et appréciez le bien que vous en retirerez.

Vous acquerrez la force pour endurer les mille contrariétés inhérentes à la vie, pour supporter les soucis du ménage ; vous aurez la sagesse pour prendre des résolutions utiles et choisir le moment le plus opportun de parler et d'agir ; vous vivrez d'une vie plus intérieure et plus fructueuse ; vous aurez toute facilité de vous contenir et de donner des conseils.

Oui, approchez souvent de la Sainte Table. La prudence, la douceur, l'esprit de sacrifice, toutes les vertus vous deviendront plus faciles ; vous édifierez et vous obtiendrez, par votre silence et votre recueillement, ce que bien des paroles ne feraient pas.

Il faut vous efforcer de modérer votre ardeur, même pour le bien, savoir attendre et cesser de vous faire de la peine inutilement, remettant entre les mains de Dieu le soin de disposer les esprits et de corriger les caractères. Autant que vous le pourrez, dominez votre sensibilité et restez la « femme forte » qui souffre — oui qui souffre même beaucoup intérieurement — sans manifester à l'extérieur l'état de son âme, mais qui témoigne une égalité d'humeur, une force et une douceur qui parlent sans paroles et remportent des victoires sans combats. C'est la grâce de Dieu qui fait le bien en nous et dans les nôtres, et rien n'est plus propre que ces vertus pour l'obtenir. Voyez, notre bonne mère, voyez les saintes femmes que l'Eglise a canonisées.

Voyez sainte Monique. Si je puis un jour vous envoyer sa vie, je le ferai de grand cœur et même si vous pouviez vous la procurer de quelqu'un ce serait une avance :

« *Vie de sainte Monique*, par l'abbé Bougaud. »

Soyez toujours très ferme à l'égard de vos enfants. Je prie le Seigneur qu'Il leur fasse la grâce d'en comprendre la nécessité. Voilà ce qu'une épouse, une mère doit faire pour que ses actions deviennent de précieux mérites.

Du reste la tâche vous est assez facile. Papa, comme tous les autres hommes, peut avoir ses petits moments de volonté qu'il faudrait parfois sacrifier, mais il est bon, pieux ; c'est un homme qui aime Dieu et accomplit ses devoirs de fervent chrétien ; il a su toujours garder les bons principes de ses parents et des années de son petit et grand séminaire. Bien des fois moi-même je n'ai pas su assez m'en souvenir et c'est pourquoi je regrette vivement mes petites désobéissances, mon manque de filial respect. Continuez de vous montrer très bonne pour lui et voyez comme il travaille pour élever sa nombreuse famille !

Dieu vous a faite pieuse, intelligente, active. Dirigez et cependant disposez toutes choses en lui en laissant l'initiative. Assurez l'action tout en paraissant la suivre. Les vues du père et de la mère doivent toujours se coordonner et s'unir. Ceux-ci doivent mettre en Dieu toute leur confiance. Rappelez-vous qu'il n'y a qu'une seule chose nécessaire :

Aimer Dieu et le servir.

Vous avez, bonne mère, la preuve de ce que je dis dans le passé, ne doutez pas de l'avenir ; supportez-en toujours avec patience les épreuves. C'est par là que Dieu veut vous sanctifier. Vous serez ainsi la cause de la sanctification de tous les membres de la famille. Souffrez avec courage, soyez heureuse et que Dieu vous mène !

Au revoir, bonne et tendre mère ! Mon cœur seul a voulu parler au vôtre et il a voulu le faire dans le Seigneur. Je cesse d'écrire mais non de vous aimer et de prier pour vous.

**

En se préparant lui-même à la réception des saints Ordres, le futur apôtre n'omet pas de fortifier dans l'âme de son jeune frère les heureuses dispositions qu'il manifeste pour l'étude et la piété. Avec quelle sollicitude il l'enveloppe d'une particulière affection !

La lettre suivante en est une nouvelle preuve :

Mon bien cher petit Emile,

Les nouvelles que la famille m'a données de toi m'ont été des plus agréables. Je remercie le Seigneur et te recommande à Marie et à Joseph. Je sais que tu aimes cette bonne Mère et ce puissant Patron.

Te voilà, cher petit, au commencement de ta carrière. Je crois que le Seigneur t'appelle, toi aussi, à l'honneur du sacerdoce. Il te donnera la grâce et les vertus requises, mais il faut que tu t'efforces de les mériter et de les acquérir.

Nous nous devons tous à Dieu qui est notre Père et notre Maître. Il faut que toutes les créatures travaillent à sa gloire. C'est pour cela uniquement qu'il les a tirées du néant. Toi comme moi, cher petit, comme tous les hommes, tu dois glorifier le Seigneur. On peut le faire de bien des manières, mais s'il t'appelle au sacerdoce, tu en as une qui est toute tracée et la plus noble. Tu dois sauver les âmes. Gloire à Dieu par le salut des âmes : voilà, enfant, quel doit être le cri de ton âme. Tu es assez grand pour me comprendre et je puis te parler sérieusement.

Glorifier Dieu, c'est le connaître et le louer, c'est aussi le faire connaître et le faire aimer, et ceux qui font cela se sauvent et sauvent les autres. Puisque je crois que Dieu te veut prêtre, il faut donc que tu apprennes à connaître le Seigneur et son amour, les âmes et la manière de les conduire.

Pour cela, la vertu et la science sont nécessaires. Il faut coûte que coûte que tu les aies.

D'abord ne sois pas effrayé, c'est une tâche difficile, mais non impossible. La grâce du Bon Dieu diminue de beaucoup les difficultés ou donne le courage de les surmonter. Fais ton devoir de chaque jour sans te préoccuper du lendemain.

Donne-toi tout entier à Notre-Seigneur. Laisse-Le maître absolu de ton cœur, de ton esprit, de tout ton être. Abandonne-toi à Lui et laisse-toi conduire.

Avec le Bon Dieu, sois généreux et docile, deviens un instrument souple entre ses mains, exerce-toi à devenir bien humble.

Voilà, enfant, la vertu première que tu dois t'appliquer à rechercher continuellement : l'humilité. Par elle, tu plairas à Notre-Seigneur et à Marie, tu t'attireras beaucoup de grâces et tu posséderas les autres vertus.

C'est ainsi qu'un enfant vertueux étudie plus facilement et fait de plus grands progrès.

A l'œuvre donc, petit enfant, à l'œuvre pour acquérir l'humilité, et, un jour, tu te trouveras armé de la science, cette seconde condition du triomphe.

Tu connaîtras Dieu, tu le feras connaître et aimer. Et plus tu seras exercé dans la vertu et dans la science, plus d'âmes aussi tu pourras conquérir et amener au beau ciel.

Courage, enfant, la couronne est belle : c'est le bonheur sans fin dans la Patrie, où tu pourras siéger parmi les élus. Ne perdons pas un instant, le temps passe vite. Dieu ne bénit pas les paresseux, beaucoup d'âmes attendent quelqu'un qui leur montre la vérité. Acquiers tout ce que tu pourras en fait de science, ne néglige rien, conserve tout ce que tu apprends: réfléchis et deviens sérieux.

Exerce ta mémoire : apprends tes grammaires et ton catéchisme ; apprends bien tout ce que l'on t'enseigne. Si tu as un petit moment — tâche de le trouver — je voudrais te voir lire, chaque jour, une page de l'*Evangile* et de l'*Imitation*, et quelque *Vie de saint*. Suis, du reste, ce que te dira ton bon maître. Tu peux commencer à réciter ton chapelet tous les jours et faire quelquefois le chemin de la croix.

Ecris-moi de temps en temps quand M. lé curé voudra bien te le permettre : lui-même me dira tes progrès. Parle-moi de tes difficultés, dis tout, si tu as confiance en ton grand frère.

C'est aujourd'hui le 14ᵉ anniversaire de ma première communion. N'abusons pas des grâces que le Bon Dieu nous fait et remercie-Le avec moi. Je vais être ordonné sous-diacre à la Pentecôte. Quand je serai prêtre, j'espère te revoir.

Adieu ! Je t'embrasse tendrement.

Un tel programme de perfection pour un débutant, de la part d'un séminariste, suppose autre chose qu'une précoce maturité de jugement. En le relisant, un demi-siècle plus tard, le destinataire en éprouve une émotion qui provoque de douces larmes de gratitude. Le vénérable curé de Brieulles nous avoue qu'il a souvent relu cette lettre de son saint frère, pour s'exciter à en pénétrer l'esprit et s'exercer à en pratiquer les sages recommandations. Il attribue à cette direction des débuts la fécondité de son ministère sacerdotal.

Sous le même pli, une autre missive à l'adresse de M. le Curé d'Eix qui s'était offert à donner les premières leçons de latin au petit Emile, était conçue en ces termes :

Monsieur le Curé d'Eix,

Je suis beaucoup en retard envers vous. Je vous prie de m'excuser. La besogne est si grande que je n'ai pas pu achever plusieurs lettres que je vous destinais.

Je remercie le Seigneur de vous avoir choisi pour maître de mon jeune frère et je Le prie de donner à cet enfant l'intelligence et la docilité.

La tâche m'était toute tracée et il m'eût été doux de la

remplir, mais Dieu me veut ailleurs et il me faut partir vers des régions lointaines.

Permettez-moi de compter sur vos prières, Monsieur le Curé. Elles sont ferventes et je sais que Marie les aime. Recommandez-moi à cette bonne Mère. Il me sera très agréable de travailler pour Elle en mission.

Je vous recommande de toute mon âme ce cher enfant, que Dieu appelle, je crois, à la gloire du sacerdoce. Déposez en son jeune esprit les germes d'un vraie vertu, plus encore que les principes de la science. Ce n'est qu'à une condition d'ailleurs que la science est utile.

Certes, il ne m'appartient pas de donner une vocation à mon frère, mais je désire de tout cœur le voir un zélé missionnaire. Dieu saura disposer toutes choses pour sa gloire et notre bien à tous. Laissons-Le faire.

Puissiez-vous préserver cet enfant du péché ! Veuillez l'habituer à se confesser souvent. Habituez-le, je vous prie, à la vie du séminaire, vie de discipline et d'exactitude. Qu'il sache obéir, être prompt et toujours content. Qu'il occupe ses moments de loisir à quelque chose d'utile, qu'il apprenne à étudier. Vous me remplacez près de lui, Monsieur le Curé, et avantageusement. Vous le dirigerez mieux que moi. C'est une grande œuvre de former un prêtre. C'est aussi une grande espérance pour le ciel. Je prie le Seigneur de vous bénir abondamment et de vous récompenser déjà ici-bas.

Je suis étonné qu'on n'ait pas pensé plus tôt à vous prier de vous charger d'Émile. Dieu l'a voulu ainsi. Je ne sais plus au juste l'âge de mon frère. Je le crois assez espiègle et il est temps de le faire travailler. Occupé souvent aux travaux des champs, il n'a pas eu trop de loisirs pour l'étude, mais le Seigneur peut lui donner l'amour du travail. Qu'il sache lui-même le demander à Dieu par de ferventes prières, qu'il obéisse sans raisonner et qu'il aime à ce qu'on le reprenne.

Pardonnez-moi, Monsieur le Curé, en raison de l'intérêt que je porte à ce cher enfant. Mon désir de le voir devenir un saint et digne prêtre me fait dépasser les bornes. Vous savez mieux que moi ce qu'il lui faut.

Permettez-moi aussi de vous recommander mon grand-père. Je ne sais ce qu'il devient le pauvre homme depuis que son épouse est morte. Veuillez le visiter, lui donner de bonnes paroles et lui préparer une heureuse éternité.

Nos bons parents d'Eix nous ont témoigné beaucoup de bienveillance. Je ne l'oublierai jamais et mon cœur leur sera toujours très reconnaissant. Rappelez-moi, s'il vous plaît, au souvenir de l'execcellent Pasteur de Moulainville, M. Prud'homme, dont je n'ai oublié ni le nom, ni l'amabilité.

Le lendemain de l'Ascension j'entrerai en retraite. Le samedi de la Pentecôte, Mgr Manning, Archevêque de Westminster, m'ordonnera sous-diacre. Priez pour moi, car j'en ai un pressant besoin.

Ce sera des rives d'Angleterre que je prendrai ma course vers l'Orient et bientôt, si Dieu le veut, j'irai revoir en courant ma famille de Sivry et d'Eix. Hâtons-nous d'arriver au ciel. Conduisez-y, je vous prie, toutes les âmes que j'aime. C'est là que nous nous reverrons pour toujours, sans craindre aucune séparation.

*
* *

Tandis que notre futur missionnaire aspire à prendre son essor vers de lointains rivages, son père, dont le cœur saigne toujours, tente de renouveler ses instances pour le retenir, en lui faisant observer que sa santé décline, que bientôt il devra laisser les siens à l'abandon. Dès lors, étant l'aîné de la famille, c'est à lui qu'incombe le devoir de le remplacer. L'abbé répond sur le ton d'une respectueuse familiarité :

Mill-Hill, 10 mai 1871.

Mon bon petit papa,

Que le Seigneur vous envoie son Archange Raphaël !... Je vous félicite de toute mon âme, vous avancez vite dans la voie de la perfection. A l'heure présente, sans plus de souci et d'un front serein, vous envisagez la mort en face et vous vous livrez à elle sans résistance.

Elle apparaît imminente et vous la laissez venir. Vous ne songez même pas à lui faire observer que les cerises ne vous sont pas désagréables et tant que la dernière ne sera pas cueillie, vous êtes disposé à poursuivre l'infortuné moineau qui aurait l'impudence d'y mettre le bec avant vous la main ! Pauvre cher papa ! la fin de la cueillette ne vous verra pas ! et qui donc oserait vous cueillir avant ?...

Si j'étais Hippocrate ou l'un de ses disciples, je vous montrerais par de grands mots, que votre malaise et votre fort rhume, que votre toux opiniâtre, vos points et vos battements n'ont pas tous ensemble assez de cran pour faire de vous un violoncelle pareil à celui du vieux papa Rousselet. Je saurais vous dire que votre côté gauche est toujours le côté du cœur ; que celui-ci ne s'avisera jamais d'aller faire campagne sans vous avertir et que vous en serez toujours le maître ; que vos poumons vous aideront sans cesse à respirer durant votre sommeil et que le gauche n'est pas assez ingrat pour quitter són compagnon et partir avant lui. Je vous dirais encore que le surcroît de besogne, l'âge, les soucis de cette année, sont des causes par elles-mêmes suffisantes pour vous fatiguer au point où vous l'êtes aujourd'hui et que le remède à tout ce mal, c'est un peu de repos, le calme pour le corps et pour l'âme et surtout une meilleure idée sur votre état général qui n'est point grave d'autant. Modérez votre travail du jour et profitez du sommeil de vos nuits ; usez de ménagements, vous abstenant de toute fatigue, de courses le dimanche et, autant que vous le pouvez, la semaine. Conservez votre bon appétit et votre verre de vin à vos repas. D'ailleurs vous pouvez consulter et vous ferez bien, mais surtout ne vous affectez pas. Vous êtes dans la main de Dieu, il ne vous laissera tomber que le jour où lui-même viendra vous relever. Qu'il vous conserve longtemps à notre affection. Qu'il vous permette de voir le jus de la vigne sortir jaillissant entre vos mains rougies !

Puis, d'un coup d'aile, s'élevant aux considérations que suggère l'esprit de foi, il profite des dispositions paternelles pour rappeler les graves enseignements qui se dégagent de la pensée de la mort :

Au reste, excellent père, il est sage de se préparer à l'appel de Dieu. On ne saurait trop se prémunir contre ce moment redoutable. Vivez comme devant mourir bientôt et vous mériterez de vivre longtemps. Vivez pour Dieu et, à l'heure de la mort, la séparation ayant été faite, vous sentirez votre âme passer doucement du corps, qui vous fait souffrir aujourd'hui, entre les mains de Jésus, qui est la Résurrection et la Vie. Lui-même la recevra des mains de Marie et de Joseph, auxquels je vous recommande instamment et que je prie de vous assister tout spécialement à votre dernière épreuve.

Père bien-aimé, ce n'est qu'au ciel qu'on est heureux. Vous l'aurez ce bonheur, que je veux porter aux âmes, au prix de tout mon être. Vous l'aurez dans le beau ciel où Dieu nous réunira.

Sanctifiez-vous par vos souffrances et votre travail, les mérites sont immenses et la moisson viendra. Je vais commencer ma rude tâche et j'aurai beaucoup à souffrir. Mais Dieu a soin de me préparer ; il m'a amené ici pour cela, entre les mains de saint Joseph. Ce bon Père m'a pris et il m'a formé. Il voudra m'employer à son œuvre et je glorifierai Dieu en réjouissant la Sainte Eglise, ma Mère. Par mes mains beaucoup d'âmes recevront la grâce. Remerciez Dieu de la grande faveur qu'il fait à votre famille.

Je crois vous avoir dit précédemment que des rives d'Angleterre je prendrai ma course vers l'Orient, saint Joseph lui-même sera mon guide et mon Patron. Il y a une admirable coïncidence entre la fondation de ce séminaire dédié à ce bon Père et la décision de la Scinte Eglise qui proclame saint Joseph Patron de la Foi, sur toute la terre.

Aujourd'hui avec des caractères certains de la prédilection divine, un collège s'est fondé aux portes de Londres : il sera la richesse et la gloire de l'Angleterre. Il aura ses fleurs comme celui de Paris.

Le Père Vaughan, son fondateur, a fait à Paris la demande de sujets pour poser ici la base d'une bonne tradition. La fin d'ailleurs est la même. C'est pour la conversion des infidèles que ces aspirants missionnaires partiront de Mill-Hill.

*
* *

Enfin, le fervent lévite est appelé au diaconat et à la prêtrise. C'est dire qu'il rivalise à progresser dans la perfection de son état, avec les saints qu'il s'est donnés pour modèles :

« En ce mois d'août, écrit-il, l'enfant de Marie et de Joseph, sur le point de recevoir le diaconat, se consacre, se voue, se livre, s'abandonne tout entier à Dieu. Il supplie son grand et bon Maître d'ôter de son cœur, de son corps et de son âme tout ce qui pourrait gêner l'action de l'Esprit-Saint. Il le prie d'envoyer cet Esprit avec l'abondance de tous ses dons et principalement la Sagesse et la Force. Il demande une foi vive et les vertus qui ont brillé dans les saints diacres Etienne, Laurent et Vincent qu'il choisit pour patrons et pour modèles.

« Le même enfant consacre sa voix pour annoncer l'Evangile, son cœur pour n'aimer que ce que Dieu veut, son corps pour être immolé à la gloire du Seigneur, au salut des âmes et au triomphe de l'Eglise.

« Il se donne tout entier au bon plaisir divin ; il veut être un instrument docile, généreux, intelligent et fort. »

Par cet acte, il fait le sacrifice absolu de tout son être entre les mains du Très-Haut. Pensées, désirs,

espoirs, craintes des responsabilités : il jette spontanément dans le Cœur de Jésus tout ce qui l'émeut à cette
heure solennelle. Ces vifs élans vers les sommets lui
sont en quelque sorte naturels.

L'Esprit de force accroît son zèle pour l'imitation
du Maître. Il prie, il étudie avec une nouvelle ardeur.
Ses préoccupations d'apostolat tiennent constamment sa
pensée et son cœur en éveil. Sa conduite inspire à son
entourage tant d'estime et de confiance que ses confrères
lui demandent conseil dans leurs difficultés et se plaisent
à le considérer comme leur modèle. Ses maîtres lui
reconnaissent de brillantes qualités pour la conquête des
âmes et fondent sur lui de sérieuses espérances.

Bref, le jeune diacre, remarquablement bien doué
sous tous rapports, s'achemine courageusement vers le
but unique de ses aspirations et de ses désirs.

Envisageant plus que jamais le sublime idéal auquel
le destine sa vocation d'apôtre, l'abbé Vigneront se rappelle les réflexions que se faisait à lui-même Théophane
Vénard et qu'il communiquait à sa sœur Mélanie :

« Qu'est-ce que le sacerdoce ? C'est le détachement
de tous les biens du monde, l'entier abandon de tous
les intérêts temporels. Pour être prêtre, il faut être saint.
Pour diriger les autres, il faut d'abord se diriger soi-
même. Puis, la vie du prêtre n'est-elle pas une vie de
sacrifice, de mortification de toute espèce ? Comment
pourrais-je donc supporter un genre de vie semblable,
moi qui suis si peu avancé dans le chemin de la vertu? »

Ne sait-il pas que de Dieu seul dépend le succès de
son futur apostolat ? Non content de multiplier ses efforts
personnels, il sollicite les secours spirituels des saintes
âmes qu'il connaît.

Citons notamment la belle lettre qu'il adresse à sa
famille :

Mill-Hill, 7 septembre 1871.

Mon vénéré père et ma digne mère,
Le grand jour de ma vie approche : bientôt votre fils
aîné montera à l'autel :
Le Seigneur a daigné bénir votre piété.
Quand, au jour de mon baptême, vous m'avez porté, petit

enfant, devant Jésus, à l'église, le bon Maître a jeté sur moi un regard de prédilection. L'on me baptisa et l'on me fit son serviteur. Lui, laissa faire me réservant pour une plus grande destinée.

Onze ans après, vous me conduisîtes une seconde fois devant lui. Daignant alors entrer dans mon âme, il voulut devenir lui-même mon maître et ma vie. Beau jour de ma première communion !... De longues années s'écoulent depuis, et hélas ! que d'ingratitudes et d'infidélités ! Cependant, aujourd'hui, Jésus veut bien tout oublier et me donner la plus grande marque d'amour qu'il puisse donner à l'homme. Ce n'est plus son serviteur, mais son ami qu'Il daigne m'appeler... Il veut me confier ses droits et me faire coopérer avec lui au salut du monde. Aujourd'hui Il me veut faire prêtre et apôtre.

Votre fils prêtre, votre fils apôtre, chers parents, quel honneur pour lui et pour vous ! Voilà l'amour que Jésus me porte : voilà la récompense dont Dieu bénit déjà votre fidélité à son service et votre sollicitude à donner à vos enfants une sainte éducation. Jouissez- en et que rien ne trouble votre bonheur !

Ne doutez pas que je demande encore tout ce que je pourrai pour augmenter votre joie et vous obtenir des mérites de plus en plus riches. Le Seigneur ne me refusera rien de ce que je lui demanderai pour sa gloire et le bonheur de ma bien-aimée famille.

Le dimanche 24 septembre, j'espère être au saint autel, offrant à notre grand Dieu pour la première fois la Victime pure. Je demanderai beaucoup pour mon bon père, ma très chère mère, pour mes frères et mes sœurs que j'aime tant.

Comme Dieu m'a pardonné, bien-aimés parents, veuillez aussi me pardonner mes fautes et me donner votre bénédiction.

Que mes frères et mes sœurs, eux aussi, me pardonnent les mauvais exemples que j'ai pu leur donner. Depuis longtemps je déplore tout cela et je veux le réparer. Mon bonheur sera parfait le jour de mon ordination et je serai rassuré pour ma première messe.

Signalez-moi ce que vous désirez obtenir de Jésus. Le Seigneur ne me refusera rien.

⁂

Mgr Manning, empêché de conférer les saints Ordres aux séminaristes de Mill-Hill, le 24 septembre, la cérémonie de l'ordination dut être renvoyée à une date ultérieure.

L'abbé Vigneront en informe les siens et leur annonce la mission qui lui est assignée :

Mill-Hill, 15 septembre 1871.
Très chère petite mère,

Hier, je reçus votre bonne lettre et celles de mes sœurs. Je suis content de vous savoir en bonne santé.

Félicitez le cher petit papa, que l'on semble toujours entendre gronder tant la besogne le presse, comme si, peut-être, c'était le moyen de la faire aller plus vite. Mais tout de même il a mangé les cerises le petit papa de nous, il mange aussi les prunes, et il mangera du raisin, dont, joyeux, il sentira le jus couler sous ses pieds empourprés.

Peut-être aurai-je le bonheur de le voir à ce moment ou d'aller, quelque temps après du moins, déguster avec lui au coin du feu, après les longues fatigues du jour, la saveur des fruits du coteau. Des retards surviennent ; Mgr l'Archevêque étant obligé de s'absenter, l'ordination est remise à plus tard.

Ainsi, petite mère, vos désirs seront exaucés : je différerai mon retour en France.

Mon départ, bien-aimée famille, ne sera pas un motif de tristesse pour vous, Dieu a manifesté sa volonté. Durant quelques années, nous allons être occupés en un pays où hélas ! il n'y a pas d'autre martyre que celui de tout bon prêtre au milieu de sa paroisse en France. L'Angleterre veut ses missionnaires comme la France possède les siens. Par délicatesse et reconnaissance, je ne puis abandonner les Pères qui m'ont recueilli pendant la guerre. Nous sommes quatre à partir ensemble.

Parmi les nombreux diocèses des Etats-Unis de l'Amérique du Nord, il y a cinq millions de pauvres nègres entièrement abandonnés et presque autant abrutis. C'est vers eux que nous allons et ce sont leurs âmes qui nous sont confiées. Cinq millions pour quatre ! Il y a de la besogne. Le travail ne me coûtera pas, il ne peut être que fort utile aux malheureux délaissés.

C'est ainsi que Dieu après m'avoir poussé en Angleterre, comme malgré moi, me conduit en Amérique, moi que mes rêves avaient toujours bercé du doux espoir de souffrir et de mourir en Asie.

Je suis content et je pars généreux vers mes noirs, que

j'aime déjà beaucoup. Nous travaillerons sans regarder en arrière, trop heureux d'être appelés à l'œuvre de Dieu. Dans quelques années seulement, Rome nous donnera une part à défricher au Japon, selon la promesse qui nous en a été faite. L'état actuel de ce pays et celui de la Chine porte la Propagande à différer de quelque temps une cession de territoire dans ces contrées.

Il y a dans la mission qui nous est assignée des avantages très grands qui faciliteront nos débuts. Dieu, qui est sagesse, nous aime véritablement. Je vais être en Amérique comme je suis en Angleterre, comme j'aurais été en France : bon climat, nourriture saine, langue connue, guide et assistance. Tout se trouve réuni pour faciliter notre tâche. Vous voyez que le sacrifice que Dieu vous demande n'est pas aussi pénible que vous le redoutiez tout d'abord. Remerciez le Seigneur et demandez-Lui de faire de moi un véritable apôtre, *l'apôtre des noirs*, comme le bienheureux Père Claver que je vous prie d'invoquer en ma faveur.

Je reviendrai en Europe sans doute et peut-être pourrai-je vous revoir. D'ailleurs la correspondance est facile, prompte et sûre. Nous nous causerons à travers le grand Océan comme nous nous causons à travers le monde, comme nous le faisions jadis à travers les bords de la Meuse, du Grand Séminaire de Verdun... Même que s'il plaît à papa d'aller chercher fortune en Californie, malgré ses 60 ans, vous n'aurez qu'à m'en informer : j'irai vous recevoir au port et vous mettre sur le chemin. Je vous prierai de me dispenser de vous accompagner, vu mes occupations et mes goûts pour un commerce dont je ne suis pas du tout amateur...

Nous partirons avant la fin de l'année. On règle maintenant certains détails nécessaires.

En ce moment je me porte à merveille. Je cours comme un lièvre sur les pelouses de Mill-Hill et dans les rues de Londres...

⁎⁎

La note gaie — ou le mot de la fin — est finement en harmonie avec l'annonce définitive du départ tant redouté ! Le cher apôtre des noirs procède en habile stratégiste ; après avoir disposé peu à peu de tous ses moyens d'action pour amener son père à ne pas opposer d'obstacle à sa vocation de missionnaire, il arrive, à force de persévérance, à lui faire accepter le sacrifice avec le sourire. Sa victoire est complète.

La dernière lettre, écrite du Collège Saint-Joseph, met le comble à la joie des heureux parents :

Mill-Hill, 8 octobre 1871.

A ma bien chère famille, le salut et la paix de Notre-Seigneur.

Aimons ce bon Maître, aimons-Le de toutes nos forces, Lui, Il a tant d'amour pour l'homme.

Vous savez la merveille qu'Il a faite : JE SUIS PRETRE ! Il y a quinze jours, j'avais le bonheur de chanter ma première messe. Oh ! qu'il fait bon être à Dieu et le servir !

Servons-le tous ensemble jusqu'à la dernière heure ; le combat aura une fin, la gloire et le bonheur nous sont assurés.

Je pensais vous écrire plus tôt et longuement ; une lettre même que je vous destinais reste inachevée sur ma table, depuis plus de huit jours, et celle-ci sera courte.

Je remercie papa de toutes ses bonnes lignes. Combien sa lettre m'a réjoui en me témoignant que le Bon Dieu me bénit en lui et le comble de ses grâces !

Je remercie maman : ses prières ont reçu une grande récompense, même sur la terre. Que ne doit-elle pas attendre au ciel ?

Je vous remercie tous deux de la bénédiction que vous m'avez donnée. A mon tour, du saint autel, au nom de Dieu, je vous ai bénis et vous bénis encore.

Je remercie Eugène, ainsi que toutes mes sœurs et mon petit Emile, de leurs bonnes prières. Je les bénis aussi et je les embrasse de tout mon cœur.

Si je ne vous ai pas vus à mes côtés, au jour de mon ordination et à l'heure de ma première messe, je vous portais tous au fond de mon cœur. Combien je vous tenais serrés et que vous me touchiez de près !

Quand vous recevrez cette lettre, je serai en chemin et, dans quelques jours, vous me verrez parmi vous. Le Seigneur nous accorde la consolation de nous revoir sur la terre. Remercions-le et témoignons-lui notre gratitude par une plus grande fidélité à accomplir sa volonté.

C'est elle qui me retirera, peu de jours après mon arrivée, d'entre vos bras pour me conduire de suite parmi mes chers noirs auxquels j'ai hâte de faire connaître notre bon Maître.

Notre départ pour l'Amérique est fixé aux premiers jours de novembre. Nous partirons de Liverpool directement pour Baltimore où un vieil Archevêque nous attend pour nous donner avant sa mort sa bénédiction et ses conseils.

Priez pour nous quatre, pauvres petits missionnaires d'un pays protestant. Je compte vous écrire encore de Paris. Si c'était possible, je serais heureux de vous diriger tous ensemble de Verdun à Benoite-Vaux. Je dirai la Sainte Messe en ce sanctuaire de Marie, puis nous reviendrons tous en chœur à Sivry. Efforcez-vous de réaliser ce désir et gardez pour vous ce secret de mon cœur...

Le secret de son cœur, il l'avait confié, jeune séminariste, à la Vierge de la *Vallée bénie* en son sanctuaire vénéré. C'est aux pieds de la Madone miraculeuse qu'il avait jadis formulé la promesse d'imiter le martyr du Tonkin, Théophane Vénard. En déposant dans le cœur de la Bonne Mère ses premiers serments, il avait sollicité la grâce de les tenir, s'engageant à venir la remercier dès qu'il lui serait donné de consacrer à son autel les prémices de son sacerdoce.

Le culte de Notre-Dame de Benoite-Vaux, si populaire dans la Meuse depuis treize siècles, attire encore aujourd'hui, au retour de la belle saison, des multitudes de pèlerins qui chantent les louanges de la Céleste Consolatrice.

*
* *

Durant la période de son séjour au pays natal, le jeune prêtre paraît au milieu de ses compatriotes comme un ange descendu du Ciel : Sur sa douce physionomie, empreinte des joies du Thabor, s'épanouit la calme sérénité de son âme. Bon, affable, avec le mot qui plaît, il s'attire les félicitations des habitants de Sivry qui ne tarissent pas d'éloges sur son compte. En famille, on est fier et heureux de le posséder, de jouir de sa conversation, d'admirer la richesse des dons que Dieu lui a départis sans mesure. Il est vraiment l'idole du foyer. Sa tendre piété, à l'autel, brille du plus vif éclat. Sa présence est une prédication.

Comme elles passent vite ces trois semaines de bonheur sans ombre ! M. Vigneront voudrait pouvoir retenir un fils qui lui témoigne une affection si profonde et dont les belles qualités lui font honneur. Si la blessure de son cœur est cicatricée, il prévoit que le brisement de la séparation lui causera un chagrin que rien au monde ne pourra consoler.

Il tremble en se disant qu'il est à la veille de ne plus revoir son enfant bien-aimé. Cependant son sacrifice est accepté généreusement. Puisque Dieu veut qu'il en soit ainsi, le chrétien s'incline avec une sincère et admirable résignation.

Plus courageuse encore et plus forte extérieurement que son mari, Mme Vigneront ne laisse transparaître aucune des émotions qui l'étreignent. A l'heure des adieux, elle se contentera d'élever la voix pour dire cette sublime parole :

« Pars, mon fils, va où Dieu t'appelle ! »

Puis, elle refoulera ses sanglots pour ne pas troubler par de stériles lamentations le suprême sacrifice.

Il est aisé de comprendre combien dut être douloureux, pour des cœurs si étroitement unis par l'affection la plus tendre, le moment d'une séparation qui ne laissait guère d'espoir de se retrouver sur la terre.

Le missionnaire, se sentant le cœur serré comme dans un étau, fait néanmoins bonne contenance. Il se montre joyeux, esquisse une fine plaisanterie, parle des noirs avec un enthousiasme communicapif. Parfois aussi, de sa belle voix, il entonne quelque couplet du *chant du départ :*

> Partez, hérauts de la bonne nouvelle :
> Voici le jour appelé par vos vœux.
> Rien désormais n'enchaîne votre zèle :
> Partez, amis ; que vous êtes heureux !
> Oh ! qu'ils sont beaux vos pieds, Missionnaires !
> Nous les baisons avec un saint transport :
> Oh ! qu'ils sont beaux sur ces lointaines terres
> Où règnent l'erreur et la mort !

Il est évident que dans cette âme d'apôtre la vertu, depuis longtemps, a dompté les mouvements de la nature.

Alors, il peut redire la belle parole de la Sagesse : « Seigneur, mon Dieu, je vous ai tout offert avec joie dans la simplicité de mon cœur. » (*Paral.*, XXIV, 7.)

Quand arrive le jour fixé pour le retour à Mill-Hil, fin octobre, tous les membres de la famille se pressent autour du jeune prêtre qui célèbre le saint sacrifice pour la dernière fois dans l'église de son baptême et de sa première communion. Tous participent aux divins mystères en recevant le Pain des Forts.

Cependant, la parenté d'Eix réclame instamment la faveur de jouir à son tour de la visite du missionnaire. La fête d'une Première Communion, à laquelle prend part une de ses cousines germaines, est précisément l'occasion prévue par M. le Curé pour requérir sa présence et son concours. A cette fête est conviée toute la famille de Sivry. L'abbé Vigneront en est l'officiant et l'orateur. Quelle splendide solennité en cette mémorable cérémonie du 30 octobre 1871, Il semble aux assistants qu'ils éprouvent un avant-goût des joies célestes. Quels heureux instants où l'âme, transportée dans les horizons du divin, oublie les ombres et les tristesses de la terre !... A la suite des enfants, tous les parents et la plupart des paroissiens veulent communier de la main du jeune apôtre.

Le lendemain, les pieuses réjouissances de la veille se continuent dans l'antique sanctuaire de Notre-Dame de Benoîte-Vaux. Là encore, dans cette délicieuse solitude, sur cette terre du miracle, les émotions se renouvellent. Un pâle soleil d'automne associe son mélancolique sourire aux larmes silencieuses qui ruissellent des yeux, quand sonne l'heure du retour.

Une dernière fois la famille Vigneront est au complet dans la modeste église Saint-Jean-Baptiste de Verdun, non loin de la gare, en cette inoubliable soirée du 31 octobre... Le lecteur devine, sans qu'il soit besoin de la décrire, la scène émouvante et sublime à la fois qui mit fin à ce rendez-vous.

Seule, Maria, dominant son chagrin, accompagne son frère sur le quai jusqu'au départ du train. Lui-même rend compte ainsi qu'il suit de ses impressions :

Avant de quitter le sol natal, je reporte mes regards vers vous tous et vers le foyer. Dieu ne défend pas de le faire, puisqu'Il nous a donné la mémoire du cœur, mais je pars content, sans regret ni hésitation. Je vais à Dieu et aux âmes.

Petite mère a cruellement souffert à l'heure de la séparation, mais le Seigneur a vu son cœur ulcéré. Il y a répandu la force qui domine la douleur ; un jour il lui donnera la glorieuse félicité du ciel.

Ses derniers mots furent dignes d'elle : « *Pars, mon fils,* « *va où Dieu t'appelle* ». Sa foi parlait, son cœur pleurait, cela devait être. Jamais je n'oublierai ce souvenir.

Une prière à Jésus, à Marie et à Joseph, dans la petite église du faubourg, un baiser, puis l'éloignement et des sanglots que j'entends de loin...

Ma petite Maria pleurait quand retentit le signal du départ en me disant adieu de la main. Chère petite, son cœur était meurtri et cependant très fort...

Dieu vous bénira tous...

Seul dans le wagon, je ne pus comprimer plus longtemps l'émotion de mon âme. Elle déborda, je pleurai, mais en priant j'obtins une grâce de réconfort. En passant à Blercourt, je demandai une bénédiction du cher oncle, décédé. Je la sentis venir sur moi comme un don de surnaturelle énergie...

Adieu, mes bien-aimés parents ! Adieu et au revoir !

J'accomplis les desseins du Seigneur ; cette pensée me soutient et me rend heureux. Ne regrettez rien. Soyons tous généreux. *La vie sera de courte durée ;* le beau ciel, en récompense du peu que nous aurons fait, pensons-y ! L'éternité avec sa gloire et son bonheur, en échange de quelques souffrances : quelle délicieuse perspective !...

*
* *

Les lignes qui précèdent sont écrites, le 2 novembre, de Boulogne-sur-Mer : « Il est dix heures du soir. A une heure du matin, je quitte les rivages de notre chère France, et débarquerai demain en Angleterre. J'ai passé les fêtes de la Toussaint au Séminaire de la rue du Bac, où j'ai eu la satisfaction de dire la messe avec le calice de Mgr Borie, de revoir mes anciens Directeurs et mes bien-aimés confrères. »

Partout reçu avec des démonstrations de profonde sympathie, ainsi qu'il en fait part à sa sœur Maria, il n'aspire maintenant qu'à s'immoler pour Dieu à la conversion de ses nègres :

Mill-Hill, 11 novembre 1871.

Ma très chère Maria,

Ta lettre m'a fait plaisir. Je remercie Notre-Seigneur de la force qu'Il te donne, et Le prie de t'éclairer. Mon voyage s'est heureusement accompli. J'ai pu reposer en chemin de

Jer et je suis arrivé tranquillement à Paris, dans la matinée. Je me suis rendu en notre beau Séminaire. J'y ai dit la Sainte Messe le jour de la Toussaint. Tu ne saurais croire quelle délicieuse journée j'ai passée là et quel accueil de mes anciens supérieurs et de tous mes frères j'y ai reçu.

Enfant de la maison, j'y trouvai toute la famille et des frères nouveaux venus. Nous étions tous heureux. J'y ai revu Mgr Guillemin, l'évêque de Canton : cet évêque qui toujours eut pour moi, depuis que nous nous connaissons, une bienveillance toute spéciale. Cela m'a étonné dès la première fois, et aujourd'hui qu'il me voit partir pour l'Amérique, il a l'air dérangé dans ses plans. Cependant il reconnaît la main de Dieu et me pousse dans ma voie. Nous nous rejoindrons peut-être un jour : du moins irai-je prier sur sa tombe en allant en pèlerinage sur le tombeau de l'illustre saint François-Xavier. Mgr Guillemin a été choisi de Dieu pour glorifier la plage de la petite île où mourut l'apôtre des Indes et du Japon. Il me semble que c'est ce grand saint qui m'aime en lui et lui fait porter souvent sa main sur mon front pour le marquer du sceau de la croix.

Je vais avec joie en Amérique ; j'y travaillerai de toutes mes forces et jusqu'à la fin de ma vie. C'est là sans doute que je terminerai ma carrière, bien courte d'ailleurs probablement. L'Asie a toujours eu une grande attraction pour ma jeune âme. Je repose en paix sur le sein de la divine Providence. Je me laisse doucement bercer au bon plaisir de Notre-Seigneur, qui fera de moi ce qu'Il voudra et qui m'envoie où je dois le mieux le glorifier.

Je ne saurais t'exprimer avec quel bonheur je vois venir le moment de commencer ma vie de missionnaire. Ce ne sera plus désormais en paroles seulement, mais par mes œuvres que je dirai : *Adveniat regnum tuum !* Obtiens que je sois un instrument fidèle dans le service de Dieu. Il n'est guère facile d'avoir de la vanité dans cette vocation, mais la nature et le démon peuvent nous faire accomplir l'impossible dans ce genre. C'est le grand écueil. Prie pour ton pauvre frère qui y serait exposé s'il ne priait lui-même car il se sent plus faible que les autres....

En terminant sa lettre, le missionnaire recommande à sa correspondante d'écrire à sœur Théophane. Après mûre délibération, Maria fait le sacrifice de ses attraits pour la vie religieuse, dès que lui apparaît clairement le devoir d'assister ses parents quand les autres membres de la famille auront quitté le foyer pour suivre leur destin. Après avoir été leur ange gardien jusqu'au seuil de la tombe, elle se consacrera modestement au service de son jeune frère Emile et se dépensera pendant plus d'un demi-siècle dans le modeste presbytère de campagne où celui-ci exercera son fructueux ministère.

*
* *

La dernière lettre du Père Vigneront, avant de faire voile pour l'Amérique, est adressée à ce brave petit Emile dont les dispositions présagent un heureux avenir.

L'attitude de ce jeune frère, pendant son séjour au pays natal, lui a fait concevoir pour cet enfant les plus belles espérances. « Il est vrai, raconte naïvement celui-ci, que j'étais sage comme une image devant le Révérend Père Missionnaire qui m'inspirait à la fois la crainte, l'admiration, le respect. A mes yeux, il apparaissait comme un ange du Ciel. Sa sainteté m'éblouissait au point que je croyais voir sur son front une auréole. Une parole de ses lèvres me jetait dans le ravissement. Pour moi, il était capable d'opérer des miracles. C'est ainsi que nous rendant en voiture d'Eix à Benoîte-Vaux, la nuit qui précéda celle de son départ, un loup aux prunelles flamboyantes vint se camper sur notre passage au milieu du bois situé à la hauteur du fort de Tavannes. Déjà le cheval se cabrait, effrayé, menaçant de précipiter les voyageurs au fond d'un ravin. Calme et souriant, le grand frère se contenta d'esquisser un signe de croix. Aussitôt la méchante bête disparut dans la forêt... »

Aussi bien, la lettre suivante fit-elle sensation sur l'esprit et le cœur d'Emile :

Mill-Hill, 13 novembre 1871.

Très cher enfant,

Avec quelle émotion je te pressai sur mon cœur en t'embrassant la dernière fois ! Combien j'aurais voulu pouvoir demeurer près de toi et te prendre par la main pour te dire : « Viens, marchons ensemble. »

Le Bon Dieu ne veut pas que ce soit ton frère qui t'instruise, mais Il n'en est pas moins miséricordieux puisqu'Il t'a donné un aussi bon maître.

La reconnaissance se prouve surtout par la docilité à faire ce que le bienfaiteur désire de nous : Dieu est ton bienfaiteur et Il veut que tu deviennes capable de le glorifier. Sache donc répondre à ses desseins.

Monsieur le Curé d'Eix est aussi ton bienfaiteur et il désire que tu sois un jour, comme lui, un saint prêtre, plein de zèle et de piété. Vois donc et fais ce qu'il te montre.

Nos parents sont tes bienfaiteurs, ils ont fait déjà beaucoup de sacrifices et chaque jour ils doivent en faire de plus grands. Sois reconnaissant en réalisant leurs désirs. Enfant, sois digne de nos bons parents qui veulent te donner au Bon Dieu.

Ton frère prie pour toi et il te porte bien avant dans son cœur. Ne l'oublie pas dans tes prières ; surtout ne lui fais pas de peine. Tu sais et tu te rappelles tout ce qu'il avait à te dire : c'est assez. Je ne veux pas y revenir. Tu as compris et, j'en suis sûr, tu travailleras généreusement à te perfectionner.

Enfant chéri, prie notre bon Maître à l'autel. Reçois-le autant qu'on te le permettra. Prie la bonne Mère Marie. Oh qu'elle est douce notre bonne Mère ! Prie-la pour toi, pour la famille, pour tes bienfaiteurs, pour moi, pour mes nègres. Il faut que j'en conduise beaucoup au ciel et ce sera par le secours de tes prières à Marie.

Ton frère a déjà quitté la France. Dans deux jours il va quitter l'Europe. Le 17, nous sortons du collège pour y revenir Dieu sait quand ! Nous coucherons à Londres, nous y dirons la Sainte Messe, et aussitôt nous nous dirigerons vers Southampton, où nous nous embarquerons, samedi 18, pour Baltimore.

Prie l'Etoile de la Mer de nous protéger. Dis chaque soir l'*Ave Maris Stella.*

Une douzaine de jours suffiront pour la traversée. Nous descendrons chez Mgr l'Archevêque, puis le ministère commencera et ton frère ira chez les noirs et tâchera de les amener au Bon Dieu. Salue nos bons parents. Dis-leur que je me porte admirablement. Adieu ! Je t'aime et t'embrasse de tout cœur.

XII

L'Apôtre aux États-Unis

Pour l'ardent apôtre le moment est venu de porter les lumières de la foi et les bienfaits de l'Evangile aux malheureux fils de Cham. Il renferme dans son cœur ses chers souvenirs et ne songe désormais qu'à ses noirs.

A Mill Hill, comme à Paris, eut lieu la cérémonie des adieux. Le jour même du départ, les voyageurs sont introduits dans la chapelle. Ils s'agenouillent sur les marches de l'autel, face au tabernacle. Derrière eux se rangent tous leurs frères d'armes et les Directeurs de la maison, puis les fidèles qui sont accourus pour contempler un spectacle nouveau. Mgr Manning adresse aux jeunes missionnaires un discours qui tire des larmes. Tous les assistants, émus, viennent baiser à genoux les pieds des envoyés du Seigneur, tandis que le chœur chante : *Quam speciosi pedes evagelizantium pacem...* Qu'ils sont beaux et dignes d'admiration, les pieds de ces anges de la terre, qui vont porter au loin la bonne nouvelle du salut !

La cérémonie, écrit le P. Vigneront, a fait une grande impression sur tous les assistants. Elle a valu, je crois, une retraite aux ecclésiastiques présents ; d'ailleurs Mgr l'Archevêque Manning a admirablement bien parlé.

Vers 7 heures du soir la lune resplendissait dans tout son éclat au-dessus de l'Angleterre ; les confrères nous ont accompagnés à la gare. Chemin faisant, on a chanté l'*Ave Maris Stella* et récité le chapelet. On s'embrasse une dernière fois et le train nous emporte. A Londres nous descendons chez des religieux où nous passons la nuit. Le lendemain, nous disons la sainte Messe et vers 8 heures, après avoir encore parcouru la ville dans un autre sens, nous quittons Londres, conduits à toute vapeur vers Southampton.

Penché sur une caisse, à bord du *Berlin*, le missionnaire trace encore ces lignes, dont se chargera le pilote :

« Très chère famille,

« Je porte un dernier regard sur les côtes de notre chère France, et mon cœur veut vous dire encore une fois combien il vous aime.

Le soleil brille dans toute sa splendeur, la mer est d'un calme parfait. Nous sommes peu nombreux à bord. Je ne connais personne. Nous sommes quatre jeunes missionnaires conduits par notre supérieur, le R. P. Vaughan ; de plus un éminent évêque d'Amérique voyage avec nous.

Nous allons directement à Baltimore. Mgr l'Archevêque nous attend. Nous avons reçu tous nos pouvoirs ; même si vous vouliez venir nous rejoindre à bord, je pourrais vous entendre en confession... mais faites vite pour nous rattraper, car le paquebot file à toute vapeur.

Le ministère commencera dès notre arrivée.

Bon courage ! soyons fidèles à Dieu qui nous veut tout à Lui pour notre plus grand bien ».

Et, comme Théophane Vénard, il répète sous mille formes différentes : « Je suis un peu rêveur ; si le bon Dieu ne m'aidait pas, mes bien-aimés, le cœur peut-être me manquerait. Vous étiez la moitié de ma vie, et je ressens vivement la séparation. Au moins vous êtes fixés, ancrés dans mon souvenir ; et cette présence, quoique imparfaite, me délectera toujours. »

De son « journal de voyage », détachons quelques feuillets :

« A 2 heures, libre de ses amarres, le *Berlin* se balance mollement à la crête des vagues. On s'endort en paix.

Le lendemain impossible de se lever, à cause du mal de mer. Le lundi, vers midi, j'essaye de monter sur le pont et d'effrayer le diable qui soulève les flots ; il n'a pas peur et continue ses méchantes manœuvres. Cependant je sens le mal diminuer sans que l'appétit me revienne. Je fais des efforts pour manger et rester en dehors de la cabine, peu à peu je deviens plus brave, mais ce n'est qu'après le 12ᵉ jour que je suis maître de mon estomac. Tout le temps de la traversée, qui fut excessivement mauvaise, nous avons été isolés dans la brume, entre l'étendue des eaux et la voûte grise d'un ciel voilé.

Une fois seulement un navire passa à l'horizon ; il demeura visible environ deux heures et disparut. Notre pauvre paquebot n'était qu'une coquille de noix au milieu des vagues, frêle joujou au gré des caprices de l'Océan en fureur.

Mais sur la planche qui me séparait de l'abîme je reposais tranquillement...

En la fête de Saint François-Xavier, 3 décembre, grâce sans doute aux prières du Carmel d'Abbeville, la mer devient calme comme une nappe d'huile ; notre vaisseau file onze ou douze nœuds à l'heure. Nous pouvons dire la sainte Messe. Quel bonheur, si vous saviez ! C'est pour moi comme une vraie première messe ; puis, sur l'Océan, tenir le grand Dieu qui a créé le monde ! »

Enfin deux jours plus tard, le 5 décembre, les voyageurs atteignaient heureusement le terme, après dix-sept jours de traversée. Par un soleil splendide, le navire fait son entrée dans le port. Baltimore est une des villes importantes des Etats-Unis. « Que d'âmes à évangéliser dans cette grande cité », s'écrie notre apôtre. Il ajoute : « Elle compte de très nombreux catholiques. Mais, hélas! quelle immense multitude plongée dans les ténèbres de l'erreur ! Quel vaste champ à cultiver ! Quel travail nous incombe ! Nous voulons nous mettre à l'œuvre sans retard. Plaise à Dieu de bénir nos efforts !... »

Le vénérable archevêque, Mgr Spalding, accueille les nouveaux ouvriers avec une effusion de joie et d'enthousiasme.

Une telle bienveillance de la part d'un prince de l'Eglise émeut le Père Vigneront :

« Quelle charmante simplicité, écrit-il. Les petits enfants viennent sur ses genoux, prennent sa croix pectorale et se la passent au cou. Ils tirent sa soutane, l'embrassent et veulent rester entre ses bras. C'est admirable ! Les pauvres ont en lui un père et sa porte est ouverte à quiconque se présente. Sa table est tout près de sa porte et il est facile d'y accéder. Il y a toujours là des étrangers, quels qu'ils soient. »

« Ce matin j'ai eu le bonheur de dire la Messe à l'autel de l'Immaculée Conception. Chaque jour je la célèbre à la cathédrale, où se pressent toujours beaucoup d'assistants à toutes les messes. Il faut voir le nombre des communions à tous les autels ! Une vraie piété s'épanouit dans le cœur de ces catholiques. Les offices y sont admirables ; la musique est bien exécutée. Il semble que je suis à la cathédrale de Verdun. Bientôt je serai dans notre église. Je me rappellerai celle de Sivry et votre souvenir ne me quittera pas.

Enfin nous voici parmi nos noirs et bientôt nous commencerons notre œuvre. Elle consistera d'abord à faire des visites, afin de gagner les cœurs, et ensuite les âmes pour le ciel.

Par des chants et des cérémonies que les noirs aiment, peut-être réussirons-nous à les retirer des églises protestantes où ils vont *danser* (sic). Nous allons former les enfants, leur obtenir de jolis surplis, de grandes soutanelles rouges, des ceintures bleues, des calottes et tout ce que nous pourrons imaginer pour les intéresser et les attirer. Ils nous aideront plus tard, une fois gagnés, à gagner leurs parents.

Il me semble que cette petite sœur Angélina, avec d'autres qui la soutiendraient, réaliserait ici un grand bien en faveur des pauvres noirs. Bientôt, en effet, nous aurons besoin de religieuses pour former à la vie de piété et aux soins du ménage, ces pauvres enfants abandonnés. Dis-moi, est-ce que ce ne serait pas une belle œuvre de se dévouer à civiliser ce peuple, à former la famille, l'esprit de famille, à organiser des ménages, à apprendre à élever des enfants, à les instruire, en un mot, à faire parmi nos noirs, ce que les missionnaires ont fait autrefois parmi nos ancêtres qui habitaient la forêt et se dévoraient entre eux ?...

Ici, pas le moindre danger à craindre. La nourriture est assurée, le climat excellent, la civilisation pour les blancs est aussi avancée, pour ne pas dire plus, que chez nous. On trouve toutes les commodités de la vie et certainement, en Amérique, on est plus ingénieux qu'en Europe. Puis, ces religieuses travailleraient de concert avec les missionnaires, comme le font les religieuses parmi les blancs. Plus d'une fois, dans mes moments d'insomnie à bord, je rêvais à tout cela et je me voyais heureux, revenant une seconde fois, au risque d'avoir le mal de mer, avec une douzaine de volontaires, parmi lesquelles se trouvait mon Angélina.

Elle travaillerait près de son frère, ferait du bien et gagnerait pour le ciel la couronne des apôtres. La grâce du Seigneur donnerait aux parents la force de supporter pour le salut des âmes ce que l'amour de l'argent fait supporter aux autres pour de fragiles richesses. Après tout, on ne meurt pas pour venir en Amérique et il y avait bien des immigrés sur le bateau qui nous a amenés, ainsi que de pauvres petits enfants et des filles toutes jeunes. Que vont-elles devenir ? Mes religieuses auraient une maison, un avenir assuré et des âmes qui les aimeraient. Toutes ensemble, elles gagneraient le ciel et glorifieraient Dieu.

A bord, je parlai plus d'une fois au Rév. Père Vaughan de ma famille et de mes sœurs. Il me demanda si elles n'avaient pas la vocation religieuse ? Je répondis, que, Dieu aidant, il y en aurait bien quelques-unes : « Alors, me dit-il, pourquoi ne pas les avoir amenées avec vous à Mill-Hill ?... » Dans l'ancienne maison occupée par les confrères, il y a en effet des religieuses qui, bientôt, pourront s'embarquer avec les missionnaires et travailler de concert. C'est de ce couvent qu'il voulait me parler.

Je ne répondis rien au Rév. Père Vaughan, mais je demandai au Bon Dieu de vous bénir...

Voilà bien le zèle de l'apôtre. Il brûle du désir d'enrôler dans la grande armée des sauveurs d'âmes tous ceux qui lui sont unis par les liens du sang et de l'amitié. Il veut leur faire partager sa passion. Rien ne compte en dehors de son idéal. Là seulement se trouve le vrai but de la vie, et donc aussi l'unique bonheur qui puisse être ambitionné.

Le missionnaire des noirs a raison de prétendre que cette vocation est la plus belle de toutes. N'ayant pas réussi à introduire sa sœur Maria dans la vie religieuse, il se dit que les plus jeunes de la famille ne pourront résister à ses instances... Il y a tant de bien à faire !...

Si l'Eglise catholique des Etats-Unis a réalisé, depuis lors, d'immenses progrès, il n'en est pas moins vrai que les païens abondent encore aujourd'hui sur son propre territoire. Les dernières statistiques portent à 58 ou 59 millions le nombre des citoyens américains qui ne font profession d'aucune foi et ne sont affiliés à aucune Eglise. Ce chiffre, parfaitement authentique, donne une idée du travail qui s'impose aux missionnaires pour atteindre ces païens civilisés et les arracher aux ténèbres de l'erreur.

Très rude était la tâche qu'assumait la Société des Missions Etrangères de Mill-Hill. En disant adieu à la famille et à la patrie, les jeunes messagers de la bonne nouvelle sont envoyés à la poursuite des âmes errantes, à travers d'impénétrables forêts où se cache une infinité d'infortunes humaines et de misères morales.

On sait qu'en Amérique, aux Etats-Unis plus que partout ailleurs, les races noire et blanche sont rigoureusement tranchées. Il existe entre elles la fameuse *ligne de couleur, color line,* ligne de démarcation qui bannit de la caste privilégiée, par principe et par convenances, celle des gens colorés. Si la loi d'émancipation a brisé les liens d'esclavage qui réduisaient les nègres à une honteuse servitude pire que celle des forçats ; s'ils ne sont plus de nos jours considérés, gardés et transmis comme un vil bétail, ne disposant de rien, ni de leurs corps, ni de leurs âmes, ils n'en sont pas moins exclus de la société des blancs qui leur passent une plus large mesure de leurs vices que de leurs vertus.

Est-ce pour ce motif que les citoyens de la grande République prétendent que le noir est brutal, trompeur, menteur, superstitieux et voleur... Ils lui reprochent également d'être ingrat, rancunier, alcoolique prédestiné et débauché incurable. Ils le disent voué à une infériorité invincible. L'éducation ne le façonne pas, l'instruction ne le relève guère.

D'aucuns prétendent que la guerre de Sécession, l'affranchissement inconsidéré des noirs, a été un malheur irréparable, une calamité qui a déchaîné des fléaux sans nombre dans les Etats.

« Etre libre, aux yeux du nègre, disent-ils, c'est

avoir le droit de manger sans rien faire, et il ne comprend pas, quand il use de ce droit, qu'on vienne lui reprocher sa paresse. »

Les abolitionnistes américains eux-mêmes, pour la plupart, regrettent cette philanthropie aveugle qui confère des droits politiques aux noirs et des libertés dont ils abusent. Lincoln disait en 1861 : « Il existe entre les deux races, blanche et noire, une telle différence physique, qu'elles ne pourront jamais vivre en bon accord et sur pied d'égalité parfaite. »

En ce temps-là, le président Cleveland s'expliquait en ces termes : « J'estime que l'époque de la « Case de l'oncle Tom » est irrémédiablement passée et ne se reproduira plus à l'avenir, mais je crois que le décret d'émancipation des nègres et l'attribution des droits civils et politiques qui leur a été faite n'ont pas plus changé les imperfections inhérentes à la race et à leur ancien état d'esclaves, qu'ils n'ont modifié la couleur de leur peau. Parmi les neuf millions de nègres qui ont été appelés à partager notre vie sociale, il existe, à l'heure actuelle une profonde ignorance et un triste assemblage d'idées vicieuses, de paresse et de désordre. »

La question nègre, aux Etats-Unis, reste aujourd'hui encore un problème d'actualité. L'augmentation considérable de la race noire menace de compromettre l'intégrité de la race blanche.

L'Eglise catholique est une Mère anxieuse d'assurer le salut de ses enfants, à quelque niveau de civilisation qu'ils appartiennent. Elle ne saurait tenir à l'écart du bercail les brebis abandonnées à la dent des loups ravisseurs. Dégradés et difformes de cœur et d'esprit, les êtres intelligents qui croupissent dans l'abjection sont, à ses yeux, susceptibles d'amendement et non moins dignes que d'autres de participer aux bienfaits de la Rédemption. Elle ne considère, dans les millions de nègres qui peuplent les Etats, qu'une immense multitude d'âmes à sauver. Son unique moyen de dissiper les craintes, exagérées d'ailleurs, qui assombrissent l'horizon du Nouveau-Monde, c'est l'évangélisation destinée à effacer des fronts humiliés une séculaire réprobation.

Tel est le but que se propose la propagande, en consacrant à cette œuvre une Société naissante, qui a pour mission spéciale de porter la lumière de l'Evangile parmi les noirs de l'Amérique du Nord.

*
* *

Le Père Vigneront et ses trois compagnons, désireux de s'acquitter de leur mandat, n'examinent pas les difficultés de l'entreprise. Ils obéissent et se livrent sans défiance à leur pénible besogne. Le champ ouvert à leur zèle est immense. Ils ne s'attardent pas à déplorer leur impuissance.

Cependant, que peuvent les efforts héroïques d'une poignée d'ouvriers à peine initiés aux exigences de l'apostolat sur un territoire d'une superficie de 9.212.3oo kilomètres carrés ?

Partout le protestantisme, avec ses sectes multiples et variées, s'acharne à prendre dans ses filets, à force de promesses alléchantes et de larges aumônes, ces pauvres êtres sans défense, d'autant plus faciles à séduire qu'ils ont été tenus plus longtemps à l'écart sous le joug de l'esclavage.

Mais il y a là des trésors à mettre en valeur, des âmes avides de connaître le vrai Dieu, de l'aimer, de le servir... L'apôtre en est convaincu. Quelle n'est pas son admiration émue en le constatant dès les premiers contacts ! Il ne tarde pas à découvrir parmi ses nègres de nombreuses familles catholiques, foncièrement attachées à leur religion. Entourées d'infidèles ou harcelées par les ministres de l'erreur, elles n'en conservent pas moins une ferveur qui l'édifie.

Sans doute il s'attend à des difficultés sérieuses pour défricher la majeure partie de cette terre en friche, mais ne possède-t-il pas, avec les ardeurs de la jeunesse, une santé robuste, une volonté de fer, et— ce qui vaut mieux que tous les éléments humains — la force même de Dieu que lui assure la toute-puissance de la grâce ?...

Il n'est pas seul, isolé dans un monde inexploré. Des prêtres expérimentés guident ses premiers essais ; ils l'aident à ne pas laisser son zèle flotter sans boussole. Il les consulte souvent et, avec eux, espère ne pas tenir le gouvernail d'une main débile.

Bravement, le jeune prêtre se met à l'œuvre. Il a pour maxime la recommandation de Mgr Dupanloup : « Il faut considérer, non point tout ce qu'il y a à faire, c'est cela qui tue parce que cela entraîne dans l'impossible, — mais le temps qu'on a à employer chaque jour. N'en point perdre, et ne pas s'occuper du reste. »

Hélas ! l'excès de labeur, imposé au missionnaire par l'immensité de la tâche, lui causera de pénibles mécomptes et hâtera l'heure de sa mort. Quel salaire plus avantageux pourrait-il envier ? Le disciple n'est-il pas joyeux et fier d'être assimilé à son Maître ? Jésus, lui aussi, a fait l'absolu sacrifice de sa vie, et il est mort sans en avoir vu le succès. Par son immolation, il a inauguré une loi qui régira l'apostolat jusqu'à la fin des temps : les âmes s'achètent au prix du sacrifice et quiconque veut coopérer à la mission du Rédempteur, la continuer ici-bas, doit, à la suite de Jésus-Christ, gravir le chemin du calvaire.

Dans le fait, il n'y a pas de plus grand amour que de donner sa vie pour ceux qu'on aime. (S. Jean, chap. XV, v. 13.)

Passionnément épris de l'amour des âmes, le P. Vigneront se laisse parfois entraîner au delà des limites de la prudence. Il se dévoue sans réserve à sa tâche apostolique au risque d'abréger ses jours.

« Quand l'esprit de Jésus s'est emparé d'une âme, dit l'auteur de l'*Imitation*, il ne lui laisse plus de répit et lui demande chaque jour de nouveaux sacrifices. Les faibles s'en épouvantent et reculent. Les courageux se laissent conduire en aveugles, et voilà ce qui fait la différence des saints et des imparfaits. »

N'est-ce pas la justification des prétendus excès de zèle de notre apôtre ? Qui oserait le blâmer d'avoir été fidèle à correspondre à l'esprit de sa vocation ?...

Une fois lancé dans l'arène, il court, il vole, il va jusqu'au bout de ses forces...

Mgr Spalding a confié aux quatre missionnaires de Mill-Hill l'évangélisation des noirs de son diocèse. Les autres Evêques des Etats leur donnent également pleins pouvoirs, de sorte que leur juridiction s'étend de l'Atlantique au Pacifique.

Avant eux, après la guerre de Sécession, le sort des nègres, au point de vue religieux, était resté stationnaire. L'abolition de l'esclavage n'avait guère profité au catholicisme.

Spécialement fondée pour leur porter secours, la Société de Missionnaires de Mill-Hill ébauchait le travail. Tout était à créer quand le jeune P. Vigneront arriva dans le pays avec ses trois confrères, sous la conduite du R. P. Vaughan.

Ce dernier tenait à se rendre compte par lui-même des chances de succès. Il comprit aisément que l'œuvre avait besoin d'hommes et de ressources. Avant tout, il fallait bâtir des églises, recruter des équipes de missionnaires, organiser tout un ensemble de moyens d'action. Ce ne serait que plus tard, avec le temps, qu'on parviendrait à défricher le sol, à l'ensemencer et à faire lever la moisson.

C'est dire que les débuts devaient être très pénibles. Pour commencer on se contenta d'une modeste installation dans l'un des faubourgs de Baltimore.

C'est là, dans un quartier sordide, peuplé de familles noires, que fut installée la nouvelle paroisse.

Une pauvre église, sous le vocable de saint François-Xavier, fut assignée aux missionnaires.

Leur premier souci dut être de l'approprier et de la rendre moins indigne d'abriter l'Hôte du Tabernacle.

Elle présentait un tel état de délabrement qu'on hésitait à l'utiliser pour le service du culte.

Peu à peu, grâce au savoir-faire du P. Vigneront, elle changea d'aspect. Il sut si bien et si rapidement lui faire subir d'ingénieuses transformations que, pour les offices du dimanche, le misérable réduit était devenu un palais.

Les changements opérés par ses soins en quelques semaines lui méritèrent les éloges de toute la population, entièrement conquise par sa bonté et son dévouement, par son entrain et sa belle humeur.

Dès lors, le « petit Père *Charley* » jouit d'une popularité sans cesse grandissante. On se plaisait à le voir, à l'entendre, à lui faire fête. « Il parle si bien, observent les noirs, il chante à ravir, il est si pieux à l'autel !

Pour sûr, ce Français est le prêtre le plus sympathique du Nouveau-Monde. »

Ces gens-là, peu habitués à de bons égards de la part des blancs, s'étonnent qu'il leur témoigne tant de bienveillance. Ils ne savent que faire pour l'en remercier. Aussi est-il accueilli dans tous les foyers comme le Messie. Ses visites font plaisir et produisent partout une excellente impression. S'il a le mot pour rire, il sait de même parler à l'âme et rappeler l'unique affaire du salut.

Chaque jour il renouvelle ses démarches dans le but de connaître ses ouailles et de leur faire du bien.

Celles-ci, à leur tour, accourent aux offices et remplissent l'église devenue bientôt trop étroite pour contenir la foule des assistants. Des conversions, de plus en plus nombreuses, encouragent ses efforts.

⁎⁎

Il fallut bientôt songer à fonder des écoles et à construire des chapelles de secours.

Lui-même se chargea de cette besogne qu'il ne tardera pas à mener à bonne fin. Il alla jusqu'à s'imposer le rôle de *teacher*, faisant l'école à ses négrillons.

S'il consacrait ses journées à un ministère extérieur écrasant, il se réservait une partie de ses nuits pour l'étude et la prière.

Témoin de son zèle et de ses succès, le R. P. Vaughan, avant de reprendre le chemin de l'Angleterre, décida de confier au P. Vigneront, pour le bien de l'entreprise, un double mandat : recruter des ressources et susciter des vocations dans les principales villes des Etats-Unis, voire même du Canada.

C'était lui demander un sacrifice poussé en quelque sorte jusqu'à l'héroïsme.

En pleine activité d'intrépide semeur, au moment où déjà surgit du sol l'espoir de la moisson, l'ouvrier est soudain enlevé à sa tâche, jeté dans le tourbillon d'un monde étranger qu'il ne connaît pas et condamné à lui tendre la main comme un vulgaire mendiant.

Le missionnaire obéit à la consigne sans proférer une objection. Il se fait tout à tous. C'est ainsi que, depuis le jour de son installation à la paroisse Saint-François-Xavier, il s'est livré à des occupations très différentes, selon les nécessités du moment : conférencier, prêcheur, instituteur, maçon, bâtisseur, cuisinier, etc. Il se reproche néanmoins d'avoir négligé la correspondance. A de longs intervalles il a écrit à sa famille. Et encore ses lettres ne comportaient que des nouvelles très concises.

Ce qui ressort de ses communications, c'est la sensibilité d'un cœur aimant et l'intensité d'un zèle qui tend à se communiquer.

S'il y fait quelque allusion à ses travaux, il a surtout en vue de s'assurer des coopérateurs.

Et maintenant le voilà plus libre de rêver au pays lointain, à ses bien-aimés.

Leur souvenir l'accompagne dans ses voyages.

Aussitôt, il reprend avec eux ses charmantes causeries :

New-York, 1er mai 1872.

A la chère et bien-aimée famille de Sivry,

Que Jésus, Marie et Jospeh vous gardent et vous comblent des bénédictions du ciel !

Me voici à New-York. J'y suis arrivé hier après une journée de chemin de fer. Là, comme à Baltimore, c'est à qui me fera compliment sur mon courage et ma bonne santé.

Mon trop long silence, sans doute, vous étonne et vous inquiète. Soyez rassurés, et pardonnez-moi, en raison du travail qui remplit chacun de mes jours... Vous savez que je vous aime, que je pense à vous et prie beaucoup pour vous.

Vous voulez, de plus, que je cause avec vous, vous prenne par la main et vous conduise par la ville, dans ma petite église et chez nos noirs. Combien il me serait doux de faire cette promenade et ces conversations ! Pour vous écrire il me faudrait des longs loisirs et je n'ai pas une minute à moi du matin au soir ; je suis surchargé de besogne, et la nuit, quelquefois bien écourtée, me laisse encore moins de liberté. La séparation de l'apôtre ne consiste pas seulement dans un acte passager, isolé ; il lui faut se séparer, à toute heure, à tout instant, aussi souvent que la pensée de son cœur qui aime, le reporte vers la famille et vers le pays. Alors, les yeux en haut et son cœur aussi, il dit à Dieu, en marchant son chemin : « Encore cela » ! Il va donc et il se trouve plus fort et plus éclairé pour faire le bien. C'est une compensation que Dieu a promise : Il est fidèle et il le sera encore plus au Ciel. Là nous nous reverrons. Quel bonheur d'y penser !

Je vous ai annoncé la mort de Mgr Spalding, notre grand archevêque et notre père tout dévoué. Quinze jours après lui, son vicaire général partait aussi de ce monde ; il nous aimait ; nous avons fait deux grandes pertes.

Le 1ᵉʳ mars, j'ai béni une petite église que j'ai pu attraper de MM. les Protestants. Je l'ai dédiée au Sacré-Cœur. Elle est bien étroite et bien humble. C'est presque la crèche de Bethléem, mais aussi, à Bethléem descendait et se donnait au monde Celui qui devait habiter dans nos grandes cathédrales.

Je vais quêter pour bâtir une église plus digne de ce Cœur que j'ai placé comme un centre d'attraction au milieu d'une foule de pauvres gens. Jésus les vaincra. De sa petite église, il les appelle à Lui ; tous l'adoreront.

Pendant le mois d'avril, j'ai tenu l'école, garçons et filles noirs ; ils m'entouraient et moi qui ne sais guère encore l'anglais, j'étais un instituteur de cette langue. Je m'étais promis de n'être jamais maître d'école, me souvenant de ce qu'avait souffert, autrefois, mon petit père et voilà que je l'ai été pendant un mois et peut-être devrai-je encore recommencer ! Mais j'aime les enfants et j'étais joyeux ; il fallait commencer et je n'avais personne ; aujourd'hui j'ai deux hommes pour me remplacer ; bientôt j'aurai des religieuses.

Un prêtre a mieux à faire. Il faut qu'il s'occupe d'autres choses. Il peut et doit faire davantage. Il y a une quinzaine j'ai donné une mission, j'ai prêché, enseigné et confessé en anglais, Dieu a béni, nous verrons les fruits plus tard.

Aujourd'hui, mon Supérieur m'appelle. Je suis à New-York et, dans quelques jours, je serai à Boston, peu après à Montréal, à Québec, aux Trois Rivières... Bon nombre de petites négresses vous saluent et vous remercient de m'avoir laissé venir. Vous avez même plusieurs chambres préparées quand il vous prendra la fantaisie de passer un après-vêpres sur ces plages. Vous pourrez trouver un souper et au besoin un gîte en quelque honnête maison où votre fils est aimé. Il est entendu que je fais maintenant tout mon ménage à l'anglaise : je prêche, je visite, je confesse en anglais, je mendie même... il le faut bien ; on me donne toujours, on a pitié de nos nègres, on veut le salut de leur âme.

Rassurez-vous, nous sommes bien logés, parfaitement habillés et nourris. Il ne manque qu'un peu d'amour de Dieu et du prochain ; obtenez-nous-le à tous, afin que comme saint Paul nous soyons de véritables apôtres.

Adieu ! je vous embrasse... Ecrivez-moi par Mill-Hill.

Profitant de ses courts instants de repos entre deux voyages, le cher apôtre des noirs met à jour sa correspondance.

A sa sœur Maria il donne ces détails :

New-York, 1er mai 1872.

Que la bonne Mère te bénisse et te bénisse encore !

Depuis deux mois, je n'ai rien reçu d'Europe : je n'ai pu écrire non plus ; je suis bien en retard à l'égard de tout le monde, si tu savais la besogne qui presse ton pauvre frère ! Nous voici au beau mois de mai : aux pieds de Marie implore, conjure. Son divin Fils nous bénit singulièrement. Nous produisons un bien immense. Il faudrait voir nos deux églises et ma pauvre petite chapelle. Avec quel plaisir tu irais le samedi parer l'autel et, le dimanche, chanter les litanies. Tu entendrais ton frère prêcher : il y a de quoi s'évertuer, je t'assure. On le comprend et quelques-uns sont touchés, ont-ils dit. Dernièrement j'en ai vu un qui essayait de pleurer ; son voisin lui demandait si les oreilles lui faisaient mal. Quelquefois, nous avons de grands sermons, alors ces jours-là tu pourrais pleurer aussi, te jeter à genoux et crier avec les autres : « Oh miséricorde ! miséricorde, Seigneur, ayez pitié de nous, pauvres pécheurs ! » Ou bien : « Non pas à gauche, Seigneur Jésus, mais à votre droite parmi les élus !... la vie éternelle ! » Nos églises sont pleines à regorger, nos autels sont ravissants, c'est beau. Je t'invite. Tu pourras voir cette quinzaine de jeunes filles, des françaises, petites sœurs des pauvres. Elles mènent une vie héroïque ; il y en a de tous les coins de la France. On cause un petit brin, comme tu penses. Aujourd'hui je suis à New-York, la soirée nous a rapporté passablement pour la mission noire. J'ai vu les Dames du Sacré-Cœur. J'ai dîné au couvent et je dois y retourner. On m'y prépare beaucoup de choses pour mes nègres. Vendredi, je pense être à Boston. Dans 8 jours, je parcourrai le Canada.

Prie bien pour ton pauvre frère. Je t'aime et t'embrasse.

Ton frère, l'apôtre des noirs.

**

Le quêteur improvisé n'a qu'à paraître, semble-t-il, pour gagner les cœurs et provoquer de larges aumônes. Il lui suffit d'exposer la profonde misère morale de la grande famille des nègres pour attendrir ses auditeurs. Il plaide leur cause avec tant de chaleur communicative qu'il est impossible de paraître indifférent en présence d'une telle dégradation de l'espèce humaine et de rester sourd à ses appels en faveur des infortunés qu'il recommande à la pitié des catholiques.

Si les Américains se montrent peu sensibles à la détresse des noirs qui leur sont instinctivement antipathiques, il n'en est pas de même du peuple canadien. Le sang français conserve sa pureté primitive à travers les générations qui se souviennent de leur noblesse d'origine. Là surtout, dans les principales villes du Canada, l'apôtre des noirs est à son aise. Sa parole trouve un écho et produit d'excellents résultats.

Montréal, 31 mai 1872.

Très chère famille,

Que Marie, en ce dernier jour de son mois verse sur vous ses bénédictions !

Je vous ai promis de vous écrire plus souvent : je veux vous montrer que je sais tenir mes promesses. Je voulais vous envoyer cette lettre le 28 après la sainte Messe que j'ai offerte à l'intention de grand-père Jos. Thierry, mort à pareil jour, mais j'en ai été empêché.

Ce jour-là, j'ai quêté ; ce qui m'arrive chaque jour plus ou moins. Je suis parfois très fatigué, comme à cette heure, par exemple ; aussi, je veux me reposer un peu en vous écrivant.

Hier, je suis allé à quelque distance de la ville chanter la messe et les vêpres (Fête du Sacré-Cœur) au grand séminaire. Après la cérémonie, deux jeunes gens se sont présentés pour demander les renseignements nécessaires. Ils veulent devenir des missionnaires noirs. Ils iront à Mill-Hill, en septembre prochain. Ils sont tous deux de Boston. L'autre jour, en quêtant, j'ai rencontré une grande dame qui m'a regardé avec intérêt :

— « Vous êtes missionnaire, cher Monsieur ? »

— « Oui Madame... »

— « Moi, aussi, j'ai un fils missionnaire ».

— « Peut-être votre fils n'est pas si éloigné de vous que je le suis de ma mère, lui dis-je. Ne pleurez pas ; vous reconnaissez qu'on n'est pas mort ni mourant pour accomplir la volonté de Dieu. »

— « C'est vrai, fit-elle, en regardant mes joues fraîches et rouges. Merci, je ne serai plus si inquiète sur le sort de mon fils ! je prierai aussi pour vous, bien cher Monsieur. »

Elle partit, me regardant encore... Je continuai ma quête.

en pensant à ma mère et à ma famille. J'étais au marché, parmi les gens de la campagne et les marchands de la ville. J'allais de loge en loge ; d'un canard, j'allais à un jambon et d'un œuf, à un bœuf. Je faisais rire les petites mères qui me donnaient toutes. Après ma ronde, j'avais ramassé 36 dollars, environ 180 francs.

Une autre fois, peut-être, aurai-je plus ! Nous avons déjà trouvé environ 4.000 dollars pour bâtir nos églises ; il en faut bien d'autres ; c'est pour Dieu seul que votre enfant quête.

Je demande au bon saint Joseph de vous bénir. Ne soyez pas plus pressés que lui. Il sait quand l'heure de nous faire du bien est venue ! Vous verrez un jour combien il nous aime. Donc, patience et résignation chrétiennes !

J'ai reçu de la Visitation de cette ville, un calice, des ornements et du linge d'église. Chaque jour, de jeunes personnes viennent me demander de les recevoir pour travailler au salut des nègres. On va réfléchir. Il est vrai que ce sont généralement des personnes de condition pauvre, mais n'y a-t-il pas là, courage, générosité et bonne volonté ? Il faut donc que je quête et que je gagne le pain de tout ce monde. Prions ensemble.

*
* *

« Il faut donc que je quête... » Evidemment, c'est là, pour le jeune missionnaire, une corvée peu agréable. Certes, il préférerait s'adonner uniquement à son œuvre d'évangélisation. Ses « chers enfants » de Baltimore le réclament. Il lui tarde de se retrouver au milieu d'eux. Mais il ne se dérobera pas à la pénible mission que ses supérieurs lui commandent. Avant tout, la sainte volonté de Dieu ! Ses sacrifices lui valent des joies intimes et de douces consolations, ainsi que nous l'apprend la lettre suivante :

Montréal, 16 juin.

Très cher père,

Que le Sacré-Cœur soit votre bonheur !

Ne vous attendez pas à de longues lettres ; le petit missionnaire n'a plus le temps. Il tâchera de vous écrire plus souvent mais il doit être bref désormais. Tout lui incombe de toutes parts.

Au milieu de ses travaux, l'enfant se porte bien ; il a les joues vermeilles. Vous voudriez bien le revoir, j'en suis sûr. Il peut se faire que je retourne en Europe assez prochainement, parce qu'il est question de m'envoyer à la Nouvelle-

Orléans, fonder une mission. Quand la chose sera en train, je serai chargé d'aller chercher des missionnaires et des religieuses, soit en Lorraine, soit en Normandie. Bref, pour le moment, je suis au Canada, bien portant, courant du matin au soir, et dormant un petit peu parfois. Je prêche dans la grande église Notre-Dame ; beaucoup de monde mais trop peu de piastres, car les fortunes sont plus rares ici qu'aux Etats-Unis, mais les cœurs y sont largement ouverts.

Depuis mon arrivée dans cette ville j'ai ramassé pour nos œuvres 1.200 dollars. Nous avons besoin de beaucoup d'autres sommes. L'essentiel aussi est de trouver des vocations. Bientôt, je pourrai envoyer de 15 à 20 aspirants missionnaires à Mill-Hill.

L'un d'eux a été Consul au Cap de Bonne-Espérance, en Afrique. Des petites mères, j'en aurais pour deux ou trois voiturées. Elles voudraient toutes venir, mais ce serait trop, et pour ne rendre personne jaloux, je n'en reçois aucune. Cependant il pourra se rencontrer des vocations extraordinaires.

Je suis souvent très fatigué, mais qu'importe, puisque l'œuvre avance ! Dieu soit béni !

Et dire, cher petit papa, que c'est l'ouvrier de la Côte de Haraumont qui est chargé, de la part du bon Dieu, de faire marcher cette œuvre ! Je ne pouvais concevoir pareille chose autrefois dans ma jeune cervelle, lorsque je portais à la vigne la terre, dans ma petite hotte, ou que j'allais, traînant mon petit chariot, vous porter le manger de midi.

Tout de même, Dieu est admirable et il vous aime. Ce n'est pas encore de là que vient la principale cause de mon admiration. Ce qui frappe surtout, c'est lorsque l'on pense aux péchés de l'enfance et que Dieu a bien voulu les oublier. C'est beau cela, de la part du bon Maître, et cela donne un peu de cœur...

Quand je parle du haut de la chaire à un peuple immense qui m'écoute avec émotion, ma hotte, mes petites voitures et mes péchés surtout me reviennent à l'esprit et alors je vais avec confiance et je parle hardiment, car il faut que ce soit Dieu qui veuille cela ; il faut qu'il soit présent, autrement je serais encore à la Côte de Haraumont, ou plutôt dans le fossé et ma hotte de terre sur moi. Oui, c'est le bon Dieu, et lui seul, qui fait tout ; il ne peut même plus y avoir de prise pour l'orgueil : ce serait tout à fait stupide.

Je veux en venir, bien cher papa, à vous faire remercier Dieu avec moi, et à vous remercier vous-même pour tout le bien que vous m'avez fait. De loin comme de près, missionnaire au Canada ou simple ouvrier à la vigne, je vous aime. Aujourd'hui, en particulier, je vous aime davantage afin de donner à mon bouquet de fête un peu plus de fraîcheur.

C'est bientôt la saint Jean-Baptiste. Parce que je ne suis pas à la Côte de Haraumont, il faut que je prenne le devant. Je ne sais si j'arriverai, n'importe ! mes vœux et mes affections, mes prières et les bénédictions demandées pour vous viendront à point. Donc, bonne fête, cher petit papa ! Que le bon Dieu vous aime ! Et vous, que vous aimiez le Seigneur ! Un jour, n'est-ce pas, nous ferons la fête au ciel !... J'y pourrais aller rapidement si je savais profiter des mérites qui sont à ma portée. Mon occupation, je devrais dire mon *métier* actuel, est tant soit peu ennuyeux, mais ne faut-il pas savoir tout faire ?

Je reçois des lettres de Baltimore. Les affaires religieuses vont bien. Mon Supérieur est à Londres maintenant. Je crois qu'il repassera l'Océan l'hiver prochain et viendra encore quêter en Amérique. Il a bien fait à New-York pour la gloire de notre sainte Religion.

P. S. — Me voici au 22 et ma lettre est encore là. J'ai dû voyager et prêcher. J'ai passé cette nuit en bateau à vapeur. J'y dors parfaitement. J'ai une cabine, mes repas et mon passage gratis ; mais je ne veux même pas gratis le mal de mer...

Je vais dans les maisons d'éducation solliciter quelques jeunes gens. Il fait chaud ici, mais pas tant qu'à Baltimore. Que c'est chose pénible de mendier ! Mais pour le bon Dieu, rien ne coûte.

*
* *

Après quelques mois de séjour au Canada, attelé du matin au soir à son « dur métier » de quêteur, le P. Vigneront, chargé de piastres et de mérites, revint à Baltimore, où ses paroissiens lui firent fête. Au pays de « la vie intense », il se remit avec entrain à ses œuvres d'apostolat, sans même trouver une minute pour la correspondance. Le 24 octobre seulement, il put répondre à Eugène :

*
* *

Très cher frère et ami, que saint Joseph te guide ! qu'il te bénisse !

Depuis plusieurs mois déjà, tu me demandes une réponse à certaines questions. J'ai différé de jour en jour faute de temps. Il y a tant à faire ici que, parfois, je tombe de fatigue.

Ton mariage : voilà la grande affaire ! Tu la crois pressante et tu voudrais la régler de suite ; attends du moins au printemps, mon cher ; pour un homme, il n'est jamais trop tard et, souvent, on peut se repentir de n'avoir pas attendu. Tu n'as rien à perdre pour différer. Crois-moi, patiente encore, c'est ton bien.

Je t'approuve dans ton désir de rester au pays. Cela te vaudra de trouver une bonne épouse, car Dieu récompense les enfants qui font des sacrifices pour leurs parents. Il ne t'a pas conservé en vain sur le champ de bataille, il ne t'a pas donné en vain de bons parents, tu n'es pas catholique pratiquant en vain : Aie patience, ton heure et ton épouse viendront à temps !

Tu as une exacte idée de la femme qu'il te faut. Elle doit avoir de la piété, de la force, un bon caractère et quelque éducation. La fin du mariage t'est connue et tu veux la remplir. Elever à Dieu une charmante famille qui embellira le jardin de l'Eglise et se développera comme une vigne bien soignée et vigoureuse. Plus tard, tu pourras t'asseoir à l'ombre de ses feuilles et, tranquille, t'endormir doucement lorsque le soleil cessera d'éclairer ton horizon.

Ta vigne promettra, elle sera belle, féconde, fructueuse ; tu l'auras entourée et tu l'auras nourrie pour plusieurs générations. Ceux qui la verront l'admireront, te féliciteront et aimeront à goûter de ses fruits. Bien cher, que te feront, en ce temps-là, les quelques soucis d'aujourd'hui, les heures d'attente, l'ardeur au travail et le poids du jour ? Tout cela sera passé, tu l'auras oublié en contemplant la vigueur et les espérances de ton plant. Tu as l'essentiel, le reste n'est qu'accessoire et cependant cet accessoire te sera encore donné, parce que Dieu l'a promis à ceux qui cherchent d'abord son royaume.

Mais il faut choisir la terre, en trouver une féconde, bien cultivée et bien exposée. Cela suffit. Il n'est pas nécessaire qu'elle soit riche ; tu pourras la faire fructifier. Tu peux donc attendre, pourvu que tu aies une charmante épouse qui devienne une bonne mère. Or, parmi les noms que tu m'as envoyés, il en est qui laissent à désirer. Point d'alliance entre proches parents : la nature et l'Eglise le défendent avec sagesse. Point non plus de rétrécissement intellectuel, car tu aurais trop à souffrir. Choisis force et conduite.

Quelque coin du monde possède l'humble trésor qui te sera donné. Dieu le couvre encore, mais c'est pour l'embellir et, au jour de sa Providence, quelqu'un aura la charge de l'ange Raphaël pour te faire rencontrer ta Sara. Je prie pour elle. J'ai dit la messe ce matin pour vous deux. Reste à Sivry, remplace-moi auprès de nos parents. Dans ce pays, du reste, la culture est plus agréabe qu'en beaucoup d'endroits.

Au revoir ! N'oublie pas ton frère et son épouse, la Sainte Eglise. Je t'embrasse bien fort.

⋆

Les réflexions qui précèdent n'empruntent rien à la banalité courante. Elles émanent d'une clairvoyance lucide, d'un fonds de sagesse et de bon sens qui permettent d'en apprécier l'auteur.

On conçoit aisément quelle autorité suppose cette connaissance du cœur humain dans la direction donnée à ceux qui demandent des conseils à l'apôtre.

Celui-ci n'est pas moins apte à aiguiller les âmes d'élite vers les cimes de la perfection. S'il use de son influence pour attirer la jeunesse dans les sentiers de la vertu, il s'applique spécialement à découvrir des signes de vocation religieuse et sacerdotale dans les milieux où s'épanouit la fleur de l'humanité.

Malgré son insuccès, il n'abandonne pas pour autant son espoir de voir sa sœur Maria fixer son choix dans la pure lignée des épouses de Jésus-Christ.

A nouveau, il insiste :

Baltimore, le 28 octobre 1872.

Très chère petite sœur,

Que saint Joseph ne cesse de te bénir !

Que deviens-tu ? J'ai lu ta lettre, il y a quelques jours. Tu allais bien, j'espère qu'il en est de même... C'est mieux qu'Emile soit entré au Séminaire ; c'était sûr que cela se ferait. Dieu, en dépit des hommes, le conduira ; il sera un jour ordonné prêtre, je le désire de tout cœur, car il glorifiera Dieu selon ses forces.

Merci, ma bonne sœur, des sacrifices que tu t'imposes pour notre plus jeune frère ; Dieu te récompensera de ta générosité. Je t'ai poussée à entrer dans la Sainte-Famille et j'ai bien fait, car je croyais que Dieu t'y appelait. Tu as mieux fait cependant en obéissant aux avis de ton directeur. Veux-tu me permettre de t'ouvrir mon âme à ce sujet, sans revenir sur les conseils que je t'ai donnés.

A moins que Dieu te destine à passer ta vie avec Emile — les années, chère enfant, s'écouleront bien vite — dis-moi si tu ne voudrais pas plutôt blanchir les nègres ?

Un jour, il y a bien longtemps, je te disais que si je devenais missionnaire, il fallait que tu le deviennes aussi et tu me répondis : « Peut-être partirons-nous ensemble ! » Moi, je croyais devoir partir pour l'Asie ; mais, contrairement à mon attente, Dieu a poussé ma nacelle vers les rives de l'Amérique ; un souffle de son amour a passé sur moi et j'ai été envoyé recueillir sur une terre étrangère les pensées de ce peuple de Cham maudit.

Il y a ici de la place pour plusieurs et de la besogne pour beaucoup. Je ne voyais pas la possibilité de t'avoir près de moi en Asie et je ne t'ai pas parlé de tenir ta promesse d'enfant. Mais, depuis que je travaille sur ce terrain des nègres, il me semble que je pourrais trouver assez de branches pour te dresser une tente près de ma hutte et je t'assure que, si les forces ne me manquent pas, je pourrai t'apporter assez de besogne. Que dis-tu de cela, petite Maria ? Toi aussi, devenir une négresse pour le salut des nègres ! Au ciel, nous serons tous blancs !... Heureux ceux qui seront plus blancs et auront fait plus de blancs !... Tu as une chance : je cherche en ce moment des religieuses... Veux-tu venir ?...

Je pense bien que Angélina viendra avec toi. Vous préparerez la place à Philomène. Quant à Anna, elle aura soin des parents, brossera plus tard les habits de son mari et conduira ses enfants à l'église ! Emile aura sa place quelque part et trouvera du monde pour faire son ménage. A moins que, lui aussi ne vienne nous rejoindre... Voilà donc que tu te rends à Boulogne-sur-Mer. Tu embarques pour l'Angleterre. Tu es reçue parmi les religieuses du couvent Sainte-Marguerite. On t'aime ; tu t'instruis et tu te prépares. Allez, te voilà prête ; un bon vent se lève, tu arrives en Amérique après une bonne médecine. Te voilà taillée pour blanchir six cents négresses que le Seigneur te doit pour avoir quitté ceux que tu aimes et notre chère France. Tu entres dans un hôpital ou dans mon école ou encore dans un ouvroir et tu formes un bataillon de jeunes novices noires. Viens... et songe qu'après ce sera le ciel !

Que de grâces prévenantes... et quelle magnifique perspective !... « Si jeunesse savait !... » Mais, il ne faut pas oublier le dicton populaire : « L'homme s'agite, Dieu le mène. » D'ailleurs, l'inconsolable Maria se résignait difficilement à la séparation. Son frère se plaisait à lui décocher quelques-unes de ces flèches anodines, sachant bien qu'il lui faisait plaisir. Au demeurant, il connaissait les trésors accumulés dans le cœur de la jeune fille et désirait ardemment en faire bénéficier ses œuvres...

Fidèle à ses habitudes, il n'a garde d'oublier le jour de l'An. A sa très chère famille, il offre ses vœux à sa façon :

Dès le matin, je vous ai envoyé mes étrennes par le Ciel.

J'ai donc prié pour vous au saint sacrifice de la messe. Je souhaite une bonne et heureuse année à petit papa, à petite maman, au cher Eugène, à ma bonne Angélina et à petite Philomène. Comme la famille est déjà diminuée !... Je me rappelle ces premiers de l'an, quand nous étions tous à la maison ! On ne pouvait trouver assez de pommes, de pruneaux. Le plus difficile à contenter est parti le premier. Maria et Anna et le petit Emile ne sont plus là non plus ! Mais eux, ils ont des pommes et des pruneaux quand même ! Pour ma part, je voudrais vous montrer le monceau de dragées, de sucreries, de gâteaux, de candis, de mille choses que mes nègres m'ont apportées, et aussi beaucoup de blancs. Le malheur n'est pas attaché à ma personne.

Tâchez de venir dans la quinzaine : nous avons ce qu'on appelle un *bazar*, une *foire*. Pour la mission, nous allons nous efforcer de faire un peu d'argent. Venez, je vous conduirai à cette foire. Vous verrez combien les nègres s'empresseront de vous offrir un cadeau, parce que vous leur avez envoyé « le petit Père Français ». Ils ont voulu avoir ma photographie et, la semaine dernière, j'ai été me... « réfléchir ». La réflexion n'est pas très lumineuse et le papier ne s'est guère enrichi. Cependant, cela plaît aux nègres et ils ont acheté le papier. J'en conserve un petit brin pour vous.

Veuillez, à votre tour, m'envoyer votre photographie ; j'en suis privé.

C'est un usage, importé de la Grande-Bretagne, et depuis longtemps établi en Amérique et dans les colonies anglaises, que les œuvres paroissiales s'alimentent principalement aux sources de la charité publique. Toute « congrégation » a son « bazar » annuel. En d'autres termes, dans chaque paroisse — ou association de quelque importance — on organise une sorte de *vente de charité* dont les lots proviennent des industriels, des commerçants, des familles aisées et même des plus humbles ouvriers. Riches et pauvres concourent à la préparation d'un grand marché où sont étalés mille objets divers vendus au profit d'une œuvre locale. Rien n'est négligé de ce qui peut contribuer au succès. Le jour déterminé pour la vente, c'est une « Kermesse », un festival, pour la population tout entière qui s'y donne rendez-vous. S'abstenir de prendre part à cette réjouissance serait manquer gravement aux principes élémentaires de la politesse ; ce serait faire preuve d'une inqualifiable grossièreté à l'égard des autorités religieuses ou civiles qui président la fête.

Plus le prêtre jouit de l'estime et de la sympathie de ses paroissiens, plus il a chance de réussir.

C'est assez dire que les « bazars » de l'apôtre des noirs marquaient pour lui un triomphe.

Dans ses lettres il fait rarement allusion à ce qui serait de nature à satisfaire l'amour-propre.

Cependant il raconte volontiers des faits édifiants, et surtout il témoigne les sentiments de son cœur :

Baltimore, 6 janvier 1873.

A toute la petite famille de Sivry,
Salut, paix et bonheur chaque jour !

Vous ne seriez pas satisfaits, ni les uns ni les autres, si je vous envoyais simplement le strict souhait d'une bonne année. Tous, vous attendez, depuis longtemps, des détails sur bien des choses ; vous trouvez le temps long. Je veux prendre aujourd'hui quelques instants pour vous griffonner ces lignes.

Nous avons grande fête, ces jours-ci, à Saint-François-Xavier. C'est la fête de l'Adoration. Ce matin et hier, beaucoup reçurent Notre-Seigneur à la Sainte Table. Venez ce soir et voyez les nombreuses lumières qui brillent au milieu de charmantes fleurs. Tout le sanctuaire est tapissé de couleur rose et reflète l'éclat des bougies. C'est splendide ; nos nègres se croient au Ciel. Nous nous efforçons de faire tout ce qui peut rendre plus majestueux et plus attrayants les offices de l'Eglise, afin de prendre les cœurs par les yeux et les oreilles. A Noël, nous avions aussi de belles cérémonies. Ici, ce n'est pas l'usage de chanter la messe de minuit, mais seulement à cinq heures. Ce fut moi qui la chantai et j'eus le bonheur de donner la Sainte Communion à plus de cinq cents personnes. Quelques vieux nègres et vieilles négresses approchaient de la Sainte-Table pour la première fois — une, entre autres, qui n'a pas moins de quatre-vingt-quinze ans !

Il y a environ trois semaines, j'ai enterré une vieille créole de Saint-Domingue qui a eu la charité de nous donner ses deux maisons. Tout le monde en est content et nous allons commencer là un hôpital. Ce sera petit, pauvre, bien humble, mais n'importe ! Ce sera le commencement d'une très grande chose nécessaire. Il n'y a pas de place pour les nègres dans les hôpitaux, en sorte que les vieux et les vieilles demeurent abandonnés, pourrissant en quelque coin, comme celle que j'ai rencontrée l'année dernière, mourant de froid et de faim. Oui, nous allons entreprendre cette œuvre et j'attends, pour ouvrir cette maison, deux ou trois jeunes négresses que nous formerons sur le modèle des héroïques petites Sœurs des pauvres. Aujourd'hui, j'ai eu un bel exemple de dévouement : une de nos négresses avait préparé un splendide dîner et a servi les pauvres qui sont venus sanctifier la maison en représentant saint Joseph, la Très Sainte Vierge et le petit Jésus de la Crèche. C'était beau, réellement. Si j'avais une de mes sœurs sous la main, je lui confierais soixante ou quatre-vingts âmes de négresses pour les former à soigner les pauvres. C'est ce que nous pouvons faire de mieux.

Et comment vous décrire la solennité de l'Immaculée Conception ? C'était un jour de triomphe pour la bonne Mère. L'église resplendissait de lumières. Ce soir-là, j'ai prêché sur la bonne Mère... J'étais heureux, on n'a pas pu me comprendre entièrement, mais la bonne Mère a béni mes efforts. L'église regorgeait de monde. Nous avons consacré le peuple à Marie Immaculée, puis nous avons formé une procession. J'ai une statue de Notre-Dame de Lourdes ravissante. Elle est splendide la Vierge que nos négresses portaient en triomphe. Tout le monde l'admirait. Nous avons essayé de reproduire exactement ce qui s'est passé à Lourdes.

Baltimore tout entier vient voir notre autel et prier Marie. On apporte des fleurs et des bougies ; on demande des grâces et des faveurs. J'ai un secret pressentiment que la bonne Mère se fera prendre là et prendra aussi des âmes. Je voudrais vous raconter comment j'ai pu me procurer cette statue. J'eusse voulu vous avoir ce jour-là. Les nègres disent que « c'est mon jour ». Il est vrai que c'est le jour de ma Mère. J'espère que Marie nous donnera quelques âmes, il le faut bien. Ma petite église du Sacré-Cœur marche bien ; plus tard on en verra les fruits.

Nous nous portons tous à merveille et le bon Dieu daigne bénir nos travaux.

XIII

A Louisville

Les Missionnaires de Mill-Hill, jeunes, actifs, animés
d'un grand esprit de prosélytisme, avaient réussi à installer leur première fondation de Baltimore dans des
conditions telles que les débuts faisaient présager les
plus heureux résultats pour l'avenir. En moins de trois
ans ils avaient constitué divers centres d'apostolat, inauguré plusieurs chapelles secondaires autour du principal
foyer, construit des écoles et des hôpitaux, multiplé les
œuvres d'enseignement et de préservation. De si rapides
progrès leur valurent l'admiration du clergé et les
encouragements de l'autorité ecclésiastique. C'était merveille de les voir étendre leurs conquêtes pacifiques dans
tous les quartiers les plus déshérités de la grande ville,
avec des ressources insignifiantes et un personnel réduit
à sa plus simple expression.

Ces magnifiques succès étaient dus, en grande partie, au zèle du P. Vigneront, connu sous le nom de
« Père Charley ». L'infatigable apôtre des noirs, stimulé
par l'étendue de la tâche, la vue du bien à réaliser et des
obstacles que le protestantisme suscite pour paralyser
ses efforts, se jette tête baissée dans la lice et s'impose

un travail qui le tient constamment en haleine. La popularité qu'il s'est acquise l'oblige aussi à déployer une activité continuelle au service de ses noirs. Il se trouve entraîné malgré lui au-delà des limites d'une sage modération. Il est toujours prêt à se charger d'un travail que d'autres confrères n'acceptent pas de plein gré. Il ne refuse aucune corvée, si pénible soit-elle, en raison même de son tempérament incompatible avec le sang-gêne et le « flegme » proverbial des Anglais.

Rien ne lui coûte, dirait-on, quand il est question d'un acte de dévouement. C'est ainsi qu'il accepte de prêcher dans les églises de la ville où son talent oratoire est apprécié, d'aller quêter quand le besoin d'un secours urgent se fait sentir, d'organiser un bazar, une soirée théâtrale, une grande cérémonie religieuse, la préparation d'un concert, une œuvre de bienfaisance.

Son supérieur, le R. P. Vaughan, admire l'ardeur du seul prêtre français engagé, dans son équipe, à l'évangélisation des nègres ; il se réjouit de ses succès, l'exhorte à profiter de sa jeunesse pour produire le plus de bien possible : mais il ne se rend pas compte, à distance, qu'il est une mesure de labeur que l'homme le plus robuste ne saurait dépasser sans préjudice pour sa santé.

**

Une lettre de Mill-Hill, sur ces entrefaites, assigne à l'apôtre des noirs une nouvelle mission.

Ce qu'il a fait à Baltimore, il doit le recommencer à Louisville.

Assurément, un tel témoignege de confiance n'est pas pour lui déplaire. Mais que de regrets en quittant le théâtre de ses premiers travaux !

Il connaît l'état du Maryland avec sa ville de Baltimore si bien située sur la baie de Chesepeake ; il y a contracté des relations chères à son cœur ; il y a fondé des œuvres qui sont florissantes, et voici que l'obéissance lui impose de tout quitter sur-le-champ pour un nouveau poste, dans une région moins salubre, parmi des étrangers qui l'accueilleront avec indifférence.

Dans une lettre à sa famille, le missionnaire se contente de communiquer son changement d'adresse :

Evêché de Louisville, 5 juin 1873.

Très chère famille,

Que la paix du bon Maître soit avec vous !

Je ne sais pas où j'en suis avec Sivry. Je n'ai reçu aucune nouvelle du foyer depuis janvier. Je vous ai écrit plusieurs fois et même je vous ai envoyé deux photographies et vainement j'attends une réponse.

Voici ce que j'ai à vous dire du chétif oiseau. Il se porte admirablement bien, toujours dispos, ne perdant pas de temps nulle part, ni à table, ni au lit, riant parfois, malgré quelques soucis, courant sans cesse, faisant un peu de bien grâce à Dieu et, aujourd'hui, arrivé dans le Kentucky pour commencer une nouvelle mission. Ma vocation est de voyager, paraît-il.

Je le disais bien à petit papa, quand il me grondait d'user trop de souliers. Aujourd'hui, on me les donne et je les use utilement — aussi, ne voudrait-il plus me gronder !

Puisque je parle de petit papa, je vais de suite lui dire ce que j'ai au cœur pour lui, prévoyant que je n'aurai pas le temps d'envoyer une autre lettre d'ici-là.

Je lui souhaite donc une bonne fête. J'espère qu'un jour je la célébrerai au beau ciel avec lui, quand le bon Dieu nous aura appelés tous les deux. Dans ce souhait, se trouvent compris tous les vœux qu'il peut désirer et je demande à Notre-Seigneur leur réalisation. Puis, là-dessus, j'embrasse bien fort petit père.

Il y a un an, je vous écrivais de New-York, au moment où je partais pour le Canada. Je veux aussi vous adresser un mot du pays où je me trouve. Je ne sais rien encore de ce pays pour vous en parler ; il est fort probable que je viendrai l'habiter et travailler au bien des nègres qui s'y trouvent répandus. On en compte environ vingt mille dans la ville même.

Monseigneur l'Evêque de Louisville nous offre une église, une école et une maison. Priez que cela soit bientôt trop restreint. Il nous faudra sous peu deux écoles, deux églises et un hôpital.

Les choses vont bien à Baltimore. Le 4 mai, j'ai fait faire la Première Communion à une douzaine de mes négrillons. C'était grande fête. Je m'étais procuré un magnifique gâteau que j'ai béni à la messe et distribué après. Quelle joie ! Puis une cloche chantant mille belles choses sonnait et versait la joie dans l'âme de tous.

Les nègres pensent réellement que je suis un homme bien puissant et très habile ; ils se trompent. Dernièrement, une pauvre mère irlandaise m'a demandé la résurrection de son fils. Ah ! si j'avais été un saint ! Mais non, je ne le suis point. Le 18 mai, j'ai encore eu une grande fête. Imaginez-vous plus de trois cents enfants marchant en procession. Les petites filles vêtues de blanc et portant Notre-Dame du Sacré-Cœur. On a fait un long parcours dans les rues, on a chanté et prié ; on a étonné toute la masse des nègres qui étaient venus regarder avec leurs gros yeux blancs. Après la cérémonie, j'ai distribué des dragées et du sucre aux petits et aux grands enfants. Ah ! comme ils me bénissaient !

Pendant ce temps, les choses vont bien à l'hôpital que j'ai commencé dans une autre partie de la ville. De vieilles âmes, que le diable comptait bien avoir chez lui, se détachent doucement de ses griffes pour entrer au beau ciel après le baptême et la Première Communion.

Euphémie est chargée de mon hôpital. Elle a environ quarante-cinq ans. C'est une bonne créature et elle possède toutes les qualités nécessaires. Deux jeunes filles l'assistent. Il y a environ neuf personnes dans la maison. Tout le monde est content. Ah ! comme elles seraient bien reçues les demoiselles Vigneront, les sœurs du « Petit Père Charley » !

*
* *

Les détails ci-dessus sont narrés avec une telle simplicité qu'ils rappellent, en leur concision, une page d'évangile. Quelle poignante émotion provoque la naïveté de cette pauvre Irlandaise implorant d'un ministre de Jésus-Christ la résurrection de son enfant ! Sa foi est grande, sans doute, et sa confiance, admirable. Mais ce qui ne l'est pas moins, c'est la vertu, ou mieux la sainteté, de celui auquel s'adresse une pareille supplique

Ce fait en dit long. Rien, dès lors, qui puisse étonner au sujet de l'influence exercée sur les foules par ce jeune prêtre qui passe, à l'exemple du Maître, en faisant le bien.

A Louisville, il est vité l'objet de la vénération des populations noires. Suivons-le dans l'emploi de son temps :

Louisville, 4 octobre 1873.

Mon cher Emile,

Je t'avais oublié presque entièrement. Pourquoi restes-tu muet comme un poisson de la Meuse, ou bien manchot comme un paralysé ? Ecris-moi désormais plus souvent.

J'espère bien que tu es rentré au Séminaire et que tu t'y trouves avec une bonne santé et surtout avec d'excellentes dispositions. Si tu n'avais personne pour te prêcher, je te ferais tout de suite un sermon en quatre points : 1° sur la piété ; 2° sur l'obéissance ; 3° sur le travail ; 4° sur les bonnes manières. Mais j'ai assez de prêcher à mes nègres et de le faire en anglais. Je ne prêche plus ni aux blancs, ni aux Français. Dis que c'est pitoyable si tu le penses, mais je ne le crois pas. Mes nègres m'écoutent et je leur fais du bien. Mon anglais, tout mauvais qu'il soit, leur donne de bons conseils qu'ils mettront un jour à exécution.

Que veux-tu que je te raconte ? D'abord comment je passe mes jours ? Je vais te donner le programme d'aujourd'hui, par exemple. A six heures, je vais dire la sainte Messe chez les Petites Sœurs des Pauvres. Elles prient beaucoup pour nous et j'y gagne. Je reviens à l'église de Saint-Augustin pour assister à une messe durant laquelle je dirige mes petits nègres et mes petites négresses dans leur manière de chanter et de se conduire. Ils font cela très bien. C'est un négrillon qui sert la messe ; il s'acquitte de cette fonction admirablement. Nous avons environ une douzaine de ces petits enfants aux yeux blancs et à la figure couleur de cirage. Leur surplis blancs et leurs soutanelles rouges font ressortir les contrastes, mais ce n'est pas disgracieux du tout. Maintenant, il faut que je me raisonne pour me rappeler que je suis parmi les nègres.

Après la messe, il me faut répondre à quelques bonnes mamans qui viennent demander une chose ou une autre ou je dois aller voir les malades. Ensuite, je fais un tour à l'école ; je fais lire, épeler, écrire et compter notre jeunesse qui aime beaucoup à me voir entrer. C'est pour elle une récréation, surtout quand je distribue des dragées. Nous avons deux écoles dirigées par des Sœurs de Charité et environ cent vingt enfants.

Quand j'ai le temps, j'en profite pour lire un peu de théologie et d'Ecriture Sainte. Ciel ! je ne deviens pas savant depuis que je suis en mission... Rappelle-toi que mon meilleur temps pour acquérir quelques notions fut mon temps de séminaire.

Dans la matinée, j'ai à sortir et à voir notre peuple. Chaque jour, je tâche de faire connaissance avec de nouvelles familles. Je rencontre de tout et je dois parler à tous : un baptiste, un méthodiste, un puritain ou... un rien du tout. J'ai à instruire ou à discuter. Tu sais que les Protestants prétendent trouver dans la Bible ce qui regarde l'âme et ils sont forts en arguments. Cependant, ils trouvent quelquefois des raisonneurs aussi fins qu'eux. Je vais t'en citer un exemple : un méthodiste prêcheur entre en discussion avec un prêtre catholique, — juste comme cela est arrivé hier à l'un d'eux avec moi — on se met à parler des signes de vocation et le prêcheur prétend avoir une vraie vocation immédiate de Dieu.

Le prêtre tâche de lui faire comprendre comment il est venu trop tard ; que le soin de prêcher l'Évangile a été confié aux apôtres et à leurs successeurs, mais nullement à John Weslay, leur fondateur. Le prédicant ne voulait pas entendre raison. Enfin, un trait de lumière frappe l'esprit du prêtre qui pose son argument de la sorte: « Apportez-moi votre Bible ». Il l'apporte. Le prêtre l'ouvre et lit : « *Quam speciosi sunt pedes, qu'ils sont beaux les pieds de ceux qui annoncent la paix...* »

— Je vous prouve, ajoute-t-il, par votre Bible, que vous n'avez pas une vocation et que vous devez cesser de prêcher l'Évangile. Selon les paroles que je viens de citer, il est certain que le prêcheur de la parole de Dieu doit avoir des pieds délicats et gracieux, autrement, l'Esprit n'aurait pu dire: « *Qu'ils sont beaux les pieds de ceux qui annoncent la paix* ». Or, regardez vos pieds... Il ne sera jamais possible qu'on dise de vous : « Quels beaux pieds a ce prêcheur ! » Tirez la conclusion...

Si tu eusses vu la surprise et le désappointement de cet homme, tu aurais éclaté de rire. Le prêtre, tenant son sérieux, laissa convaincu son homme qu'il ne peut avoir une vraie vocation. On dit qu'il ne veut plus prêcher.

Une autre fois, j'eus à discuter avec un anabaptiste, qu'on appelle simplement *baptiste*. Il me demande de lui prouver l'existence du Purgatoire. Il répond à mes arguments en m'appelant « diable » et d'autres beaux noms semblables. Je lui rétorque que les diables de mon espèce ne sont pas faits pour conduire les gens en enfer, qu'il n'a qu'à venir avec moi pour s'en convaincre, mais que ceux qui nient le Purgatoire pouvaient bien craindre de ne pas y passer. Je n'en finirais pas si j'avais à te conter toutes mes histoires.

L'autre jour, je baptisais à son lit de mort la femme d'un méthodiste prêcheur. La vieille mère du prêcheur demande à se faire catholique aussi. Le prêcheur me montra comment je devrais m'y prendre si un jour je devenais son confrère — ce qu'il croyait parce que ma figure lui revenait. — Je n'ai encore reconnu aucun signe de vocation.

Il me faut quelquefois fréquenter les blancs, il y a plusieurs raisons pour cela. Alors ce sont des exclamations : « Quoi ! vous êtes pour ces misérables ! Quel péché avez-vous donc commis ? Vous un curé des nègres ? Oh ! quelle pitié !

Restez à notre église désormais. Prêchez-nous, confessez-nous... cela vaut mieux que d'aller parmi ces noirs. » Cela suffit pour te donner une idée du ministère qui m'incombe. J'aime mes nègres et je puis leur faire un bien immense. Je puis faire plus de bien pour les cinq millions de nègres répandus dans les Etats-Unis que je n'en eusse fait en Chine où mes supérieurs m'eussent envoyé si c'eût été la volonté de Dieu. Ces bons nègres sont reconnaissants. Chaque jour, ils apportent ce qu'ils peuvent : une poignée de salade ou une corbeille de pommes, quelquefois un écureuil, un poulet et autres choses à manger. Ils aiment beaucoup leur petit Père. On m'appelle « *Father Charley* », *Le Père Charles*. Ils ne peuvent prononcer correctement mon nom. Il en est de même pour les blancs et quand on m'envoie des factures, mon nom y est inscrit d'une manière méconnaissable. J'ai déjà une collection des différentes manières d'écrire le nom Vigneront plus ou moins curieuses.

Dans la soirée, j'ai à recevoir les jeunes noirs qui viennent s'instruire ou se préparer à monter sur le théâtre, car les nègres jouent, chantent et conversent quelquefois avec un brio à se tordre de rire. Nous avons des scènes, des coulisses, le gaz en haut et en bas.

En ce moment, ils préparent une pièce désopilante ; je t'en parlerai une autre fois. Cela réjouit. J'espère bien avoir le bonheur de baptiser un bon nombre des assistants avant qu'ils meurent : Voilà l'idée cachée sous le théâtre.

Quant à la ville, il n'y a guère d'intérêt à t'en parler. Imagine-toi une grande cité de 200.000 âmes, aux rues très larges et très peuplées ainsi que c'est la coutume dans la grande·Amérique. Elle ressemble beaucoup à nos villes de France et d'Angleterre. Rien d'extraordinaire : Je n'ai pas encore vu d'orang-outang me faire une grimace du haut d'un arbre, ni d'hippopotame se promener au soleil. Les gens de la ville sont tous comme en Europe puisqu'un grand nombre vient de là. Nour avons beaucoup d'Irlandais et d'Allemands, des Italiens et des Français. Il y a, outre la population blanche et noire, un certain nombre de Chinois qui nous arrivent par San-Francisco. Quoique tout rapprochés de l'Indiana — l'Ohio seul nous en sépare — nous ne voyons point d'Indiens, mais je crois t'avoir déjà parlé dans mes lettres précédentes des Hurons et des Algonquins — que j'ai visités lors de mon voyage au Canada.

*
* *

Un tel programme renouvelé chaque jour, en

dehors des imprévus, ne laisse à l'apôtre que fort peu de loisirs pour la correspondance. Ses lettres se font plus rares. Il craindrait, en les multipliant, de perdre des heures précieuses qui appartiennent à ses chers noirs. Seul à l'ouvrage, avec l'aide d'un jeune vicaire qu'il doit former, il a la charge de 20.000 paroissiens disséminés dans les quartiers excentriques de Louisville. La plupart, il est vrai, sont étrangers au catholicisme.

Il prétend néanmoins les amener à la connaissance et à la pratique de la religion.

Dans l'espoir d'intéresser son jeune frère à son œuvre et aussi dans le but de recruter des vocations de séminaristes verdunois, il écrit encore à la date du 8 septembre :

> Mon cher petit Emile,
>
> Que la bonne Mère du Ciel te bénisse !
>
> C'est aujourd'hui lundi, fête de la naissance de la bonne Mère. Il est à peu près 6 heures du soir, je reviens de chez les Petites Sœurs des Pauvres — religieuses franciscaines — l'une d'elles est de Verdun. Elles ont 70 pauvres qu'elles nourrissent d'aumônes qu'elles recueillent par la ville. En passant, j'ai instruit deux vieilles négresses. Je pense pouvoir baptiser ces deux grand'mères tout prochainement.
>
> Il n'y a pas scandale à te dire qu'elles m'aiment beaucoup. Elles me donnent pommes, pêches, raisins et me préparent de la confiture pour l'hiver. Vois comme ton frère est malheureux !...
>
> Ce matin, j'ai pu étudier un peu — ce qui m'arrive rarement, à mon grand regret. — Mais, vers midi, j'ai fait chanter mes négrillons et mes petites négresses à notre école.
>
> Je leur ai promis des dragées s'ils savent suffisamment pour passer d'une classe dans une autre.
>
> Hier, j'ai prêché assez longtemps. On comprend mon anglais ; il est question d'instruire plus particulièrement quelques vieux oiseaux qui se sont fait prendre au piège. Un méthodiste très ardent et très subtil est décidé, paraît-il, à entrer dans l'Eglise catholique ; on me promet qu'il en viendra beaucoup. C'est Dieu qui veut cela.
>
> Quelques visiteurs sont venus : l'un d'eux, un vieux nègre, n'est pas content de sa femme, il me demande de les séparer et de le remarier à une autre. Le petit père ne demande pas petite chose, tu vois ! Il m'a fallu le consoler sans lui

donner satisfaction. Puis il veut que j'aille avec lui devant le Tribunal pour réclamer 6oo dollars qu'on lui a volés... chose que je ne puis guère faire non plus, malgré les deux dollars qu'il me promet. Puis, soit dit sans te scandaliser, j'ai fumé un cigare. Cela m'arrive rarement et seulement quand je suis en compagnie. C'est la mode ici.

Le Confrère qui est avec moi fait des guérisons qu'on trouve très promptes. Moi, je ne fais rien...

**

A l'entendre, les autres travaillent, se dévouent, font merveille, tandis que lui-même est un ouvrier inutile. Le P. Charley n'est pas éloigné de croire qu'il est même un obstacle au progrès des œuvres. Son humilité lui ferme les yeux sur ses propres mérites. Le public vante ses qualités, apprécie sa vertu, lui donne des preuves innombrables de sa vive sympathie. Comme à Baltimore, il est aimé, il plaît, il gagne les cœurs et sauve les âmes. Parce que le terrain est plus ingrat, moins préparé à recevoir la bonne semence, il éprouve des difficultés plus grandes, mais son courage n'en est pas amoindri. Les obstacles, au contraire, décuplent ses énergies et, à force de persévérants essais, il parvient à la réalisation de ses désirs.

Comme il l'écrit à sa famille : il fait « l'œuvre de Dieu ». A coup sûr, il reste toujours fidèle aux sentiments d'une tendre piété filiale :

Louisville, 11 novembre 1873.

Très chère petite mère,
Que saint Josph vous bénisse toujours !
Depuis bien longtemps, je vous dois une longue lettre. Je ne sais quelle raison vous apporter de mon retard. Que voulez-vous ? Je suis livré à mes occupations et à mes soucis. Il faut courir et arranger les affaires, instruire les gens et faire l'œuvre de Dieu.

...Voici bientôt la Sainte-Catherine. Autrefois, j'étais près de vous et, la veille au soir, je vous offrais un bouquet et vous me donniez un baiser. Je ne puis vous offrir ni bouquet, ni baiser : un large abîme est entre nous. Mais sur cet abîme, Dieu et ses anges voyagent sans cesse. Dieu est aussi en deçà et au-delà. Il est près de vous et je le sens près de moi. Il vous tient dans sa main comme il me presse sur son cœur. Vraiment, malgré le grand abîme, nous sommes bien rapprochés. Mais vos yeux veulent voir ma lettre et ma lettre doit traverser l'abîme ! je la confie donc aux ailes du vent ; les anges la dirigeront, vous la recevrez et vous serez heureuse. Dans ma lettre, je mets toute la poésie de l'amour filial, le parfum de mes souvenirs d'enfance, les désirs de mon affection toujours croissante ; le respect, l'obéissance, la gratitude et les prières d'un prêtre ? Faites-vous un bouquet de tout cela, savourez-le, gardez-le et veuillez m'envoyer votre baiser. Le baiser d'une mère fait du bien et porte toujours bonheur.

Vous seriez heureuse de vous trouver près de moi ; je le serais encore plus de vous demander des avis et d'entendre vos conseils. Un prêtre peut trouver quelque chose à prendre dans les paroles d'une mère pieuse. Bref ! renvoyez-moi les anges que je vous envoie ; ils sont à tout instant les messagers de la bonne nouvelle.

Le jour de la Sainte Catherine, 25 novembre, j'espère avoir le bonheur de dire la sainte Messe à votre intention vers 6 heures, environ 12 heures du matin chez vous. Je demanderai à Dieu pour vous, chère petite mère, ce que vous lui demandez pour moi : faire toujours sa sainte Volonté, être patient et satisfait, fuir le péché et aimer les âmes. Il nous donnera la grâce d'une bonne mort, quand son heure viendra. Cela suffit ; nous n'avons pas à nous inquiéter, ni du lieu, ni du temps.

J'espère que la petite famille va bien et les nouveaux venus aussi. J'ai reçu votre lettre avec celle d'Eugène. Ce garçon-là a femme maintenant. Porte-t-il moustache et reçoit-il ses 18 sous par jour ?...

Et petite Anna qui est ménagère aussi ? Tout cela est bien.

Quant à Angélina et à Maria, que veulent-elles faire ? Dieu le sait. La petite Philomène grandit et mon cher Emile doit se plaire au Séminaire. Le papa et la maman sans doute se courbent sous le poids des travaux, mais plus encore sous le mérite des bonnes œuvres.

Je me porte toujours à merveille, grâce à Dieu. J'ai une excellente santé et me sens acclimaté. Je suis devenu un Américain. La besogne que j'accomplis chaque jour est de différente nature : voyager de temps en temps pour une cause ou une autre, répondre aux différentes personnes qui viennent me visiter ou demander des instructions, enseigner le catéchisme à ma petite bande de négrillons, les préparer à leur Première Communion, prêcher deux fois chaque dimanche, visiter les pauvres et chercher des secours chez les riches. Dieu nous aide. Dites-lui une prière pour qu'il vous envoie le peu d'argent dont nous avons présentement besoin. Il me faudrait aujourd'hui deux à trois mille francs. Nous avons dû arranger notre maison. Dans l'année nous avons fait une dépense de 400 francs pour y amener l'eau. La chaleur étant très intense, nous avons besoin de prendre des bains ; maintenant cela nous est facile.

Notre école marche bien aussi. Deux Sœurs de Charité instruisent nos 120 enfants qui font de rapides progrès. Nous avons garçons et filles. Le soir, après les fatigues du jour, je me vois entouré d'une dizaine de personnes qui viennent se faire instruire pour le baptême et la Première Communion. Puis nous avons les malades près desquels nous sommes appelés à toute heure du jour et de la nuit. Parfois, il faut aller bien loin, car notre paroisse comprend toute la ville et les environs. On compte à peu près 20.000 nègres à Louisville. Environ quatre cents sont déjà de bons chrétiens. 6 à 7.000 ont été baptisés, mais ne pratiquent point. Les autres sont infidèles sous l'étiquette de protestants, baptistes, méthodistes, épiscoliens, etc.

Nous avons le plus beau temps du monde : c'est l'été de la Saint-Martin, qu'on appelle ici l'été indien.

Notre maison est située sur ce qu'on appellerait la Grande-Rue ; seulement, nous sommes trop éloignés du centre où les nègres se trouvent surtout. Il serait bon de bâtir une autre église là-bas.

Aujourd'hui, je suis allé dîner chez un prêtre allemand. Nous avons célébré la Saint-Martin en compagnie de plusieurs ecclésiastiques. Il y a 8 jours, nous avons honoré saint Charles avec quelques confrères. Leur regret fut que cette fête ne revînt que le 4 novembre de chaque année. J'ai dû me faire cuisinier et leur donner le plaisir extrême de manger d'un gigot apprêté à l'ail — ce qui est une nouveauté en Amérique. Une fois aussi, je leur ai appris ce qu'est un civet à la française : ils en étaient charmés. Peu et bien, voilà le menu de nos agapes. Il est bon qu'un missionnaire sache un peu de tout.

Ici et dans les environs se trouvent une douzaine de prêtres français ; l'un, M. l'Abbé Mougenot, est presque meusien. Mon plaisir, quand je suis fatigué, c'est de traverser la rivière « Ohio » et d'aller dans l'Indiana à Jeffersonville et New-Albanez, passer quelques heures avec un excellent Breton et un bon Lorrain qui sont pasteurs de ces deux villes. On se rappelle le vieux temps et l'on rit un petit brin.

Je vais de temps en temps, aussi, à la Trappe, et le Père Abbé vient chez nous à son tour.

L'année dernière, l'Evêque français de Vincennes (Indiana) est venu me rendre visite. Ce fut pour moi une heureuse récréation.

Avec le confrère, on fait une partie d'échecs, c'est notre seul délassement. A ce sujet, j'ai contracté une grande qualité... devinez ?... Je fume un Havane ! Ici, tout le monde fume, je ne puis affecter le contraire. Cela ne me nuit ni me fait de bien. Vous dirai-je que j'envoie la fumée vers le Ciel ? Au fond, c'est un acte indifférent que je pourrai laisser si je retourne en Europe.

J'ai été invité à célébrer la Sainte-Cécile par une famille française très chrétienne. J'ai le regret de ne pouvoir la visiter souvent. Peut-être nous aiderait-elle davantage pour la sanctification des nègres.

Adieu ! je vous embrasse bien tendrement, chère petite mère, sans oublier les membres de la bien-aimée famille.

***

Ces menus détails de la vie du cher missionnaire intéressaient petits et grands. C'était à qui en solliciterait la plus large part. A la lecture de ses lettres, autour de la table familiale, le bon rire franc et des pleurs d'attendrissement se donnaient libre cours. Chacun s'essayait à lire entre les lignes ou à commenter le récit.

Le petit séminariste se montrait surtout avide de recevoir à son adresse ces précieuses missives du grand frère. Elles étaient aussitôt communiquées aux intimes et ne manquaient pas de faire le tour du séminaire. Et fréquemment Emile réclamait une réponse à de nouvelles questions qu'il posait et réitérait volontiers. Citons celle-ci qui ne manque pas de piquant :

Louisville, 7 janvier 1874.

Mon cher Emile,

Tu écris comme un Laconien et tu veux de longues lettres. Tu n'as pas encore fait tes humanités, je le sais, mais n'importe ! Il me semble que, sous ta chevelure, tu pourrais trouver plus à me dire. Enfin, je suis content de te lire. Je te remercie pour tes bons souhaits et te les renvoie au centuple. Quelquefois je prie pour toi. Agis-tu de même ?...

Tu veux des nouvelles : Ce matin, nous avons enterré un pauvre nègre qui laisse six orphelins ; il était bien préparé et il a fait une mort édifiante. C'est consolant. Après cet enterrement, j'ai dû assister aux obsèques d'une petite négresse de six ans, qui s'est envolée au ciel à travers la neige qui tombe en abondance. Sa mère est malade et demande à se confesser. Près du lit, j'ai trouvé des baptistes et autres citoyens ; ils sont entrés dans notre église ce matin pour la première fois. Ils n'avaient pas encore vu l'intérieur d'une vraie église. Ils m'ont assuré qu'ils étaient effrayés d'abord et n'osaient venir, mais voyant les autres, ils pensaient qu'ils ne courraient aucun risque en les suivant. Ils furent enchantés de la manière dont les choses se passèrent, des décorations, de la musique et des cérémonies : ils pleuraient. L'un d'eux me dit même : « N'est-ce pas, bon Père, que vous permettrez à de pauvres Baptistes d'aller quelquefois vous voir ? » Bonnes gens, j'espère bientôt les mettre dans le filet avec le secours de Dieu. Voilà les poissons de notre pêche et la manière de poissonner. Je crois que nous sommes appelés à faire un bien immense aux Africains, d'abord en Amérique et peut-être aussi en Afrique.

D'aileurs, Dieu bénit notre Séminaire. Il y a aujourd'hui à Mill-Hill, 62 jeunes étudiants de toutes nations. Dix ont quitté le Canada l'année dernière pour se rendre à Londres. Deux ou trois attendent que je leur envoie de l'argent pour y aller également. Je reçois des lettres charmantes de ceux que j'ai envoyés : ils sont heureux et bénissent Dieu.

Notre supérieur, Mgr Waughan, Evêque de Manchester, viendra après Pâques avec cinq ou six recrues du Sacerdoce. J'espère que nous ouvrirons une troisième mission, sans doute à la Nouvelle-Orléans. Nous faisons le bien à Louisville. Les choses sont en bon état à Baltimore.

La veille de Noël, je revenais d'un voyage à Baltimore, New-York et Washington ; j'avais besoin d'un peu d'argent. Avec le secours de Dieu, j'ai été en pêcher pour nos missions.

Le jour de l'Immaculée-Conception, 200 nègres étaient confirmés à Baltimore ; à Noël, nous avions au moins 200 communiants à St-Augustin, de Louisville. Mais ce n'est rien cela à la vue des milliers qui restent à amener à la lumière divine. Prie beaucoup et Dieu nous rendra capables de grandes choses...

Cette semaine, nous allons avoir un bazar. Voici ce que c'est : Dans un grand hall on dresse des tables, puis les personnes qui ont été désignées pour présider à ces tables et qui ont dû quêter, déposent les objets qu'elles ont reçus et qu'elles vont vendre. C'est un vrai marché avec la variété de ses marchandises et le nombre des acheteurs. Il y a aussi la table aux mets où les amateurs prennent leurs repas. On vend au plus cher et le résultat est pour l'église. Quelquefois, on réalise jusqu'à des milliers de dollars. Notre bazar durera 15 jours.

Chaque soir, il y aura une petite comédie ; nos nègres sont prêts à jouer tout le temps...

⁎

Pour ses noirs, l'apôtre n'hésitait pas à tendre la main. Il mendiait pour leur venir en aide auprès des personnes charitables qui s'intéressaient particulièrement à son œuvre. D'ordinaire, les riches Américains se contentaient de lui témoigner de la compassion, le plaignant d'avoir assumé le rôle de « curé des nègres », de cette « race infecte et répugnante » si peu digne d'attention.

Ces termes de mépris le faisaient souffrir, car il aimait sincèrement ses ouailles et ne pouvait comprendre qu'on les traitât différemment que les autres citoyens, attendu qu'ils avaient, comme les blancs, un cœur capable d'aimer et surtout une âme, rachetée par le sang d'un Dieu, digne à tous égards du bienfait de la Rédemption.

A dire vrai, le P. Vigneront se voyait en butte aux sarcasmes des adversaires irréductibles de la race noire. Chaque jour il pouvait se rendre compte du discrédit que l'opinion infligeait à ces infortunés sur lesquels s'exerçait une répression brutale. Plus encore que de notre temps, au centre des Etats-Unis, dans le nord, à l'est et à l'ouest, le noir était alors traité en pelé, en galeux auquel on interdit restaurants, hôtels, bains publics, théâtres, écoles et familles, jusqu'aux promenades publiques. Il n'avait pas le droit de s'asseoir à la même table qu'un blanc. Aucune fusion possible entre les deux races.

Vainement demandait-il pour eux le respect de la loi. La loi du nègre, c'est la loi de Lynch qui a partout des partisans acharnés dont les procédés sommaires provoquent et justifient les pires attentats, qu'il y ait faute réelle ou simple prévention.

La question des noirs, aiguë déjà, reste apparemment insoluble. Ni la ruse, ni la violence ne sauront la résoudre. Au fond, dans la grande République, les politiciens s'inquiètent plus qu'il ne faut, semble-t-il, des craintes que fait naître la prodigieuse multiplication de cette race « inférieure » très prolifique. Amenés de force de la côte africaine sur les territoires de la jeune Amérique, les nègres n'ont pu empêcher évidemment que leurs descendants y soient nés comme les blancs. Pas plus que ceux-ci, ils ne sont étrangers au pays.

Les champs qui les entourent, ils les ont défrichés, arrosés de leurs sueurs et de leur sang. Ils possèdent trois milliards de propriétés mobilières et immobilières qu'ils exploitent ou gèrent avec succès.

Mieux vaudrait, croyons-nous, traiter les nègres avec plus de douceur et d'équité, leur inspirer confiance en leur prouvant que la prospérité de l'Etat qui les protège est la sauvegarde des uns et l'intérêt des autres.

Quoi qu'il en soit de l'avenir, la situation présente, dans laquelle évolue notre missionnaire, offre de graves et multiples difficultés. Il a contre lui l'opinion américaine si dure et si injuste pour les noirs ; il s'attire la défiance et l'hostilité sournoise des sectes ennemies du catholicisme ; il doit se tenir en garde contre les menées de certains agitateurs toujours prêts à fomenter des conflits entre castes de différente couleur : il lui faut surtout lutter contre les assauts du démon, furieux de voir son empire menacé par le zèle et les conquêtes de l'apôtre. Mais, en pilote habile, il dirige hardiment sa barque à travers les écueils, échappe aux pièges tendus sur sa route, déjoue les ruses sataniques et triomphe de tous les obstacles.

Ses amis d'Europe le dédommageaient des rebuffades qu'il essuyait de la part des Yankees. Avec ceux-là il aimait à correspondre. Ses lettres, pleines d'humour, trouvaient facilement le chemin des cœurs. A ce propos, citons, pour terminer ce chapitre, le mot exquis adressé à une Carmélite qui fut l'une de ses principales bienfaitrices :

Louisville, 14 février 1874.

...Je viens de relire votre lettre. Il y a de la musique en vous comme dans la gorge de la fauvette au printemps. J'aime votre verbiage et vos mille pensées qui se rattachent par un petit filet de plume. Je ne sais pourquoi je ne vous ai pas envoyé trois lettres pour une. Il y a des choses incompréhensibles dans le cœur de l'homme. Et cependant, quelle reconnaissance je vous dois !

Aujourd'hui, avant de sortir, je veux vous dire merci ; si je pouvais chanter, je vous enverrais une sérénade ; il n'est pas encore hors de saison : le carême ne vient que dans deux jours. Salut, souvenir, gratitude, chrétienne amitié, sérénade, fraternelle affection : vous trouverez dans ma lettre ce que vous voudrez ; il y a des yeux qui savent sainement donner aux mots une variété de significations comme le soleil à la goutte de rosée, sur une fleur, donne mille teintes, au matin d'un beau jour.

Sans doute qu'une de vos petites lettres s'est heurtée à une vague du grand Océan ; elle aura sombré ; vous n'auriez pas été si longtemps à m'écrire, n'est-ce pas ?

Vous me posez bien des questions dans votre lettre du 7 septembre dernier et vous me parlez de « cors aux pieds et de trônes au Ciel ; d'allemand et de musique ». Comment vous satisfaire ?

Au Ciel, nous pourrons voyager ; nous ne serons pas sédentaires. Il n'est pas dit que nous devions rester toujours sur notre trône. Le bon Louis IX descendait du sien quelquefois et allait s'asseoir sous le chêne de Vincennes. Il ne perdait pas sa dignité royale pour cela, ni sa gloire, ni la paix de l'âme. Au Ciel aussi, sans quitter Dieu, et sans nous dépouiller de la belle éternité, nous irons çà et là par les espaces ! Nous irons nous asseoir sous l'olivier de Gethsémani, où s'est préparé l'acte de notre rédemption ; je vous conduirai aussi sous le chêne de la colline, où, jeune enfant, au lendemain de ma Première Communion, je rêvais pendant que mon troupeau paissait. Je rêvais du Ciel et de ces contrées immenses où les âmes m'attendaient. Je lisais. Mes livres favoris étaient Fénelon, son *Télémaque* et Cousin Despréaux, le *Livre de la nature*.

Parfois, je me mettais à genoux en lisant les pieuses réflexions ou les prières qui terminaient chaque chapitre. Il m'arrivait aussi de pleurer. Je me sentais trop petit et trop faible...

Vous aussi, vous me conduirez quelque part, je ne sais où ; sans doute, dans les cloîtres de votre couvent, mais non pas sur les tombes. Les tombes seront vides en ce temps-là. Oui, nous voyagerons et nous parlerons de Dieu.

Hier, j'ai déjà voyagé, je suis allé dans l'Indiana. J'assistai l'Evêque de Vincennes, qui était venu bénir une église. Vieillard bien doux et très vénérable. Nous étions quatre prêtres français, dont un Evêque, sur les rives du large Ohio.

Aujourd'hui, j'ai dit la sainte Messe pour vous. Demain, nous réunirons quelques vieux Français de Louisville. Nous ferons le Mardi-Gras honnêtement ; une Carmélite pourrait certainement assister à la fête.

La semaine dernière, ma bande de jeunes nègres jouait sur le théâtre. Une foule de spectateurs s'y est bien amusée. Notre théâtre est sous l'église ; c'est le premier pas ; après, nous monterons. Ce théâtre est un piège que Dieu permet. Le Seigneur, en effet, peut s'en servir bien plus que le démon.

Je viens d'adopter un cher petit enfant. Sa mère, une pauvre jeune négresse de 16 ans, est morte, sous mes yeux, un homme blanc et le démon l'avaient trompée. Comme elle pleurait son péché ! Le petit vit. Il est charmant. Il est né le 2 février. Je l'ai baptisé sous le nom de Joseph-Maria. Je l'ai donné en nourrice et je vais le voir parfois pour obéir à la pauvre mère... Il ne saura pas lui sourire, hélas ! Mais Dieu et moi lui servirons de père.

Il y a quelques semaines, une de mes religieuses mourut. C'était une jeune négresse de 24 ans qui avait été chargée du soin des pauvres de l'Hôpital de Baltimore. Je l'ai vue avant sa mort. Elle m'affirma avoir vu Notre-Seigneur. C'était une convertie, une belle âme que mon cœur de prêtre estimait grandement.

Mais il faut que je vous quitte, car le devoir m'appelle. A une autre fois !

Merci encore et que le bon Maître vous récompense !

Veuillez agréer, avec l'assurance de mon pieux souvenir, celle de mon respecteux et fraternel attachement en Dieu.

XIV

Sur les Cimes

Dans l'âme de l'apôtre des noirs se révèle le don de force. A Louisville comme à Baltimore, son énergie le fait triompher des obstacles qui s'opposent à l'extension du règne de Dieu dans le cœur de ses néophytes. De magnifiques succès couronnent ses entreprises. La paix de la conscience et les joies du sacrifice le soutiennent dans les épreuves inhérentes à sa sublime vocation. Il se porte à sa rude tâche avec un élan de générosité qui fait l'admiration de ses auxiliaires.

Rien ne l'arrête dès qu'il y va du salut des âmes. On le croirait inaccessible à la fatigue, au surmenage, à la maladie.

Laissons-le raconter lui-même l'emploi de son temps et la manière dont il exerce son délicat ministère :

Louisville, le 31 mars 1874.

Très chère famille,

Le bon saint Joseph m'a apporté la lettre de mon petit papa. Je l'ai lue avec intérêt. Je remercie Dieu des bénédic-tions qu'Il vous envoie et je Le prie de vous les assurer en vous donnant à tous une longue et heureuse vie.

Je suis satisfait d'apprendre que chacun de vous possède une bonne santé. Après la vertu, c'est la meilleure richesse. Je n'ai rien à vous envier sous ce rapport. Je me porte à merveille ; on trouve que je deviens *puissant*. Mes nègres m'aiment et j'obtiens aisément les attentions des mamans négresses ; mais il y a une barrière qui ne leur permet pas de venir trop près. Chaque chose doit avoir sa limite et l'affection doit être mesurée par le respect. Tout va bien dans nos rapports. Les jeunes négresses me trouvent austère, cela leur fait du bien... Bref, j'espère que les choses sont ce que Dieu désire qu'elles soient.

Quant aux blanches, elles prétendent profiter de notre ministère. Impossible d'accéder à leurs désirs ; la règle est là, il faut leur dire qu'il est bien regrettable qu'elles ne soient pas négresses. Je ne sais si elles le regrettent elles-mêmes ; pour moi, je suis content, car nous avons trop de besogne. De plus, en entendant les confessions des blancs, nous nuirions à notre mission exclusive aux pauvres nègres.

Il y a bien des difficultés à les conduire. Ces bonnes gens n'ont ni éducation sociale ni compréhension intellectuelle. Ils ressemblent assez à de petits enfants. S'ils l'étaient, en réalité, on leur donnerait le fouet et on les mettrait à genoux, mais cette cérémonie ne peut se faire en toute circonstance. Malgré leurs défauts et même leurs vice,s je les aime, car ils sont dignes de pitié.

Nous avons célébré la fête de saint Joseph avec solennité. Ce jour-là, j'ai dit la sainte Messe pour vous ; le bon saint nous exaucera. Je lui ai dit un mot à propos de la « Sara » qu'Eugène doit épouser... J'engage mon frère à se laisser guider par la main de l'auguste époux de Marie qui lui fera trouver en son temps celle de son choix. Lui-même ne s'est marié que très tard... Il n'y a pas perdu, comme vous le savez.

Quant à Anna, faites pour le mieux ; c'est beaucoup quand un jeune homme a de la conduite et pratique la religion. Anna pourra être heureuse. Comme vous avez consulté et que les réponses sont favorables, allez de l'avant et remettez tout entre les mains de Dieu.

Remerciez le Seigneur du petit héritage qui vous échoit à Verdun, il ne vous nuira en rien. Je suis heureux de voir que ces temporelles bénédictions ne vous rendent pas moins bien disposés à recevoir les spirituelles. Pour ma part, je suis convaincu que si, avec la grâce de Dieu, nous persévérons dans la crainte et le service du Seigneur, il vous donnera quelque chose des biens terrestres qu'Il abandonne si aisément à la rapacité de ses ennemis. L'argent est le serviteur de Dieu comme toutes les autres créatures. Dieu s'en sert selon les dispositions de sa sagesse. Si nous sommes ses fidèles serviteurs, il placera ses biens sous notre direction au moment où nous pourrons les faire valoir à son profit. Il y a une grande Providence dans la distribution des richesses ; nous ne pouvons pas aisément en voir toute la sagesse, cependant on peut la pressentir ; pour cela, il faut avoir les yeux en haut.

Puisque je parle de Verdun, je ne serais pas étonné que petit père voulût un jour aller se fixer en ville. Il pourrait demeurer près de la cathédrale et se rendre chaque jour à l'Office Canonial. Il finirait sa vie comme il l'a commencée, près du séminaire où il a habité. Petite mère pourrait aisément faire ses dévotions et aller bénir Dieu dans son temple, comme le faisait Mme Desgodin, la mère du Missionnaire. Ses enfants prospèreront. Ne leur a-t-elle pas donné la vie et le souffle de Dieu ? Oui, la Providence se révèlera petit à petit.

Que deviendra Maria ? elle doit être une grande fille présentement. Sera-t-elle religieuse dans un couvent, missionnaire parmi les nègres ou travailleuse dans sa proprette maison, avec le papa et la maman, continuant à Verdun son même ouvrage à la tête de plusieurs petites fillettes qu'elle conduira vers le Bon Dieu ? Elle a bien à choisir. Je ne puis plus rien dire au sujet de sa vocation. C'est l'affaire du Bon Dieu et de son Directeur.

Quant à Angélina, peut-être choisira-t-elle quelque fermier et prendra-t-elle la charge de quelque « Ville Neuve ».

Anna fera sa petite besogne douce et tranquille, attendant son mari, toujours bien mise, les yeux fixés sur les conseils de la prudence et ne parlant que rarement. Elle sera fidèle à Dieu et à son époux, et ses enfants craindront le Seigneur.

Petite Philomène a encore à pousser, surtout en sagesse. Il me semble la voir à l'église avec Angélina et la maman. Elle regarde son père et son frère qui chantent dans le chœur, unissant à la leur sa voix pour les louanges du Seigneur.

Qu'Eugène continue à être un jeune homme sérieux qui se fait respecter et ne rougit jamais de son Dieu. L'estime est à ce prix ; il le sait et il ne s'en départira jamais. Je le vois choisissant son poste plus tard, prenant place à la table de M. le Curé, salué et saluant comme le fait un chrétien.

Je voulais vous parler de la mission que je viens de prêcher dans l'Indiana. Si vous saviez lire l'anglais, je vous enverrais ce que je viens de porter à l'imprimerie au moment même où le facteur me remettait votre lettre ; ce sera pour plus tard.

Envoyez-moi l'adresse du cousin de l'Ohio, j'ai parcouru ce pays, je pourrai peut-être le visiter.

Adieu, je vous embrasse de tout cœur.

**

Ni l'éloignement ni l'intensité de son zèle ne lui font oublier, comme on le voit, sa tendre sollicitude pour les siens. Ecrire à ses parents, recevoir de leurs nouvelles, c'est pour le missionnaire une joie et un repos, quand il a parcouru de longues distances à la poursuite des âmes. Des différents diocèses des Etats, il est fréquemment appelé par les premiers pasteurs en vue de nouvelles fondations. La moisson est pleine de promesses, et si rares les ouvriers !... En Amérique, une activité débordante nécessite sans cesse de rapides transformations. Seules les nègres végètent çà et là dans un pénible abandon. Sa lettre du 30 mai donne d'intéressants détails :

Mes biens chers,

Que la bonne Mère vous bénisse tous abondamment !

J'ai reçu la lettre de papa et la fleur d'Anna. Le parfum de l'une et la lecture de l'autre m'ont réjoui grandement. Petite mère a ajouté une teinte à la fleur et des accents à la lettre qui les embellissent et les rendent encore plus suaves...

Je n'étais pas au logis quand votre messagère a replié ses ailes. La petite chantait tout doucement sur la table attendant mon retour : elle fredonnait un air du pays. Sa mine française aussi la fit bien accueillir par mon confrère qui lui demanda si elle n'avait pas vu sa sœur en chemin. Il paraît que Lyon est infiniment éloigné de Verdun. Bref, j'avais votre lettre ce matin à 1 heure en revenant de Cincinnati. J'ai passé la semaine à l'Archevêché. Mgr l'Archevêque que l'on espère voir cardinal, m'avait invité à aller chez lui ; il est très aimable et parle bien français. Nous causâmes longtemps ensemble; il vint lui-même me conduire à ma chambre. Il est Irlandais d'origine et a passé 57 ans en Amérique. Son frère vit avec lui, il est un peu moins âgé. J'ai passé quelques jours fort agréables à Cincinnati... ville presqu'entièrement allemande, nichée au sommet de trois ou quatre collines sur les bords de l'Ohio, 300.000 habitants. Il y a 25 ans, il n'y avait là qu'une toute petite chapelle en bois. Aujourd'hui, on y compte 30 églises.

Il y a environ 220.000 catholiques dans le diocèse, et plus de 13.000 enfants fréquentent les écoles des Frères et des Sœurs.

Il y a aussi dans cette ville un grand nombre d'Ordres religieux, un séminaire où environ 120 jeunes gens se préparent au sacerdoce.

Je ne vous parlerai pas de la beauté du fleuve « Ohio » que j'ai remonté. Le mot qui, dans la langue indienne, signifie « belle rivière » vous en dit assez.

Je revins en chemin de fer, par la grande ligne de New-York à Saint-Louis et à la Nouvelle-Orléans. Au mois de mars, j'étais à Saint-Louis, la grande ville de l'Ouest. S'il vous prend fantaisie d'y aller, arrêtez-vous à Louisville... le détour n'est pas très considérable et vous serez les bienvenus.

A Louisville nous poussons notre petite barque tout doucement, sauvant par les cheveux les nègres qui vont périr. Les eaux de l'ignorance et de l'infidélité sont grosses et dangereuses.

Un prêtre de Louisville fait partie du pèlerinage américain qui traverse la France et va jusqu'à Rome. Ce prêtre a eu charge de nos nègres avant notre arrivée ; il veut bien nous représenter devant le Saint Père. Nous lui avons remis une charmante lettre que plus de 200 nègres ont signée. Elle est adressée à Sa Sainteté à qui nous exprimons nos humbles sentiments d'obéissance et d'affection. Je suis persuadé que cet humble hommage de la famille nègre de l'Eglise, fera plaisir à notre vénéré et noble Père Pie IX.

Nous avons envoyé aussi à Sa Sainteté une magnifique canne d'ébène avec une grosse pomme d'or. Sa couleur rappellera au Saint Père celle de nos nègres. Nous n'avons pas oublié notre belle France et ses précieux sanctuaires. Les Pèlerins iront à Paráy-le-Monial, au Sanctuaire du Sacré-Cœur. Un beau cœur d'argent avec l'inscription « Les nègres de Louisville, 1er mai 1874 » restera après leur départ et symbolisera pour toujours notre foi et notre amour au Cœur du bon Maître, au lieu même où il lui a plu de se manifester, il y a deux siècles.

Lourdes gardera notre souvenir aussi. Une couronne d'or enrichie de perles sera déposée sur le front de Marie, elle porte sur une petite plaque d'argent : « A Marie Immaculée, les Nègres de Louisville, 1er mai 1874 ».

Nos bonnes gens ont contribué généreusement à l'achat de toutes ces belles choses et ils en sont fiers. Ils ont offert aussi une belle canne d'ébène à tête d'argent au prêtre qui les représente. Une adresse fort touchante lui fut lue après la messe et la bénédiction des ex-votos. Toute la congrégation était en larmes. Les vieux nègres aux cheveux blancs s'avancèrent et remirent au pèlerin les deux cannes, le cœur, la couronne et l'adresse au Saint Père. Ce fut une scène attendrissante dont le souvenir restera toujours gravé dans le souvenir de ceux qui en furent les heureux témoins.

Dans la soirée, nous fîmes une procession en l'honneur de la Sainte Vierge. Nos négresses étaient vêtues de blanc. Quatre d'entre elles portaient une statue de l'Immaculée, plusieurs autres portaient des bannières ; le reste suivait deux à deux, chantait des cantiques. Nous sortîmes de l'église. C'était la première procession extérieure dans notre ville protestante. Elle attira beaucoup de curieux et fit plaisir à nos nègres, si peu habitués à se voir à l'honneur.

Mes occupations sont nombreuses et bien fatigantes. De temps en temps, j'ai le bonheur de baptiser quelques noirs. C'est ma plus grande joie et j'espère que le Bon Dieu me réserve de l'éprouver souvent et abondamment, car le mouvement des conversions prend chaque jour plus d'extension autour de nous.

Aujourd'hui, j'ai dit la messe pour grand-papa Thierry. Je vais la dire pour Anna et son mari, le 19 de ce mois, pour obtenir à ce jeune homme une vie aussi heureuse qu'on peut l'avoir sur terre. J'espère que lui-même sera digne des bonnes dispositions de son épouse et l'aidera à préparer d'autres chrétiens. Dans cette union brusque et presque inopinée, une chose me rassure pour l'avenir et me laisse présager le bonheur et la joie du jeune couple. C'est l'admirable foi d'Anna qui lui fait obéir aveuglément aux représentants de Dieu sur la terre. Une jeune fille qui se laisse conduire par son père et sa mère et se soumet à leur décision sans réserve lorsqu'elle sait qu'ils ne veulent que la gloire du Seigneur et l'accomplissement de sa volonté, c'est une fille qui ne peut que recevoir les bénédictions d'en haut et se préparer une heureuse vie.

Le mariage — cette affaire si importante — est généralement traité avec tant de frivolité et de caprice qu'il est rare qu'il devienne la source du bonheur. La pureté d'intention et la soumission à Dieu sont des garants des grâces et des joies que Dieu promet. Le mariage — chose très sainte aux yeux du Seigneur — n'est pas sanctifié d'une manière digne et ne sanctifie guère. Pour cela il faut qu'il se fasse comme à Cana ou chez Raguel, sous les yeux de Jésus ou en compagnie de son ange.

Il n'y a encore rien qui presse pour Eugène ; son temps viendra. Attendons, tout doucement, dans la prière et la confiance. Il est infiniment mieux qu'il ne prenne personne de sa parenté. Il se trouvera plus tard abondamment satisfait, du moins je l'espère. Qu'il ne cesse de travailler toujours à la maison et se garde pur avec le secours de Dieu ! Quand l'heure sera venue, il aura les moyens de s'assurer une existence honorable. Un homme de cœur et d'intelligence sait toujours trouver son chemin et le suivre honorablement. Ce n'est pas que je m'occupe de chercher à mon frère sa Sara. Un meilleur que moi se charge de cela et c'est ce qui me remplit de confiance. Je lui ai déjà dit en souriant que je connais bien ici et à Baltimore des personnes qui seraient satisfaites de devenir mes belles-sœurs. Il y en a qui ont de la fortune, mais la femme américaine ne peut être une mère pieuse : c'est un sens qui manque généralement.

Mon brave Eugène m'a envoyé une lettre que je n'ai pas reçue. Depuis six mois, je n'ai lu que les deux lettres de mon père ; rien ne m'est parvenu de ma mère, ni de Maria, ni d'autres personnes.

Je n'aurai sans doute pas le temps d'écrire de nouveau avant la Saint Jean-Baptiste. En conséquence, je souhaite bonne fête au papa. Je dirai la sainte Messe ce jour-là pour lui. Nous serons tous heureux dans le ciel : le petit père sera étonné de voir un bon nombre de nègres dans sa famille de là-haut.

Nous allons avoir un pique-nique, c'est-à-dire une partie de plaisir à laquelle tout le monde prend part en quelque lieu bien frais, pour boire, causer, manger ; il faut le dire aussi, danser. C'est la mode ici. Le parc est fermé ; à la porte se tient un homme d'affaires qui reçoit 25 ou 50 sous. Une fois entrés, les promeneurs ont encore à payer pour la boisson, les glaces et douceurs qu'ils se permettent. S'ils veulent danser, il faut encore « casquer » à la porte de la salle. Si vous comptez 1.000 ou 2.000 personnes dans une pareille cérémonie, vous pouvez vous imaginer le petit bénéfice qu'il y a pour nos œuvres et pour nos églises. Mais vous savez que l'on ne récolte pas sans semailles...

*
* *

A lire ces longues citations, il est facile de suivre l'apôtre à travers le dédale de ses multiples occupations journalières. Que de combinaisons diverses pour arriver sans heurt au développement progressif d'un apostolat où les écueils succèdent aux écueils ! Quelle prudence à les éviter ! L'administration du temporel est un souci non moins épineux que la direction spirituelle du troupeau. L'habileté du pasteur lui vaut l'estime du clergé qui l'entoure d'égards.

Les évêques désirent l'associer à leurs travaux dans leurs diocèses respectifs. Jeune encore, il est tenu en si haute considération que déjà il est question de lui confier un titre et des privilèges destinés à promouvoir l'évangélisation de la race noire. Son Supérieur, appelé à l'évêché de Manchester, Mgr Vaughan, poursuit la réalisation d'un projet qui lui est soumis par ses collègues des Etats-Unis. Pour assurer l'avenir de l'Œuvre des missions parmi les nègres — dont il reste le fondateur et le directeur — ne convient-il pas de conférer à l'un de ses prêtres un pouvoir plus étendu, une juridiction reconnue par Rome sur les prêtres chargés de ce ministère et sur la population spéciale dont ils ont la responsabilité ?

Telle est l'idée qui se dessine en attendant qu'elle soit adoptée définitivement.

Le choix du candidat s'impose. Des premiers missionnaires venus de Mill-Hill au secours de la race noire, le Père Vigneront réunit les qualités les plus précieuses que puissent exiger les circonstances. N'a-t-il pas fait ses preuves ? C'est à lui, en premier lieu, que l'on doit la prospérité des établissements de Baltimore et de Louisville ; c'est lui qui a procuré des ressources et recruté des vocations; c'est lui encore qui fait rayonner au loin l'espoir de prochaines conquêtes.

Le petit P. Charley est loin de soupçonner qu'il puisse ainsi attirer l'attention bienveillante de l'autorité sur sa « chétive personne ». Il n'éprouve que le besoin de s'oublier et de se dévouer. A ses yeux, il est toujours le « petit gars » de la côte de Haraumont. Ce qui l'inquiète parfois, c'est le silence obstiné des siens. Si les enrouragements ou les critiques enflamment son zèle et si l'activité apostolique qu'il déploie use ses forces, il n'a cure que du poids de la séparation qui l'accable. Il lui manque le viatique indispensable à son cœur :

Ma très chère famille,

Que saint Joseph vous bénisse tous !

Il y a longtemps que je n'ai pas eu le plaisir de vous lire. Que devenez-vous ? vous êtes tous muets comme des goujons de la Meuse. Je pense que Dieu ne vous a pas encore pêchés et que s'il vous pêche, ce sera pour vous mettre dans un meilleur réservoir et non à la friture. Oh ! qu'il me tarde de recevoir des nouvelles du pays !

Je suis comme le pêcheur attendant que quelque jeune ou vieille âme vienne se prendre à mes hameçons. Les rives de ma rivière sont quelquefois bien escarpées ; il faut beaucoup de travail et de prudence pour tirer le poisson ; il faut prendre garde de ne pas tomber soi-même à l'eau. J'espère que Dieu y mettra la main, mais naturellement, on est disposé à s'échapper de cette main qui est un véritable *garde-fou* et alors on risque de perdre pied.

Physiquement, les choses vont à merveille : bonne santé, bon appétit, insatiable sommeil. Que pouvez-vous espérer de plus de votre gars ? Lui, se lamente, car il craint qu'il ne vous soit arrivé malheur.

Cependant, ce n'est pas la compagnie qui me manque. Je ne suis pas isolé au fond d'une solitude. J'ai un confrère pour m'aider. Ne s'avise-t-il pas de faire des miracles ? Moi, je fais du gros et encore pas beaucoup. J'ai quelques grand'mères négresses qui élargissent leurs grands yeux pour mieux voir leur enfant. On voudrait me choyer, je n'ai pas le temps. De plus, à l'égard de certaines autres petites mères, il faut être un peu raide. C'est ainsi que, dimanche, sans nuire à personne, j'ai parlé sérieusement à tout le monde. Il y a dans la paroisse de petites citoyennes qui veulent faire les importantes au détriment de la paix intérieure ; elles comprennent aujourd'hui qu'elles doivent marcher droit.

Je prépare un concert et une exhibition. On appellerait cela, en France, *une soirée récréative.* Il faut que je cherche à faire quelque argent pour payer nos petites dettes forcées. Tous les soirs, les enfants de nos écoles et plusieurs jeunes gens viennent s'exercer à chanter des choses comiques pour égayer l'auditoire que nous aurons les 18, 19, 20 de ce mois. Je vous y invite et vous envoie un billet d'entrée : pour 15 sous vous en serez quittes.

Ce matin, j'ai payé un millier de francs pour les diverses réparations à l'église et à l'école. J'espère qu'on en viendra à bout.

J'ai une bonne négresse pour nous préparer nos aliments. Aujourd'hui, deux bons pères Trappistes sont venus manger des huîtres avec nous. Venez, un jour, je vous en offrirai de tout cœur. Mais, de grâce, ne nous faites pas languir à vous attendre.

Que vous dire ? J'aime ma mission et je fais le bien, du

moins j'en ai le désir ; je prêche comme un « foudre », en anglais.

Il paraît que la famille s'est accrue à Sivry. Dites aux nouveaux venus que je les aime en frère et sœur bien tendrement, que je prie pour eux et leur souhaite toutes les bénédictions de Dieu, le bonheur de la vie et les joies d'une pure conscience. Je ne leur ai pas écrit parce que, selon une promesse, ils doivent le faire d'abord. Je veux entendre la note de leur diapason avant de savoir sur quel ton leur chanter. Qu'ont-ils à craindre en m'écrivant ? Ignorent-ils qu'un homme qui se sent capable d'aimer les nègres ne voudrait pas aimer un beau-frère et une belle-sœur dont on parle avec tant d'éloges ? J'attends leurs photographies. Qu'ils m'écrivent, ils seront les bienvenus ; après, on sourira. Je suis content de leur entrée dans la famille. J'espère qu'ils ne feront qu'y apporter plus de joie et d'affection, et que chacun se sentira mieux disposé à servir Dieu, à vivre chrétiennement. Allons tous ensemble vers le beau ciel !

Voilà que nous avons fait un pas de plus. Dieu nous conservera la vie, je l'espère, pour pratiquer plus de vertus et gagner plus de mérites.

Nous vivrons heureux et le dernier jour de notre vie ne sera plus qu'un *amen* joyeux. Qu'importent les peines, les épreuves quand nous avons les joies du cœur !...

**
*

Ces joies du cœur, il les savoure à longs traits parmi ses « grands enfants » qu'il trouve de plus en plus dociles à sa voix et fidèles à ses enseignements. Possédé du désir de leur ouvrir le ciel, il multiple les industries de son zèle pour en atteindre un plus grand nombre.

Les premiers mois de l'hiver se passent à cette besogne ardue mais consolante. Au début de 1875, il reçoit une convocation de son Supérieur. Voici en quels termes il conte ses impressions à son frère Emile :

Philadelphie, 7 avril 1875.

Ta lettre m'a été remise et je l'ai lue avec intérêt. Elle est allée me chercher à Louisville mais elle ne m'y a pas trouvé. Aujourd'hui, je suis plus rapproché de toi quoique la distance soit encore bien grande.

Me voici dans la Pensylvanie, tout près de New-York. Je vais y rester quelque temps encore, occupé à mendier pour nos missions.

Au mois de février, notre Supérieur, Mgr Vaughan, Evêque de Manchester, est venu en Amérique avec cinq nouveaux prêtres. Il m'a appelé à Baltimore où j'ai séjourné quelques semaines, puis il m'a envoyé quêter à Philadelphie. Deux autres missionnaires sont venus avec moi et nous faisons merveille. Chaque dimanche, nous allons dans différentes églises où nous prêchons et quêtons. Nous avons déjà recueilli quelques milliers de dollars. Nous continuerons aussi longtemps que nous trouverons des ressources.

Lorsque nous quiterons la Pensylvanie, je retournerai dans le Maryland, puis je me rendrai dans le Kentucky pour arranger certaines affaires à Louisville et de là, j'irai probablement dans la Géorgie, à Augusta, ou dans la Louisiane, à la Nouvelle-Orléans.

Nous allons ouvrir une ou deux autres missions et étendre notre œuvre au fur et à mesure du nombre de prêtres qui nous viendront. Au mois de février, nous avons déjà ouvert une autre mission à Charleston dans la Caroline du Sud où deux Pères travaillent parmi les nègres.

Nous voici au nombre de dix missionnaires, bientôt quatre ou cinq autres viendront nous rejoindre. Deux prêtres sont engagés à Louisville et trois à Baltimore. Nous continuons à faire beaucoup de bien et espérons réussir à améliorer la condition des pauvres nègres. Il y a environ 5.000.000 de ces bonnes gens répandus dans les Etats-Unis. Le Saint Père nous a envoyés vers eux, sous la dépendance des évêques du pays. Aussitôt que l'Ordinaire nous appelle, nous nous rendons et commençons notre œuvre.

Prie le Bon Dieu qu'il multiplie le nombre de ses ouvriers ; il y a un grand bien à accomplir parmi les nègres et c'est assez facile de le faire. Beaucoup d'entre eux sont bien disposés et profitent de la grâce qui leur est offerte. Notre mission du Maryland est un succès, nous espérons qu'il en sera de même des autres missions que nous sommes appelés à fonder.

Environ 60 jeunes gens sont au collège de Saint-Joseph où ils se préparent à nous seconder plus tard.

L'Amérique entière se réjouit de l'honneur conféré à Mgr M. Closkey, archevêque de New-York. Tu as dû savoir sans doute qu'il a été préconisé cardinal ainsi que Mgr Manning, de Westminster et plusieurs autres archevêques d'Europe.

Je me porte toujours très bien et je pense qu'il en est de même de toi et de toute la famille. Etudie bien et prie mieux encore...

*
* *

Le P. Vigneront, rayonnant de jeunesse, de santé et

de courage, envisage l'avenir avec confiance. Tous les espoirs lui sont permis. Les plus brillants succès accompagnent ses excursions apostoliques. Il est, selon l'expression en cours dans les Etats, *the right man in the right place*, l'homme de la situation.

Si le passé projette ses radieux reflets sur le chemin parcouru, l'avenir s'annonce sous les plus heureux auspices. Le Maître bénit ses œuvres et semble lui en promettre d'autres non moins consolantes. Une belle aurore ne présage-t-elle pas un jour splendide ? Comme le nautonier laisse glisser sa nacelle au gré de la brise qui l'achemine rapidement vers le port, l'apôtre chante son bonheur sous le souffle d'en haut qui berce mollement son esquif et l'entraîne vers le rivage enchanteur de ses éternelles destinées.

Mais voici que soudain le ciel s'assombrit, les nuages s'amoncellent, la tempête se déchaîne, les ténèbres obscurcissent la route... O mon Dieu, qu'il est petit, frêle, impuissant, l'homme abandonné à sa faiblesse native ! Alors, éperdu et sanglotant, il ne peut qu'exhaler sa plainte sans comprendre vos insondables et mystérieux desseins !...

A peine arrivé à la pleine maturité de sa vigueur physique et morale, alors que son âme déborde d'enthousiasme et que les plus magnifiques succès couronnent ses entreprises, voici que déjà l'apôtre touche au seuil d'une période de surmenage et d'épuisement qui vont ruiner les espérances d'un brillant avenir. Toutefois, en ses langueurs et ses impuissances, le Père Charley s'élèvera toujours au-dessus de la douleur ; son courage dominera l'épreuve.

Lyre mélodieuse et frémissante, harpe éolienne aux mille résonances, son âme se maintiendra docilement résignée à la volonté de Dieu.

Le prêtre n'est jamais plus auguste ni plus saint que lorsque le Christ Jésus l'associe à sa Passion. Il ne l'unit de la sorte à son martyre que pour lui faire part de sa toute-puissance. « *Celui qui souffre avec patience*, dit l'Ecriture, *l'emporte sur l'homme fort, et celui qui règne sur lui-même est plus puissant que le preneur de villes.* » (Proverb., XVI, V. 32.)

XV

L'Epreuve

Une nouvelle Mission pour les noirs, dans la Caroline du Sud, à Charleston, offre à ses débuts des difficultés qui menacent son développement. Pour obvier aux graves inconvénients qui pourraient en résulter, les Supérieurs décident d'en remettre la direction à notre vaillant missionnaire. Le P. Vigneront ne tarde pas à dissiper toute équivoque et à dominer si bien la situation que ce poste devient l'un des plus importants des Etats.

Où trouve-t-il le secret de réussir où les autres échouent ? Disons-le une fois pour toutes : il a recours à la prière. A toutes les industries de l'humaine sagesse, il préfère, à juste titre, les moyens surnaturels.

« A chaque jour suffit sa peine » se dit notre apôtre et il a pour maxime que la prière de la veille n'assure pas suffisamment le secours de la grâce pour le lendemain. L'homme, le prêtre surtout, doit se tenir ordinairement dans l'attitude des Hébreux : Au désert, ils ne devaient recueillir la manne que pour le jour présent. Lui-même renouvelle chaque matin ses supplications, se disant que Dieu aime à être importuné et que la persévérance dans la prière est le plus sûr moyen d'obtenir les faveurs célestes. Outre ses exercices de piété, il s'impose l'obligation de se tenir constamment sous le regard et en présence de Celui qui l'a appelé au sublime ministère de l'évangélisation et de la sanctification des âmes. Sa vie devient un continuel entretien avec le bon Maître. Il lève de temps en temps les yeux au ciel et de son cœur jaillissent des oraisons jaculatoires.

Tout jeune enfant, il avait déjà ses dévotions particulières que les années du séminaire n'ont fait que développer progressivement. Dans chacune de ses lettres et presque à chaque page de ses écrits, les noms de Jésus, Marie, Joseph, reviennent sous sa plume. Que d'actes de consécration à l'Immaculée « sa 'bonne Mère » ! Que de témoignages d'amour et d'appels fréquents à son patron saint Joseph !... Les saintes âmes du Purgatoire sont aussi « ses bonnes amies ». Pour elles il offre souvent le saint sacrifice et obtient en retour d'innombrables faveurs par leur entremise.

Ajouterai-je que son ardente passion pour la gloire de Dieu et le triomphe de l'Eglise se manifeste par un culte filial envers le Pape ? Au seul nom de Pie IX, son cœur tressaille, son front s'illumine, un rayon de bonheur épanouit ses traits. L'unique joie qu'il ambitionne, c'est de contempler de ses yeux l'auguste Pontife. Ses rêves d'avenir n'envisagent pas d'autre idéal que la faveur d'être admis un jour à baiser les pieds du Père commun des fidèles ! A ses noirs il parle du Saint-Père avec un enthousiasme qui trahit des émotions communicatives.

*
* *

Doué d'une exquise sensibilité, notre cher missionnaire s'émeut à toute apparition d'une vivante harmonie. Tout son être frissonne et vibre aux touches mystérieuses de la beauté, qu'elle lui apparaisse dans le grand livre de la nature, à l'heure du crépuscule, sous un ciel lumineux et constellé, dans les chefs-d'œuvre de la littérature, de l'art et de la poésie, dans une atmosphère de douceur familiale, au sommet des montagnes ou dans la profondeur des vallées : partout et toujours il savoure avec délices et un parfait contentement des joies intimes qui provoquent sa reconnaissance envers l'Auteur de ces merveilles.

D'intimité franche et affectueuse, il se plaît en compagnie des confrères qui partagent ses sentiments. Après une rude journée d'incessants labeurs, il goûte le calme serein et reposant d'un entretien spirituel. Les assemblées bruyantes le laissent indifférent, inattentif et presque dédaigneux. Rien de vulgaire en ses propos. On devine, à l'entendre, qu'il s'inspire aux sources toujours neuves du Vrai, du Beau, du Bien. Mieux que cela : son âme est constamment orientée vers le « divin ». Ses pensées s'en vont habituellement vers l'ineffable beauté de Dieu.

De radieuses visions embellissent son existence, donnent un prix à tous ses actes et l'attirent vers les années éternelles.

C'est dire combien le font souffrir les contingences de ce monde caduc et passager. Il voudrait n'avoir à traiter que de l'*unique affaire*. Aux passants d'un siècle épris des biens fugaces, il voudrait pouvoir rappeler que la vie est une chose sainte et sacrée, et qu'elle n'est donnée à l'homme que pour lui permettre d'atteindre le ciel, « le beau ciel ». Il a une si haute idée de son Sacerdoce et de la dignité de son caractère qu'il se trouve mal à l'aise au milieu d'un peuple emporté à la dérive par ses bas instincts. Bien que, souvent, les Américains affectent un extérieur d'honnêteté, chez eux, plus qu'ailleurs peut-être, monte la marée grandissante d'une licence effrénée : il a horreur d'une telle hypocrisie.

*
* *

Parmi ses nègres, eux aussi, dégradés par les vices, il recherche la compagnie des vrais croyants et s'entoure d'âmes d'élite. Il rêve pour ces malheureux parias un renouveau de vitalité chrétienne qu'il appelle de ses prières les plus ardentes. Comme le bon Pasteur en quête de la brebis égarée qu'il rapporte au bercail, le « Père Charley » s'en va par monts et par vaux, le long des fleuves et sous le dôme des forêts, à la conquête de

ses « colorés » qu'il catéchise et réussit à introduire peu
à peu dans le giron de l'Eglise catholique.

A la vie sédentaire de sa résidence de Charleston,
il préfère les courses aventureuses à travers la Caroline du Sud, la Géorgie et la Floride. Là, des familles de
nègres, éparpillées sur le littoral de l'Atlantique ou au
fond des vastes solitudes de l'intérieur, reçoivent de
temps en temps sa visite. Alors, son âme, éprise d'idéal,
jouit du spectacle grandiose que les beautés naturelles
offrent à son admiration. Il contemple dans le ravissement les œuvres merveilleuses du Créateur. Il écrit :

Quel délicieux voyage sur le *Saint-Jean* ! Après vingt-cinq
milles d'une agréable navigation sur une rivière étroite et
sinueuse, nous remontons l'Ocklarvaka qui coule à travers une
forêt vierge dont les arbres gigantesques se croisent et s'entre-
lacent au-dessus de nos têtes. On respire à l'aise, sous ces
arceaux de verdure, dans ces labyrinthes en forme de méan-
dres où serpentent les eaux du fleuve. Pour comble de bonheur, je suis seul, seul en face de ce panorama qui varie à
chaque détour, seul avec mes pensées, mes réflexions, mes
actions de grâce. O la douce solitude ! Mon imagination se
donne libre essor, sous le regard de Dieu. L'embarcation se
fraie lentement un passage sous les puissantes ramures enche-
vêtrées les unes dans les autres. Déjà la nuit tombe et nous ne
sommes qu'à moitié chemin. Aux ombres du crépuscule succède un clair de lune dont les reflets multiformes enchantent,
éblouissent et donnent le frisson. Longtemps, j'assiste à des
visions fantasmagoriques sous le voile mystérieux de cette nuit
de rêve. Que Dieu est grand ! Qu'il est bon aussi, puisqu'il
veille sur son missionnaire, partout et toujours, avec des tendresses de mère. Ces réflexions m'accompagnent dans ma
cabine où je m'endors paisiblement, tandis que le *steamboat*
avance en luttant contre la rapidité du courant.

A mon réveil, quelle n'est pas mon émotion à la vue d'un
changement de décors surprenant ! Déjà, le soleil brille avec
éclat dans l'azur d'un ciel sans nuage, les oiseaux chantent,
les flots se précipitent vers la mer, l'horizon s'élargit, tout
vibre dans une atmosphère embaumée... C'est féerique ! On
se croirait le jouet du mirage... Une pensée m'obsède : Tout
cela a été fait pour l'homme, roi de la création. Sans sa présence et la puissance de son génie, que seraient ces splendeurs
fragmentaires ? C'est par nos lèvres que doivent monter

l'hymne d'amour et de reconnaissance jusqu'au trône de l'Eternel...

*
* *

Et le voyage se poursuit, agrémenté d'incidents jusqu'aux abords de vastes chantiers où travaillent des foules cosmopolites, soit dans des usines, soit en pleine forêt au défrichement du sol.

Il y a là, pour le misisonnaire, de quoi s'employer lui-même au défrichement des consciences, surtout parmi les nègres dont il est le pasteur.

Le P. Vigneront, selon ses habitudes, note ses impressions, l'emploi de son temps, les résultats de son ministère, ses victoires sur le démon.

Souvent la réalité est loin de correspondre à ce qu'il avait entrevu dans ses rêves de séminariste. En dépit de ses efforts, il n'obtient pas le succès qu'il est en droit d'attendre. Chaque jour il lui faut recommencer la lutte; il y déploie un courage héroïque qui épuise ses forces, il y donne sa mesure de zèle et d'endurance sans, pour cela, parvenir à féconder un sol ingrat et stérile.

Dans la plupart des agglomérations qu'il visite, le protestantisme exerce une influence prépondérante contre laquelle se débat notre apôtre.

Il lui faut lutter pied à pied contre les ministres de l'erreur et il souffre de son impuissance à les confondre. Perdu comme un atome parmi la foule des indifférents, des renégats, des ignorants, il lui est pénible, après ses succès du début si prometteurs et si brillants, de faire si peu dans ses lointaines randonnées au pays de la vie intense.

*
* *

Est-ce à dire que la Providence ne réserve pas au prêtre-apôtre des joies très suaves et des consolations conformes à ses vœux ?

Il avoue lui-même qu'il en recueille avec abondance dans « la délicieuse petite ville de *Calatka* » où les noirs sans exception répondent à son appel, emplissent l'église, deux ou trois fois chaque jour, profitent de la mission qu'il leur prêche pour mettre ordre à leur conscience et s'approcher des sacrements. Là, du moins, les nègres font bon accueil à « leur curé » et se montrent très sensibles aux témoignages de spéciale prédilection qu'il leur prodigue. Il en est de même à *Savannah* où sa visite, attendue et désirée, met en liesse ces pauvres gens si dignes de sympathie.

Ces précieux encouragements lui font oublier bien des mécomptes et entretiennent dans son âme le feu sacré. N'aurait-il à son actif, pense-t-il, que le salut d'une âme, cette conquête le dédommagerait amplement. Que sont les douceurs de la vie de famille en comparaison des joies si pures que lui promettent les conversions des pécheurs qu'il évangélise ?

Et comment succomber à certaines tentations de découragement, quand il a pour témoin de ses efforts la présence réelle de Jésus dans l'Eucharistie? C'est à ses pieds que le fervent missionnaire va renouveler fréquemment sa provision de vigueur surnaturelle.

Au sortir de ses longs entretiens avec le divin Prisonnier du Tabernacle, il oublie toute lassitude et se sent au cœur des trésors d'énergie pour affronter hardiment de nouvelles tentatives d'apostolat.

Alors, nulle épreuve, si cruelle puisse-t-elle être, ne parvient à ralentir les élans de son zèle. D'ailleurs, il l'avoue, la pensée que Dieu nous suit du regard est bien propre à consoler nos peines, à raviver nos forces. Il a une confiance aveugle dans la puissance de ces divins regards de Jésus...

*
* *

De retour à Charleston, il se repose de ses longues excursions par un travail... de nègre.

Là, du moins, il retrouve des confrères qui s'empressent de lui alléger le fardeau du commandement. De son côté, il se croit obligé de donner l'exemple et de prendre sur lui les tâches les plus ingrates.

On devine ce que pouvaient être les rapports des inférieurs avec un supérieur affranchi des susceptibilités de l'amour-propre, livré entièrement à la générosité d'un cœur pétri de bonté et d'indulgence.

Volontiers il se fait le serviteur de ses auxiliaires, tout en se montrant gai, affable, heureux de rendre service. Sa charité apparaît dans les moindres circonstances de la vie commune.

Il expédie son courrier hâtivement, de loin en loin, dans la crainte de dérober aux âmes le temps qu'il consacre à sa famille :

Charleston, le 3 février 1876.

Mon cher Emile,

J'ai reçu ta lettre qui m'a fait grand plaisir. Je suis heureux de savoir les bonnes dispositions qui t'animent. J'espère que le bon Dieu bénira tes efforts et récompensera ta bonne volonté. Continue à te former, prépare ton cœur et ton âme. Ennoblis ton intelligence, élève-toi ! Dieu veut se servir de toi pour sa gloire et le salut des âmes. Il y a un bien immense à faire, et, si nous sommes dociles, le Sauveur pourra nous associer à son apostolat. Rappelle-toi que tu passes les plus beaux jours de ta vie à l'ombre de cette chapelle bénie où j'ai reçu tant de grâces. Combien j'étais heureux durant les jours de mon Séminaire, et je ne le savais pas !

Le temps passe vite... la vie de l'homme n'est rien ; mais les âmes sont précieuses et immortelles. Le beau ciel, nous devons le leur donner et l'acquérir pour nous.

N'oublie pas le besoin de mon âme dans tes prières. Je recule, je crois, au lieu d'avancer. Ton pauvre frère semble être emporté par un courant qui ne lui laisse guère le temps de causer au bon Dieu.

J'ai beaucoup voyagé dans la Caroline du Sud. Il y a deux mois environ, j'allai à une centaine de milles préparer un pauvre jeune homme à une sainte mort. J'ai vu Beaufort, Port-Royal, etc... Dieu est oublié sur ces plages où le prêtre n'apparaît qu'à de rares intervalles. Il lui faut parcourir trente ou quarante lieues pour visiter les chrétiens épars et en petit nombre. Nous sommes quatre missionnaires à notre église de Saint-Pierre, tous jeunes et bien gais. Si tu venais ici, je saurais te rendre heureux. Dieu m'a donné des amis, on vient m'aider, tout est à faire. Il y a un mois, j'avais un bazar qui nous a rapporté trois ou quatre mille francs ; je vais bâtir une autre école et une plus grande église. Prie bien pour cela.

J'ai acheté à New-York une chape qui devait être donnée à la paroisse qui aurait la majorité des voix. Il s'est trouvé que ton frère l'a emporté et cette chape que je possède maintenant nous a valu un bénéfice de mille quatre cents francs. Je te dis ceci pour te montrer que Dieu nous bénit. Espère en Lui.

*
* *

L'apôtre des noirs ne devait pas jouir longtemps des

avantages qu'il procurait à sa paroisse. Depuis quelque temps déjà il ressent les premières atteintes d'une maladie de consomption qui va abréger sa vie et le réduire à une douloureuse impuissance avant de le coucher prématurément dans la tombe. Vainement il essaye de réagir et de dissimuler son mal. Ses confrères s'aperçoivent du changement qui s'opère brusquement dans l'état de sa santé.

Dans une lettre du 9 mars 1876, il écrit à sa chère famille :

Que saint Joseph vous bénisse tous avec abondance !

Je n'ai encore rien reçu de vous, mes bien chers ! J'espère cependant que vous êtes en bonne santé. Depuis quelques jours, je ne suis pas tout à fait bien. Cependant, rien de sérieux, du moins je le crois ; un peu de repos et le printemps feront mon affaire.

11 *mars*. — Je me sens mieux aujourd'hui et j'espère que c'est fini. C'est une certaine fièvre que beaucoup de personnes éprouvent ici au printemps. Elle n'a rien de dangereux.

J'ai eu un violent rhume de poitrine, qui m'a beaucoup fatigué. Je crois aussi qu'un excès de veilles en janvier, à l'occasion de notre bazar, a été la cause de mon malaise présent. Il me faut du repos.

Ce matin même, j'ai reçu la lettre de papa et celle de petite mère. Je les ai lues avec une grande avidité. Je suis heureux d'apprendre que tout va bien à Sivry.

Eugène, qui a déjà fait certaines pertes en son étable, se relève sans doute. Ce bon garçon-là ne sait pas combien je m'intéresse à lui et à sa famille. Je compte beaucoup sur lui pour adoucir auprès de mes parents, mon éloignement.

Le 28 février, j'ai dit la messe à l'intention du jeune ménage. J'attends une lettre qui me dira comment ils entendent réparer leur perte de décembre dernier. Hélas ! pourquoi faut-il que je ne puisse venir à leur secours ? Mais je ne m'appartiens plus, ni à ma famille, matériellement. Le peu d'argent que je recueille est tout entier pour les œuvres. Qu'il en coûte, mon Dieu ! pour entretenir une église, deux écoles et une maison ! Rien que mes deux écoles me coûtent chaque année 350 dollars ou mille sept cent cinquante francs. L'église avec l'organiste, avec le gaz, avec les dépenses ordinaires de vin de messe, de bougies, de cierges, de fleurs et de mille autres choses, sont une forte dépense. Je viens de

placer un nouveau tapis dans le sanctuaire, coût : six cent
vingt francs. Ajoutez l'entretien de la maison, deux domes-
tiques à payer, la nourriture à acheter, etc. Il me faut, vous le
comprenez aisément, plus de huit cents dollars par an.
Bientôt, si Dieu le permet, il me faudra bâtir une autre école
et sans doute aussi une église nouvelle.

Aux besoins matériels s'ajoutent d'autres soucis, mes
occupations et mes devoirs du ministère; tout cela prend mon
temps et mes forces.

Néanmoins, moi aussi, j'ai formulé la résolution de vous
écrire au moins chaque mois ; je ne veux plus vous faire
de la peine par un long silence.

Il y a un mois, je descendis la Floride et visitai plusieurs
beaux endroits, de Charleston à Savannah et de Savannah à
Ferdinanda. Nous étions en mer, nous avons éprouvé une
tempête qui nous a rendus malades, mais comme je n'ai pu
vomir, mon mal de mer a causé une autre maladie dont je
souffre maintenant.

*
* *

Un mois plus tard, son état ne s'est point amélioré,
ainsi qu'il en convient dans une lettre à sa chère Maria :

J'ai reçu ta bonne lettre. Je suis heureux d'apprendre
que tout va bien autour de toi et que les amis sont en bonne
santé. J'ai été un peu indisposé en raison d'un violent rhume
qui est entré chez moi, je ne sais comment ni à quelle heure ;
il est allé s'installer au fin fond de mes talons. Il m'en coûte
un peu pour l'expulser, le gredin se trouvant à son aise et
ne payant pas de loyer, fait difficulté de sortir. Enfin, il n'a
plus guère que la queue à domicile. Un de ces jours-ci, par
un beau soleil de midi, j'irai éternuer sur le grand chemin,
dans un bois, et mon locataire trop obstiné sera délogé pour
toujours.

Si tu veux profiter de l'occasion, voici qu'un ami m'envoie sa voiture avec son charmant petit cheval. Je vais faire
une promenade dans les environs et m'épanouir les poumons
et le cerveau.

Nous préparons les choses et les personnes pour les offices
de la grande semaine. Nous voici au Mardi-Saint, demain, nous
commencerons les Ténèbres. J'espère que nous aurons foule à
notre église qui n'a jamais vu pareilles cérémonies. J'ai trois
prêtres pour m'aider. Malheureusement, mon organiste est un
peu malade, mais elle se ravisera, je l'espère.

Jusqu'ici, je n'ai encore rien écrit sur notre mission. Il

est probable cependant que j'enverrai quelque chose bientôt à Lyon pour les *Annales de la Propagation de la Foi*.

Viens voir l'exposition universelle de Philadelphie. Je t'y conduirai volontiers. Viens sans passer l'Océan, car tu pourrais souffrir du mal de mer. Ainsi, je t'attendrai au « Kamtschatka. C'est entendu...

Excuse... pressé et bien faible.

Ton affectueux frère

Sous les fleurs se cache l'épine. Sous forme d'aimable plaisanterie, le frère tient à gazer sa trop réelle fatigue qui persiste, tenace, irréductible en dépit des remèdes.

Les médecins déclarent que le climat insalubre, durant la période des grandes chaleurs de l'été, épuiserait complètement les forces du cher malade. Ils prescrivent une cure d'air dans les montagnes.

« Je vais être obligé de quitter Charleston pendant quelques mois, écrit le P. Vigneront. Il me faut l'air des montagnes et des forêts, le chant des oiseaux et le repos de la campagne pour me fortifier... Grâce à Dieu, notre œuvre marche à merveille. »

Avant de quitter son poste, il reçoit une lettre éplorée de sa chère famille. Il a hâte de rassurer les siens sur son état de santé.

Charleston, 14 juin 1876.

Cher petit papa, bonne maman, bien-aimé frère.

J'ai reçu votre lettre ce matin. Je l'ai lue avec plaisir et surprise. Elle m'a trouvé gai comme un pinson et je ne vois pas pourquoi vous vous mettez martel en tête et des idées noires dans le cœur.

J'ai souffert cet hiver d'un violent rhume qui m'a menacé de pleurésie. Grâce à des soins énergiques, j'en ai été quitte pour la peur, mais il en reste quelque chose dont il faut essayer de me débarrasser. Ma toux est entièrement disparue et les médecines que je prends me font du bien. Il faut avoir de la patience et savoir attendre. Ce qui retarde ma guérison, c'est une espèce de fièvre muqueuse ; on appelle cela ici : « la fièvre des marais ». J'ai attrapé ce gibier au mois de décembre dernier dans une course aux malades, à vingt lieues de Charleston. Le traitement de cette maladie est long ; un changement d'air s'impose d'urgence.

Voilà ma situation. Je me porte bien. Je mange et dors comme il le faut ; je me repose forcément, vais me promener et reçois les visites de mes amis. Noirs et blancs me témoignent une sympathie à laquelle je suis très sensible.

Quant à mon retour en Europe, je serais fort heureux d'aller vous voir et de passer quelque temps au milieu de vous, mais tout dépend de la volonté de mes supérieurs que le Seigneur dirigera selon la sienne.

Je ne manque pas de prier pour vous et j'ai bien besoin du secours de vos prières.

J'aime lire 'Eugène ; il a beaucoup de sens. Le Seigneur maintenant a tout fixé, je crois que c'est pour le mieux ; soyez donc tous heureux ! Mais ne vous tourmentez pas au sujet de ma santé. Je me fortifie rapidement. Je vais d'ailleurs voyager : cela me fera du bien. Si je ne puis aller en Europe cette année, j'espère que Dieu m'accordera la faveur de vous revoir un peu plus tard...

*
* *

Les parents du missionnaire pressentaient un malheur. Ses lettres concises, écrites d'une main tremblante, avec des expressions vagues, leur inspiraient de sérieuses inquiétudes. Le cœur d'une mère a des intuitions qui ne la trompent pas. De Sivry, on suppliait le cher apôtre de revenir au pays natal. Lui-même se disait qu'un séjour de quelques semaines en famille suffirait pour opérer une guérison radicale. Par acquit de conscience, il fit part de ses désirs à Mgr Vaughan ; ce dernier conseilla de préférence un repos momentané dans les montagnes du Colorado, renvoyant le retour en Europe à une date ultérieure.

Le Père accepta cette décision de son Supérieur comme l'expression de la volonté de Dieu, et il rassura les siens en ces termes :

Evêché de Chicago (Illinois).

A la bonne famille du petit Père Vigneront, salut et paix !

Tout va bien, grâce à Dieu, nous sommes en bonne santé. Je voyage parce qu'il me faut du repos et un changement d'air. Nos supérieurs n'ont pas jugé à propos de me laisser aller en Europe. Vous en êtes désolés ; le bon Dieu sait mieux que nous ce qu'il nous faut. D'ailleurs, je vous reverrai plus tard, j'en ai la certitude. Un peu de patience et de résignation.

Les suites de ma pneumonie disparaissent rapidement...
je gagne sous tous les rapports.

Ne pouvant aller en France, je suis en route pour le Colorado. Si vous prenez une carte, vous me rencontrerez sur le chemin de New-York à San-Francisco. Je vais chez Monseigneur Macheboeuf, un Français qui sait divertir. Il y a passablement de prêtres français dans ces hautes montagnes ; je serai en bonne compagnie.

Depuis le 23 juin, je voyage comme un heureux rentier, de Charleston à Richmond, à Baltimore, à Philadelphie, à New-York. Je retourne à Baltimore et à Richmond ; puis je pars à travers les montagnes bleues et les Alleghanys, en Virginie. Je m'arrête à Staunton, à Hungtington, à Cincinnati, à Louisville, en remontant la vallée de l'Ohio. Enfin, je prends le train dans la direction du lac Michigan ; me voici l'hôte de Mgr Foley, évêque de Chicago, dans l'Illinois, sur les bords du grand lac Michigan. Dans quelques jours, je partirai pour le Kansas, sur le fleuve Missouri, Topeka et Denver. Je serai près des Montagnes Rocheuses et je respirerai un air vigoureux qui renouvellera mes poumons dans ma large poitrine.

*
* *

Malgré sa belle assurance, le voyageur se demande si l'épreuve qu'il plaît à Dieu de lui envoyer n'est pas un avertissement de se tenir prêt à la définitive séparation.

Même aux heures les plus sombres, alors que la maladie le condamne à l'inaction et qu'il sent ses forces décliner, il n'a pas à se défendre contre des tentations de défaillance. Son *fiat* est sans arrière-pensée de découragement. Depuis longtemps déjà il s'est abandonné, corps et âme, aux bons vouloirs du Maître.

Quand la douleur est plus lancinante et que de sombres pressentiments l'assaillent, il se jette au pied d'une image de Marie et trace des notes intimes qui sont des cris de détresse. C'est ainsi que, pendant son rapide séjour à Denver (Colorado) le 15 août 1876, il confie à son carnet ces trois lignes :

« A sa bonne Mère du Ciel, au jour de sa fête, un pauvre petit enfant, exilé et malade !... O Mère, bénis, console, guéris !... Donne-lui la sagesse et la pureté... Prends son cœur, il est à toi... Exauce ses désirs... » Et sa prière éclate en une poésie latine de belle venue.

Alors commence pour le P. Vigneront l'étape douloureuse, la montée du calvaire où la victime achèvera son sacrifice en union avec le divin Crucifié. **Auparavant**, station après station, il lui faudra savourer l'amertume de sa longue agonie, avec des alternatives d'espoirs fugitifs et d'angoissante lassitude.

Parfois l'illusion, donnant le change à la triste réalité, fera naître en son esprit des pensées et des visions de rêve :

Se peut-il que le fil de son existence soit tranché soudain, quand il débute dans l'œuvre que Dieu lui a confiée ? Est-ce qu'une Providence toute spéciale ne veille pas avec une tendresse maternelle sur la vie du Missionnaire ? Pourquoi aurait-il été appelé en vain à sauver les âmes des malheureux fils de Cham ? Ses succès de ministère ne présagent-ils pas une longue série de travaux et de conquêtes dans le champ très vaste où les ouvriers sont en si petit nombre ?...

Ces considérations, et cent autres que son imagination lui suggère, stimulent ses efforts et il persiste à s'acquitter de sa tâche en dépit du mal qui l'étreint.

*
* *

Mais, malgré lui, ses forces trahissent sa bonne volonté. Epuisé et contraint de mettre bas les armes, il quitte à regret son poste de dévouement :

« Le médecin me prescrit l'air vivifiant des montagnes, écrit-il dans ses *Notes de Voyage*. La « fièvre des marais » me serait funeste, paraît-il, si je ne m'éloignais sans retard. Je dois obéir et laisser quelque temps la Mission. »

En ces immenses régions des Etats-Unis, de l'Atlantique au Pacifique, les distances à parcourir sont considérables ; leur étendue, du Nord au Sud et de l'Est à l'Ouest, ne mesure pas moins de 9.212.000 kilomètres carrés.

Pour se rendre de sa Mission aux premiers contreforts des Montagnes Rocheuses, le cher malade s'est tracé un itinéraire qui lui permet d'abréger la longueur du chemin en visitant les confrères disséminés le long du parcours.

C'est ainsi que, après un jour et une nuit de voyage en chemin de fer, il arrive à Cucharas d'où il gagnera Walsenburg. Là, l'aimable P. Merles, chargé de cette mission, lui fera bon accueil et il s'en réjouit d'avance.

Hélas ! quelle cruelle déception l'attend à la première étape ! Laissons-lui faire le récit de ce pénible épisode :

Il est trois heures du matin quand je sors de la gare. Un homme à cheval m'indique le chemin, tout en m'apprenant que le Père Merles est bien mal, qu'il a été victime d'un accident... il est tombé de voiture et s'est heurté la tête contre un rocher... J'avance dans la nuit, le cœur plein de tristesse. A six heures, je parviens à l'entrée du village où j'obtiens confirmation de l'étrange nouvelle. « Plus d'espoir de le sauver », ajoute mon interlocuteur. C'est pour moi un coup de foudre. Au presbytère, on m'affirme que le Père est à l'agonie, dans une hutte au sommet de la colline, où il a été déposé après sa chute. Accompagné du P. Mortenorelli, je me précipite en hâte au chevet du mourant. Quel spectacle ! Mon ami est là, étendu sur un matelas, pâle, sans connaissance, la bouche entr'ouverte et les yeux fermés, prêt à rendre le dernier soupir. Le médecin et quelques personnes du voisinage entourent sa couche, étendue sur le sol. Je me jette près de lui, prends ses mains entre les miennes et essaye vainement de me faire entendre, mais le moribond ne donne plus signe d'intelligence... Le docteur déclare qu'il a le cou brisé et que la mort est imminente. Tandis que je cours chercher les Saintes Huiles à l'église, mon compagnon lui donne l'absolution. Je lui administre l'Extrême-Onction et lui applique l'indulgence plénière *in articulo mortis*.

Nous récitons ensemble quelques prières, puis je me retire, exténué de fatigue, pour prendre un instant de repos. Aussitôt après une réfection sommaire, je reviens près de mon pauvre confrère qui a le râle de l'agonie. Incapable de soulager mon ami, je ne puis que prier et pleurer...

Voilà donc le peu que nous sommes, me disais-je en moi-même. Un prêtre, un éloquent prédicateur, un saint religieux, un ardent missionnaire ! — car le P. Merles était tout cela à la fois. — Parti hier en voiture pour administrer un malade, il venait de quitter son église, lorsque, parvenu sur le flanc de la montagne, il est projeté brutalement de son siège. Le cheval se cabre devant un petit ravin à franchir ; sous l'aiguillon du conducteur, il s'élance d'un bond et précipite le prêtre et le voiturier contre les rochers. Le bon P. Merles tombe la tête en avant ; on le relève à demi-mort, le cou rompu ; son compagnon en est quitte pour une forte contusion sans gravité. On dépose le mourant dans la maison la plus proche et c'est là que je l'ai trouvé en proie à une affreuse agonie... Et voilà donc ce malheureux missionnaire, à trois mille lieues de sa famille, expirant parmi des étrangers, sans espoir d'être assisté par un prêtre au moment de paraître devant le souverain Juge !... Mon Dieu, que vos jugements sont mystérieux ! Quel spectacle pour moi ! Quel sujet de méditations émouvantes et terrifiantes ! D'abondantes larmes coulaient de mes yeux, tandis que je me tenais ainsi absorbé dans mes réflexions, aux pieds de mon ami, étendu sur un misérable grabat d'emprunt !... J'étais venu avec l'espoir de jouir de sa compagnie, de l'entendre raconter des traits spirituels, de profiter de sa franche gaieté... Je m'étais forgé des rêves de joie et de bonheur... et me voici amené par Dieu, à travers l'immensité, pour assister ce cher ami expirant dans mes bras sans qu'il me vît et que je pusse lui parler !... Il a trouvé la mort à quelques pas de son presbytère... Et moi, j'ai été exposé mille fois aux mêmes dangers dans des courses folles ! Quelle leçon !... Seigneur, merci de cette grâce et veuillez m'en faire profiter !...

Auprès de la dépouille de son ami, le P. Vigneront reçut, en effet, des lumières surnaturelles qui lui valurent le bienfait d'une retraite. Il constate que c'est pour son âme une faveur inappréciable, une grâce de choix. Il comprend l'avertissement que lui donne la mort : *Cito veniam.* Pour lui aussi, elle viendra bientôt. A quoi bon s'attacher à ce qui se passe comme une ombre, aux fragiles amitiés d'ici-bas, à des projets d'avenir ?... Nul n'est nécessaire pour accomplir l'œuvre de Dieu, ni pour hâter l'avènement de son règne. La seule chose nécessaire, c'est d'être prêt à répondre à l'appel du Maître.

Il prie, il pleure. Puis, il écrit cette prière :

« Oh ! Seigneur, rappelez-vous un jour cette ardente supplication jaillie de mon cœur aux pieds de mon confrère mourant : *Ayez pitié de mon âme quand elle quittera mon corps !...* »

Puis, ne comptant pour rien sa peine et ses souffrances, il s'occupe de tous les détails que nécessite, après la mort du P. Merles, la cérémonie funèbre. Il fait transporter le corps du défunt à l'église où la foule accourt attristé. Il prie sans se lasser à côté du catafalque : « J'allumai quelques cierges autour du cadavre exposé et recouvert d'un surplis, d'une étole, le crucifix entre les mains. Tout le monde pleurait et sanglotait. Je récitai là mon office... Plus tard, je m'étendis sur un tapis, et y passai la nuit... »

Bref, le P. Vigneront, oubliant sa fatigue, met tout en œuvre pour que soient célébrées dignement les funérailles du missionnnaire de Walsenburg. Ce n'est qu'après, brisé par l'émotion et le sommeil, qu'il songe à poursuivre son voyage. On devine aisément que des journées de vacances, ainsi employées, ne sont guère profitables à la santé. Si le corps s'en ressent, l'âme revit, parce qu'elle a été imprégnée de la bienfaisante rosée de la grâce.

*
* *

La vie est un voyage. Après les épreuves, la Providence offre des joies et des consolations qui empêchent la pauvre humanité, blessée par la faute originelle, de succomber sous le faix. Pas d'amertume sans une goutte de miel qui en atténue l'âpreté. Le pauvre malade reçoit des témoignages de sympathie qui lui font oublier ses souffrances. Partout il se présente avec le sourire ; on lui fait fête, on lui prodigue toutes sortes d'attentions délicates, on le félicite sur sa bonne mine. Du Colorado, il écrit, le 8 septembre 1876, à sa chère famille :

Nous célébrons aujourd'hui la fête de la Nativité. J'ai bien prié pour vous.

Vous savez que je suis en voyage. Il faut que je me repose. Au lieu de me permettre de retourner en France, on m'a envoyé dans le Colorado. C'est un pays de montagnes où se trouvent d'abondantes mines d'or et d'argent. N'enviez pas le sort des malheureux qui recueillent ces précieux métaux. Vous êtes plus heureux, et votre pain, si modeste soit-il, est meilleur. J'ai visité les mines et j'ai vu les fonderies ; l'or coule, mais quel travail !

J'ai passé trois semaines chez Mgr Macheboeuf, évêque de Denver ; il est né en Auvergne. Jai trouvé chez lui d'autres prêtres français : l'un de Strasbourg, l'autre de Metz, un de Reims, deux de Saint-Dié, puis un autre de Nancy. Vous imaginez combien nous étions heureux de parler du cher pays de France.

J'ai des amis à Denver parmi les Catholiques ; ils sont

bons pour moi et ne me laissent manquer de rien. Mes amis de Batimore, de Louisville, de Charleston, de Saint-Louis et de Chicago m'écrivent et prient pour moi. Dieu est vrai dans ses promesses : Il nous rend au centuple ce que nous faisons pour lui.

L'air des montagnes me repose et me fortifie ; je mange comme un ogre ; je cours comme un lièvre du pays ; je dors comme une marmotte ; je ne sais vraiment pas ce qui me manque. Mais, à cause de la maladie de l'hiver dernier, la tête est affaiblie pour exercer le ministère et j'ai besoin de réconforter mes poumons. Je vous ai dit, en effet, que j'avais eu un mauvais rhume et une pneumonie. Tout cela est passé... Comme aussi la *fièvre des marais* que j'avais attrapée dans la Caroline du Sud. Il me faut faire bien des sacrifices pour soigner ma santé et c'est pourquoi je remercie Dieu de n'être pas à votre charge, malgré le bonheur que j'éprouverais de me trouver au milieu de vous.

Je dis souvent la sainte Messe à vos intentions. Oh ! combien je pense à toute la famille et combien je vous aime !... Dieu seul le sait ! Je crois qu'il nous donnera la consolation de nous revoir, réunis encore pour quelque temps du moins.

Me voici parmi les Mexicains et les Indiens. On parle espagnol et je l'apprends ici ; je suis venu voir un ami, un prêtre français du Puy, bon rieur lorsqu'il s'en mêle. Le pays est un vrai désert sans arbre ; les maisons sont faites de boue, les gens couchent en plein air. Il est curieux de voir les femmes toutes couvertes de laine, même au plus grand soleil, et leur manière de s'asseoir sur les talons à l'église.

Ce matin, nous avons eu un mariage. L'heureux couple est arrivé à l'église vers six heures, ayant voyagé toute la nuit. L'homme était en chemise et la femme avait quelques fichus autour d'elle, retenus par une ceinture dont la boucle étincelait. Ils se mettent à genoux devant l'autel ; le prêtre bénit l'anneau, dit la sainte Messe, leur passe une étole au cou, de façon à les attacher l'un à l'autre. L'étole est placée en forme de huit enveloppant l'homme et la femme. Ces braves gens ont reçu la sainte communion, puis ils sont repartis dans leur tombereau sans tambour ni trompette.

Les gens nourrissent ici beaucoup de brebis et de chèvres qui grimpent dans les montagnes. Aucune récolte : le sol est stérile. A quelque distance, les sommets sont couverts de neige. L'autre jour, j'étais perché dans les nuages et il neigeait autour de moi, tandis que mon vicaire à Charleston grille. Pauvre petit Père Gore, je le plains de tout mon cœur et je n'aurais pas laissé la besogne à lui tout seul si j'avais pu travailler. J'espère que la fièvre jaune n'a plus fait son entrée dans la ville. Dans le cas contraire, Dieu m'aurait béni visiblement en me retirant du danger. D'ailleurs les chaleurs étaient si fortes que j'eusse tombé malade.

*
* *

Cette lettre était de nature à rassurer la famille du P. Vigneront.

Il se reprochait lui-même de perdre, en prenant soin de sa santé, un temps précieux pour le salut des âmes. Il craint que Dieu ne lui en tienne rigueur. Aussi lui tarde-t-il de retourner à son poste et de se livrer avec plus d'ardeur que jamais à l'accomplissement de sa tâche. Telle est sa principale préoccupation. Parfois même, sa conscience en est alarmée au point qu'il en souffre comme d'un remords dont il a peine à s'affranchir. C'est que, partout, au cours de ses pérégrinations, il voit surtout le bien à faire et des multitudes d'âmes à sauver. Il n'oublie pas qu'il est l' « homme de Dieu », auquel incombe le salut des nègres dont le nombre, aux Etats-Unis, se chiffre à cinq millions. Il les rencontre à chaque pas et leur témoigne sa vive sympathie, contrairement à ce qui se pratique, nous l'avons dit, dans la grande République. S'ils ne sont plus assujettis à un honteux esclavage, ils n'en sont pas moins tenus rigoureusement à distance et condamnés à vivre en marge de la société. Une sorte de cordon sanitaire les cantonne dans les étroits horizons de leur caste, sans qu'ils puissent franchir les limites qui les séparent de la vie ordinaire des blancs. Ceux-ci se croient sans doute d'essence supérieure et ne manquent aucune occasion de s'en prévaloir.

Bien des raisons expliquent le fait, que l'étranger, de prime abord, trouve extraordinaire. Mais, le prêtre sait que Dieu ne fait acception de personne et que les derniers de ce monde seront les premiers dans le Royaume des cieux.

Les prédilections de notre apôtre, cela se conçoit, vont tout droit aux brebis de son bercail. Il fait œuvre de prosélytisme en les entourant de sa sollicitude. Elles en valent la peine. Ames aux mentalités obscures et pourtant très naïves. — si dignes à ses yeux d'une immense commisération — il les cherche, il s'attarde en leur compagnie, il les aime et veut les sauver.

Par ailleurs, il ne saurait oublier que sans le secours de la grâce, le prêtre est impuissant dans l'exercice de son ministère. Il lui faut être saint s'il veut travailler efficacement à la sanctification de son peuple. Chaque jour, il y pense, mais il est des anniversaires qui l'émeuvent davantage ; il en convient et note ses impressions :

Mora, samedi 23 septembre 1876.

J'ai dit la messe en l'honneur de la Sainte Vierge, ma bonne Mère du Ciel. Anniversaire de mon ordination sacerdotale, à Mill-Hill, en la fête de saint Georges.

Seigneur, mon Maître, voici aujourd'hui cinq ans que vous m'avez associé à votre Sacerdoce Eternel. Vous attendiez beaucoup de mon ministère en raison du grand nombre de grâces que vous m'avez données. Qu'ai-je fait ?... Devant vous, je place ma conscience : veuillez l'éclairer et me la faire voir... Cette année, jai reçu de vous un grave avertissement : je suis malade... Peut-être voulez-vous réaliser la parabole de l'Evangile de ce matin ?... Vous êtes venu cueillir des fruits sur cet arbre planté, il y a cinq ans... Vous n'en trouvez pas... « Coupez cet arbre », dites-vous... Mais Marie est mon avocate, elle plaide ma cause : « Ayez patience ! Encore un an, au moins ! »

O mon Dieu ! ô mon bon Maître, oui, ayez patience !... donnez-moi la vie et la force, la bonne volonté et votre grâce, et je vous rapporterai du fruit...

Pardonnez-moi mes fautes, je vous en supplie !...

Inspirez-moi la sagesse ; rendez-moi à la vie... et désormais je ferai mieux avec votre secours.

O Marie, ô ma Mère, intercédez pour moi. Couvrez-moi de votre protection... Ayez pitié de l'état où mes péchés m'ont réduit ! Obtenez-moi du temps encore et je servirai mieux le Seigneur, et je travaillerai mieux pour le bien des âmes qui me sont confiées !

Seigneur, Seigneur, ayez patience, ne m'arrachez pas... Laissez-moi vivre, laissez le jardinier prendre soin de moi...

Je vous donnerai au centuple ce que je vous ai refusé avec malice pendant ces cinq années... Guérissez-moi, ô mon Dieu ; donnez-moi le temps et je conduirai beaucoup d'âmes en votre beau Ciel !...

O Marie, soyez ma divine Jardinière, et prenez soin de ma pauvre âme et de mon corps sur le point de tomber en ruines !... Rappelez-vous ce que je vous demandais le jour de mon ordination... Des âmes, des âmes ! Pour elles, je donne volontiers ma vie...

De tels accents en disent long sans qu'il soit utile d'y ajouter un commentaire.

⁂

Grâce à sa correspondance, nous pouvons suivre le cher Missionnaire, pas à pas, sur le chemin de son calvaire.

Archevêché de Santa-Fé (Nouveau Mexique), 8 octobre 1876.
À la bien chère famille du pèlerin.

Je n'ai jamais été si loin de vous, ô mes bien chers ! Bien loin dans les vastes plaines de cette immense Amérique ; je m'en vais allant, allant toujours vers l'Ouest. Si je continuais, dans quelques heures je serais sur les rivages du Pacifique et si je prenais le bateau, vingt jours de plus, je serais sur la terre du Japon, vingt-cinq jours encore, je serais en Chine, à Canton, à Hong-Hong, près de mon ami Dupuis et je me rapprocherais de vous en marchant sous vos pieds. Mais si loin que j'aille, je pense à vous et vous aime davantage, je crois. Oh ! comme je prie pour vous tous ! Comme j'étais uni à vous le 1ᵉʳ octobre, jour de votre fête patronale, et les jours suivants ! Je dis souvent la sainte Messe pour vous tous.

Je vous ai dit, bien chers, comment mes Supérieurs m'ont donné un congé de quelques mois pour rétablir ma santé. Je suis au milieu des Montagnes Rocheuses, à une hauteur de 7 à 8 milles pieds au-dessus de la mer, et par conséquent de Charleston. Ici, je respire à pleins poumons un air si vif qu'en moins de quelques jours, si vos organes sont encore bons, vous vous rétablissez entièrement. Si, au contraire, vous êtes attaqué de la poitrine, vous tombez instantanément, comme écrasé sous le poids d'un vide immense, vos poumons ne pouvant plus trouver assez d'air pour les remplir.

Je me porte à merveille ; j'ai gagné plus de 17 livres en poids. On rit de moi lorsque j'affirme que je voyage pour rétablir ma santé. Voyez comme Dieu est bon ! La fièvre jaune sévit affreusement aujourd'hui à Savannah et à Charleston ; si je n'eusse pas été indisposé, j'aurais dû rester sur le champ de bataille, et voici que j'en suis loin, sans qu'il y ait lâcheté de ma part. Il a déjà agi de la sorte à mon égard, lorsque, en 1872, je quittai Baltimore pendant les excessives chaleurs qui ont abattu mon confrère, tandis que j'étais envoyé au Canada, le plus beau pays en été.

Lorsque je quittai Walsenburg (Colorado), d'où je vous écrivis ma dernière lettre, je me rendis à Trinidad ; puis, m'avançant toujours vers le Centre et sur le sommet des montagnes où la neige m'entourait, je pénétrai dans le Nouveau-Mexique.

Emile peut vous montrer sur la carte tous les lieux par où je passe. De Trinidad à Mora, à Saint-Michel, à Pécos et enfin, le 3 octobre, chez Mgr Lami, archevêque de Santa-Fé. J'arrivai pour célébrer la fête patronale de la Cathédrale de Saint-François d'Assise, qui me rappelle mon oncle, pour qui je dis la sainte Messe ce jour-là.

Ce pays est évangélisé par des prêtres français, avec qui je me sens en famille. Le jour de la Saint-Michel, nous étions plusieurs réunis, heureux de prier pour la France. Je compte partir pour Denver (Kansas), Saint-Louis, Cincinnati, Baltimore, Philadelphie et New-York à la fin d'octobre. Puis, après avoir passé quelques semaines avec les amis dans ces différentes villes et visité l'Exposition, je repartirai pour le Sud, lorsque la gelée aura fait tomber la fièvre jaune. Nos bons nègres m'attendent avec impatience !

Il peut se faire aussi qu'on me rappelle en Europe... Alors, j'irai vous voir, si c'est la volonté de Dieu.

*
* *

A son retour, le malade se croit solide comme le Pont-Neuf et chante victoire :

Washington, le 18 novembre 1876.

Très chère petite mère,

Après mon long voyage dans l'Ouest, à travers le Colorado et le Nouveau-Mexique ; je suis venu passer quelques jours parmi mes amis de l'Est.

J'ai visité Philadelphie et l'Exposition Universelle que j'ai trouvée fort belle et très satisfaisante pour un jeune peuple comme le peuple d'Amérique. Bien des choses laissent à désirer, mais il faut admettre que ce bébé a appris vite à marcher et à parler. La prochaine exposition sera plus complète. Il y a foule, surtout depuis l'automne.

De Philadelphie, je suis allé à Baltimore où nos bons nègres étaient bien heureux de me revoir en bonne santé. Il est certain que ces quatre mois de repos mental m'ont fait un bien immense. *Deo gratias !...*

Me voici aujourd'hui dans la capitale de la Grande Amérique. J'y ai des amis que je suis venu visiter avant de descendre à Charleston.

J'aurais voulu vous écrire plus tôt afin que ma lettre pût vous arriver à temps. Mais, quoiqu'il en soit, je suis certain que vous ne dédaignerez pas l'expression de mes souhaits et vœux de bonne fête.

Le 24 prochain, fête de sainte Catherine, j'offrirai, si je puis, le saint sacrifice de la messe à votre intention spéciale. Je crois qu'un fils ne peut offrir à sa mère de plus agréable bouquet. Nous monterons ensemble à l'autel et vous offrirez par la main de votre fils votre cœur et son cœur. J'espère que le bon Sauveur nous donnera à l'un et à l'autre le bonheur de répéter cette action de nombreuses années encore. Prions à cette intention ensemble, tout en nous soumettant au Seigneur.

Le 4 de ce mois, je célébrai la Saint-Charles. Un ami de l'Indiana, curé d'une paroisse rapprochée de Louisville, avait préparé un dîner de famille et invité quelques prêtres. Monseigneur Gros, évêque de Savannah, en Géorgie, voisin de Charleston, daigna venir célébrer la fête de mon Patron avec nous à Jeffersonville. C'était plus que je ne pouvais espérer.

Le jour de la Toussaint, j'étais à Saint-Louis et je chantai la grand'messe à la Cathédrale... Je partis le lendemain, après avoir offert le saint sacrifice pour les âmes du Purgatoire.

Il y a cinq ans, ce jour-là, j'arrivais à Paris et disais la sainte messe au Séminaire des Missions Etrangères. Je vous avais quittés la veille, et mon cœur avait failli se briser lorsque je me vis seul dans le wagon. Cependant, Dieu me soutient, il m'a gardé jusqu'ici. Il me gardera jusqu'à ce que j'arrive à Lui.

Les travaux de ces quatre ou cinq années m'avaient abattu. J'ai pris du repos ; il faut que je sois encore très prudent pendant cet hiver, mais je me sens plus fort et j'espère, Dieu aidant, jouir d'une santé meilleure à l'avenir...

L'avenir est à Dieu... Et Dieu prépare la victime pour le sacrifice suprême...

XVI

La montée douloureuse

Au début de l'année 1877, le Père Vigneront, toujours prompt à orienter son âme dans les cimes de la
perfection, consacre les prémices de la mystérieuse incon-
nue à l'œuvre capitale de toute sa vie.

A minuit, je me suis mis à genoux, dans ma chambre,
devant mon crucifix pour remercier Dieu des grâces qu'il m'a
octroyées si abondamment au cours de l'année qui finit et lui
demander pardon des fautes que j'aurais eu le malheur de
commettre. J'ai voulu aussi lui consacrer l'année qui commence en sollicitant sa grâce pour ma propre sanctification et
le salut des noirs. Puisse-t-il m'accorder la faveur que la fin
de ma vie soit un *acte de contrition,* et le commencement de
mon éternité, *un acte d'amour !...*

Que lui réserve la nouvelle année ? Il se le demande
avec une sorte d'angoisse qu'il a peine à dissimuler à son
entourage. Dans la solitude de sa pauvre cellule, pendant
qu'il médite et réfléchit sur le néant des vanités humaines,
il voit s'écrouler peu à peu l'échafaudage de ses projets
d'évangélisation.

Il espérait jadis que des confrères viendraient très nombreux de Mill-Hill seconder les efforts des premiers ouvriers, et que le champ d'action des missionnaires s'étendrait bientôt des rivages de l'Atlantique à la Californie, de la Floride à l'Orégon, englobant sous leur juridiction les malheureux fils de Cham disséminés dans les Etats-Unis. C'était là son idéal, lorsqu'il recrutait des ressources et des vocations.

Et voici que tout semble s'effondrer sous ses yeux, ainsi qu'un frêle château de cartes à la merci du moindre à-coup. Trop peu sensibles, les progrès réalisés jusqu'à cette heure. La moisson est de plus en plus abondante, mais le nombre des moissonneurs s'est à peine accru de quelques unités. Lui-même se sent, atteint par la maladie, à la veille de succomber au mal intérieur qui l'épuise.

Oui, que lui réserve cette mystérieuse année 1877 ? Enigme indéchiffrable et troublante ! Il a beau se raidir contre cette incertitude qui lui cause de réels tourments, il n'en éprouve pas moins, à certaines heures, une cuisante douleur.

Si, encore, il pouvait rencontrer un confident, un ami, un autre lui-même à qui, dans sa détresse, il demanderait appui et réconfort !... C'est là un avantage que le religieux missionnaire trouve à sa portée, car, au sein d'anciennes familles religieuses où tous les membres sont unis par les liens de la vie commune, les relations sont empreintes de cordialité réciproque.

Il n'en est pas toujours de même au sein d'un Institut où le particularisme se donne libre cours et où différentes nationalités se coudoient.

Notre cher malade, en proie à des idées de tristesse, n'a d'autre refuge que dans une prière plus intense :

« O Marie, ô ma Mère, voyez à vos pieds un humble enfant à qui Dieu a fait la grâce du sacerdoce et de l'apostolat. A la première heure du premier jour de votre mois de mai, prosterné et confiant, je vous offre l'hommage de mon profond respect et de mon filial dévouement... Prenez mon cœur, mon intelligence, mon corps et mon âme. Tout vous appartient. Je vous consacre ma personne, mes travaux, mes peines et mes inquiétudes... Tout ce que je fais est pour vous, et par

vous pour Jésus... Accordez-moi — si c'est la volonté de Dieu,
— quelques années de vie en faveur des pauvres nègres que
je voudrais conduire au Ciel... Oh ! priez pour moi maintenant et surtout à l'heure de ma mort... »

Parfois aussi, Dieu lui fait la grâce de l'inonder de
joies sensibles dans des moments de ferveur extraordinaire, pendant le saint sacrifice, à l'heure de l'action de
grâce ou durant son oraison au pied du Saint-Sacrement.
Alors, un rayon tombe d'En-Haut sur son âme apaisée ;
sa foi, vivifiée par une vision surnaturelle, dissipe les
vapeurs et les brumes du mystère ; il savoure intensément l'âpre volupté de la douleur, avec une félicité qui
n'est pas de la terre. Alors, il s'écrie : « J'ai senti l'effet
des prières qui sont faites pour moi. Et je suis très heureux de penser au beau Ciel où nous irons tous un jour...
O ineffable vision de Dieu ! Quand donc vous contemple-
rai-je face à face ?... Je voudrais vivre et je voudrais
mourir !... »

Le monde ne comprend rien à ce langage. Combien
peu éprouvent la nostalgie du Ciel !

A plaindre ces malheureuses victimes du doute !...
Leurs jours s'écoulent, amorphes, décolorés, dévorés
d'amertume, sans direction déterminée, sans but précis
à poursuivre, sans idéal à rejoindre, sauf le Néant. Au
contraire, l'apôtre — fût-il arrêté dans ses projets au
seuil de sa carrière, condamné à laisser à d'autres des
œuvres à peine ébauchées, — l'apôtre connaît la route à
suivre, il sait quel est le meilleur parti à prendre, il
accomplit purement et simplement la volonté de Dieu, il
se laisse guider par un Père attentif à ses besoins et très
bon, très tendre, toujours très miséricordieux .

*
* *

Cependant, l'intrépide ouvrier se berce encore de
soudaines illusions. A peine a-t-il senti passer sur son
front un souffle réparateur qu'il se croit capable de tenir
sa place à la tête de la Mission et de reprendre son service avec la même vigueur qu'autrefois. Il est aux anges.
Entendez-le exprimer à ses bien-aimés parents, le 10 janvier 1877, la joyeuse félicité d'un cœur débordant de vie
et de tendresse :

Je vous aime toujours et pense à vous. Il n'est pas de jour que je ne parle de vous. Si je n'écris pas, c'est que j'ai beaucoup à faire et un grand nombre de malades à visiter. Le Seigneur me bénit visiblement. Je suis en pleine force de gaieté et de santé. On s'étonne ici de ma guérison si prompte et si complète. On admire mes couleurs et mon embonpoint. On me compare à Mgr Lynch, ce grand et gros évêque de Charleston. Je crois que le bon Dieu a permis la maladie du printemps dernier pour me faire sortir de Charleston honnêtement pendant l'été, durant la période de la fièvre jaune. Cinq prêtres moururent à Savannah, à vingt lieues d'ici, et un à Charleston, hélas ! mon bien-aimé confrère. Sans une raison convenable, je n'eusse pu quitter mon poste. La Providence veille sur le petit missionnaire et partout où il va, il en sent les plus heureux effets.

J'ai tant voyagé, cette année-là ! J'ai été exposé à tant de dangers sans que rien ne survînt ni à mon corps ni à mon âme. Aussi j'ai ample matière à remercier Dieu et à m'endormir en toute confiance sur le sein de notre Père qui est aux cieux.

D'ailleurs, j'ai à la maison cette bonne nourrice dont je vous ai parlé déjà et qui m'a soigné si attentivement l'année dernière. Elle remplace ma mère auprès de moi. J'estime cette bonne Hélène — comme maman l'appelle — maman ne pourrait rien faire de plus pour nous, et c'est une consolation que Dieu lui donne de sentir que quelqu'un la remplace près de son fils éloigné. Priez pour cette bonne femme qui serait fort heureuse de faire votre connaissance. Je lui ai dit en riant qu'elle pourrait aller finir ses jours au soleil de la belle France, parmi vous ; mais elle croit qu'elle ne pourra vous rencontrer qu'au Ciel. En attendant, elle vous aime dans la personne de votre fils.

Nous avons eu une belle crèche dans notre église Saint-Pierre, avec tous les offices de Noël, et beaucoup de monde. Le jour des Rois, j'ai invité à notre table Mgr Lynch et les prêtres de la ville. Ils aiment à venir au presbytère prendre un modeste dîner à la française.

J'ai fait le relevé de nos travaux à Charleston. En moins de dix-huit mois, nous avons baptisé 207 personnes, dont 117 adultes. Ce sont des conversions. Depuis, environ une centaine de catholiques, jusque-là négligents ou indifférents, sont venus et pratiquent visiblement. Dieu nous a donc bénis. Il faut avec nous lui rendre grâce.

Survient tout à coup une recrudescence du mal qui le force à se rendre à l'évidence.

Alors, réduit à l'inaction complète, il a l'espoir qu'un changement de milieu aura raison de cette défaillance dont il ignore la cause. C'est aussi, du reste, l'avis de la Faculté. Mais, dans ses lettres, il évite d'en parler à ses chers parents. Il écrit à son jeune frère Emile :

Floride, Evêché, le 16 avril 1877.

Mon cher ami,

Ce matin, j'ai dit la sainte Messe pour toi. Tu te rappelles que le 16 est notre jour de rencontre, et l'autel notre rendez-vous. Ne manque pas de prier pour moi.

Mes occupations à Charleston sont si écrasantes que j'ai senti le besoin de m'éloigner pour quelques jours. La Semaine-Sainte m'a fatigué beaucoup et la suivante aussi. Le dimanche de la *Quasimodo*, nos enfants et un bon nombre d'adultes ont fait leur première communion. La préparation de ce petit monde a été un travail assez lourd. Le lundi suivant, je pris le chemin de fer et allai à Savannah (Geéorgie) ; j'y passai un ou deux jours ; de là, en route sur le fleuve Savannah, en mer pour 24 heures, puis en Floride sur le majestueux Saint-Jean qui roule ses eaux entre des rives d'une lieue de large, dans des forêts de sapins et d'orangers, et j'arrivai ainsi à l'Evêché. Mgr Veroty est mort subitement l'an dernier ; me voici dans une chambre toute proche de la sienne. L'Evêque missionnaire n'est plus ; ses œuvres restent et sans doute il jouit au Ciel du fruit de ses mérites. M. Morre, curé de l'église Saint-Patrice de Charleston et vicaire général du diocèse de Mgr Lynch, sera consacré le 13 du mois prochain, dans la cathédrale de Charleston. Je t'invite, tu descendras chez moi ; tu seras le bienvenu avec tous les amis que tu voudras prendre avec toi. Si j'ai le temps, je pourrai t'emmener en Floride et nous recommencerons ma promenade ; tu verras le pays des fleurs et des oiseaux, les orangers verts avec leurs fruits d'or, la fontaine de l'éternelle jeunesse, les sources d'argent et l'ombreuse rivière Oklahama... Pourquoi hésites-tu ? Oh ! sans doute, tu ne veux pas quitter tes livres, ni interrompre tes études ; va donc, prépare tes examens, achève ta réthorique. Fais ton cours de philosophie et de science sacrée puis, après le jour de ton ordination, les Séminoles, les Indiens, les nègres ou quelque autre peuple te recevront pour monter au Ciel sur tes traces.

Je me porte bien, ma santé est meilleure. J'espère que

Dieu me donnera quelques années encore à travailler à sa gloire et au salut des âmes.

L'hiver dernier, nous avons baptisé environ 80 adultes ; j'en instruit d'autres. Notre église est trop étroite. J'ai besoin d'argent pour en bâtir une autre. Les écoles prospèrent, les sermons sont attentivement écoutés, et la foule se presse autour de nos autels. Dieu bénit notre œuvre et la mission des nègres va bien. Dieu soit loué !

Je ne vois pas la possibilité de te rencontrer cette année encore. Je n'irai pas à Rome, probablement. Prie que je voie Pie IX. Le tout à la volonté de Dieu...

Saint-Augustin, d'où je t'écris, est une petite ville de quelques milliers d'habitants, sur le bord de la mer. Les rues sont étroites et les maisons basses. Elle est cachée dans les orangers et les magnolias. Au Sud-Ouest, voici l'ancien fort Saint-Marc — aujourd'hui fort Marion — un parapet les relie entre eux. Des soldats occupent l'un et l'autre ; tout le long du mur, la mer vient briser ses vagues, mais tu ne peux voir son vaste horizon. Une île est en face de la ville avec sa pelouse verte, son phare et ses dunes blanches...

Adieu ! Ton frère qui t'aime.

*
* *

Au mois de juin 1877, il apprend que deux nègres sont condamnés à mort, à la suite d'un meurtre dont le vol a été le mobile. Dans toute la ville de Charleston, il n'est question que des terrifiants forfaits des misérables assassins. Sans se laisser émouvoir par la rumeur publique, le P. Charley se rend à la prison, obtient l'autorisation d'entretenir les condamnés et les décide à se préparer au brusque réveil qui les attend. Sa parole, toute imprégnée de mansuétude, touche le cœur endurci de ces infortunés sans religion qui l'accueillent comme un envoyé du Grand Esprit. A force de soins et de sollicitude, il les instruit, leur apprend que le Dieu des Chrétiens est un Père infiniment miséricordieux ; il leur parle avec tant d'éloquence communicative du Sacré-Cœur et de l'Immaculée que ces païens, assagis, transformés par l'action de la grâce, sollicitent le baptême avec des sentiments de foi vive et de sincère repentir. Le missionnaire multiplie ses visites et achève son œuvre, se disant qu'il a ravi à l'enfer deux âmes d'apaches, devenues resplendissantes de blancheur aux yeux de Celui qui sonde les reins et les cœurs. « Quel bien immense on peut faire à une âme, s'écrie-t-il, quand son heure de grâce a sonné ! »

Enfin, l'exécution est fixée au 13 juillet. Le digne prêtre note dans son journal, à cette date :

Levé de grand matin je m'acquitte de mes devoirs de piété et me rends à la prison, où je trouve les deux condamnés en prières, m'attendant dans une cellule spéciale préparée pour la circonstance, faute de chapelle pour le service religieux. Je les baptise tous deux, leur imposant les noms de Pierre et de Paul, en souvenir des saints Apôtres, en prison, eux aussi, en attendant leur délivrance. Puis, tout étant prêt, je célèbre le saint sacrifice à l'intention de mes catéchumènes qui font leur Première Communion... Quelle poignante émotion m'étreint !... Une messe dans la prison, pour deux condamnés à mort, quelques instants avant leur supplice !... Mes mains tremblent, ma voix hésite, mes yeux se voilent... Nous récitons ensemble les suprêmes prières des agonisants... Il est neuf heures... Encore une longue séance avant le fatal dénouement. Enfin, dix heures sonnent lentement, la porte du cachot s'entr'ouvre, le Shérif paraît, me fait signe et appelle par leurs noms les deux condamnés, devenus enfants de Dieu et porte-Christ... Je me place entre l'un et l'autre et nous descendons de front, récitant tous trois des invocations à la Sainte Vierge, à saint Joseph... Placés sur la fatale plate-forme, les malheureux patients doivent attendre ainsi que s'achèvent les derniers préparatifs. Je leur suggère de ferventes oraisons jaculatoires... Le signal est donné, la planche bascule et les deux corps restent suspendus dans le vide, tandis que j'esquisse le geste d'une suprême absolution, priant pour ces âmes jetées brutalement aux pieds du Souverain Juge.

Les jours se succèdent et se ressemblent à Charleston, avec cette différence toutefois que le travail s'intensifie alors que les forces périclitent.

Baptêmes d'adultes ou de nouveau-nés, mariages réhabilités, visite des malades, assistance des mourants, offices et prédications : chaque minute de la journée et souvent une partie de la nuit sont consacrées au service de Dieu et du prochain. Le reste ne compte pas. D'ailleurs, le missionnaire ne se doit-il pas, corps et âme, au peuple qui lui confie ses éternelles destinées ? C'est à peine s'il a le droit — tant sont pressantes les œuvres d'apostolat — de s'occuper de ses besoins personnels. Sa vie subit nécessairement les exigences d'un ministère excessif. A cette tâche quotidienne, sans trêve ni repos, les santés les plus robustes ne résistent pas longtemps.

Sans doute, les Supérieurs encourent des responsabilités. Mais n'ont-ils pas l'excuse de la pénurie d'ouvriers, de l'impossibilité où ils sont de se rendre compte par eux-mêmes de la situation, des conséquences regrettables qu'ils ne sauraient ni prévoir, ni éloigner? D'Angleterre, il est bien difficile d'obvier aux inconvénients que rencontrent inévitablement les pionniers chargés de frayer la route à leurs successeurs, dans ces vastes régions qui s'étendent de la Floride aux Montagnes Rocheuses.

Il est certain que le zèle du P. Charley dépasse toute mesure ; son compagnon, le P. Tardy, lui prête son concours et l'assiste autant qu'il peut dans l'exercice de ses multiples fonctions. Cependant, à tort ou à raison, le premier prend sur lui la part la plus lourde et la plus importante du travail, n'écoutant que les ardeurs de son zèle.

Vers la fin du mois d'août 1877, en guise de vacances, notre missionnaire, exténué de fatigue et à bout de souffle, accepte l'invitation d'un ami, M. Lebleu, Français d'origine, et se rend, à une quinzaine de milles de sa résidence, au petit village de Summerville.

« Je suis au milieu des bois, écrit-il dans ses *Notes*, j'ai le repos et la solitude, l'air sain de la forêt, la musique des oiseaux... Merci, mon Dieu ! Purifiez mon âme, sanctifiez-la... Je me sens bien faible... Je me prépare à la mort... Cependant, Seigneur, je ne refuse pas de travailler à votre gloire et voudrais vivre encore pour sauver des âmes... »

Cette prière, il la répète cent fois le jour et la nuit. Ce qu'il veut, c'est le salut de ses nègres : telle est son unique passion. Il voit le bien à faire et il s'afflige d'être submergé par mille occupations qui accablent son pauvre corps dolent. Dès qu'il lui semble que la vigueur renaît, tout de suite il quitte l'oasis et reparaît en pleine activité dans son champ qu'il arrose de ses sueurs. Mourant de langueur, il envisage, malgré tout, l'avenir gonflé de promesses. Entraîné par l'intensité de la flamme qui le consume, il se jette à corps perdu dans le ministère de la prédication. Il paraît dans les différentes chaires des églises de la ville, organise une association d'hommes pour l'expansion du catholicisme, entreprend une sorte de croisade en faveur de l'enfance livrée trop souvent à des maîtres sans scrupules, ouvre des écoles dirigées par les Frères. A le voir plein d'enthousiame, en ce mois de septembre 1877, qui donc pourrait supposer qu'il est à la veille de succomber. Hélas ! son âme, avec ses élans généreux, va bientôt user les dernières énergies de résistance qui le maintiennent au-dessus de la souffrance. Mais, à mesure que son corps s'affaisse davantage, son esprit se dégage des vains attraits de la terre.

A partir de cette époque, il commence à trouver le fardeau trop pesant pour sa faiblesse grandissante. Une lassitude inexorable paralyse ses forces, déprime le ressort de son activité et le consume à petit feu.

La fête de la Toussaint, en harmonie avec ses pensées et ses aspirations, l'impressionne plus que de coutume :

« Beau Ciel, beau Ciel, tu es le rendez-vous de tous les amis de Dieu... Je me transporte en esprit en ce séjour des bienheureux. Quelle fête aujourd'hui dans la cité des élus... Je suis destiné à partager leur bonheur... Un jour, bientôt, ce sera aussi ma fête. Quelle douce espérance de me retrouver là-haut en famille !... »

Si la vision de l'éternité le pénètre jusqu'en ses fibres les plus secrètes, il n'oublie pas ses amis de la terre, ses bien-aimés parents, dont le souvenir l'accompagne chaque jour à l'autel. Fidèle à ses promesses, il appelle les bénédictions célestes sur les bienfaiteurs de ses œuvres, sur les âmes qu'il évangélise, sur les tribus trop longtemps délaissées dans l'esclavage du démon : « Que tous, un jour, nous puissions avoir une belle place au Ciel ! »

Modèle du parfait religieux, le Père Vigneront pratique à un haut degré la vertu d'obéissance. Il se reprocherait de faire un pas en dehors de la route qui lui a été tracée par ses Supérieurs. Dans la crainte de s'écarter du droit chemin, il les consulte fréquemment, leur rend compte de sa conduite et de ses travaux, accepte avec humilité leurs décisions à l'instar d'un débutant ou d'un simple novice.

Si, jusqu'alors, il a omis de faire allusion à son état de santé, cette fois, impossible de garder le silence :

« Me sentant de plus en plus faible, j'ai regardé comme un devoir d'en avertir mon Supérieur et de lui demander avis... mais je ne reçois rien !... Dieu sait, cependant, si je préférerais travailler de toutes mes forces à la moisson et sauver des âmes !... *Serais-je oublié ou sacrifié ?...* »

Ce point d'interrogation laisse entrevoir tout un abîme d'amertume. Après s'être longtemps débattu sous l'étreinte, la nature pousse le cri d'alarme. Telle la barque, ballottée au gré de tous les vents, sur une mer démontée, s'en va à vau-l'eau sous des cieux assombris, au risque d'y sombrer, le cher malade traverse une période d'anxiété et de conflits intimes que l'éloignement et la solitude rendent plus aiguë... Cruelle épreuve que Dieu permet dans l'intérêt même des âmes les plus saintes, invitées à reproduire la scène de l'agonie, au jardin de Gethsémani.

« Mon Dieu que je souffre !... Dans mes souffrances et sur mon lit de douleurs, voici qu'une lettre m'est remise. Elle me vient de mon vénéré Supérieur. Dieu soit béni !... Monseigneur Vaughan me conseille d'aller me remettre à Baltimore. Il m'annonce la démission du Père Noonan, qui quitte la Société. Il me demande de lui envoyer les noms de trois prêtres pour l'élection d'un Provincial et aussi mes réflexions personnelles à propos de cette élection. Le Révérend Père Benoît m'écrit de son côté qu'on a beaucoup prié pour moi, en apprenant par les journaux la fausse nouvelle que je me mourais de consomption... »

La nouvelle, en réalité, n'est pas fausse, comme on le prétend à Londres.

La santé du cher malade s'étiole à vue d'œil. Nul ne s'y trompe. Il paraît évident que le jeune apôtre avance à grands pas vers le terme de toute vie humaine.

Les fidèles s'en affligent. Le « Bon Père » ne paraît que rarement dans l'église. Incapable de se tenir debout à l'autel, il est privé du bonheur de célébrer la sainte messe et de prendre part aux offices. Il mène une vie retirée, mais non exempte de soucis.

Dans sa solitude, il interroge le passé, revoit en rêve le pays natal, sa famille, ses amis d'enfance, le chemin parcouru, étape par étape, juqu'à l'aube de sa première messe. Sa conscience timorée lui reproche ses fautes de jeunesse, une multitude d'imperfections qui lui semblent être des crimes.

En la fête de l'Immaculée Conception, il adresse à « sa Mère du Ciel » une ardente prière : « l'hommage d'un pauvre enfant épuisé par la maladie, souillé par le péché, indigne de lever les yeux, condamné à s'ensevelir dans le linceul de ses iniquités... » Et il ajoute : « O Marie, obtenez-moi le pardon de mes fautes et, à l'heure de ma mort, venez à mon secours !... »

Ce sont les préludes des derniers combats.

Il a peur d'avoir, par sa négligence, contribué à la perte des âmes, de ces âmes qui attendaient de lui le salut.

Ces appréhensions et ces remords ajoutent à ses douleurs physiques un surcroît de peines crucifiantes et de sombres inquiétudes. Il demeure des journées entières interdit, perplexe, hésitant, tiraillé entre la crainte et l'espérance, ne sachant plus à quel saint se vouer. Il lui arrive parfois, sous une vague de tristesse, de tomber dans le découragement, et il lutte comme le naufragé aux prises avec le désespoir.

Mais, à ces heures fugitives de prostration, succèdent aussitôt des jours radieux de saint abandon à la volonté de Dieu. L'âme rassérénée et tranquille jouit d'un calme que ne troublent ni la souffrance, ni les sombres perspectives de l'avenir.

Malgré le vif désir qu'il a d'obtempérer sans retard aux ordres de Mgr Vaughan, le missionnaire des nègres ne saurait se rendre à Baltimore. La Faculté s'oppose à son départ pour le Maryland, en cette rigoureuse saison d'hiver. Son extrême faiblesse l'empêche, par ailleurs, de quitter sa cellule, devenue pour lui un douloureux cal-

vaire. Là, entouré de soins et de sympathie, il suit un
régime approprié à son état, sans courir le risque d'une
complication.

*_**

Cependant, sur les instances des médecins, le P. Vigneront se voit contraint de quitter Charleston et de se
rendre à petites journées à la Nouvelle-Orléans. Un nouveau missionnaire, le P. Hurley, désigné pour prendre sa
place, vient d'arriver. Cette fois, il n'y a plus à tergi-
verser.

Le 14 décembre, on apprend à la Mission que le
P. Charley, le « Bon Père » aimé de tous, si dévoué aux
pauvres nègres, si compatissant et si populaire, quitte le
poste de Directeur qu'il occupait depuis trois ans.

Ce fut un deuil public dans la grande cité. De toute
part, affluent les visiteurs à la modeste résidence des missionnaires. Tout ce monde exprime le même désir : voir
une dernière fois le bon pasteur, recevoir ses adieux et
sa bénédiction. Il doit accepter de paraître à l'église et
d'entendre ensuite la lecture d'une adresse toute pleine
de témoignages de sympathie et de reconnaissance. Cette
démonstration de vive gratitude est accompagnée de
quelques centaines de dollars recueillis et offerts spontanément.

Profondément touché, le Père ne parvient pas à maîtriser son émotion et, les yeux pleins de larmes, s'avoue
indigne des marques d'attachement dont il est l'objet.

Quelle n'est pas sa surprise, lorsque le clergé de la
ville, évêque en tête, vient à son tour le remercier du
bien qu'il a fait par son éloquente parole et les ardeurs
de sa charité !

Il apprend ainsi, sans qu'il eût osé se l'avouer, que
son ministère a été visiblement béni de Dieu. Le vénérable évêque ajoute même une allusion discrète relativement à la « plénitude du sacerdoce » réservée à l'humble ouvrier.

*_**

Dès l'aube du 15 décembre, après avoir célébré la
sainte messe et réglé ses affaires entre les mains du
P. Hurley, il quitte sa chère Mission de Charleston, sans

espoir de retour, et prend le train pour la Nouvelle-Orléans.

Chemin faisant, le voyageur se remémore les souvenirs des dernières années, alors qu'il arrivait aux Etats-Unis, en compagnie de trois confrères, avec de beaux projets en tête.

Evanouis, ces rêves enchanteurs. Il reste seul maintenant. De ses compagnons, deux ont quitté, le troisième est mort.

Lui-même, sait-il seulement où il va et ce qui l'attend ? Est-ce le repos ? Est-ce la santé ? la vie ou la mort ?

Malgré le soleil resplendissant, les merveilleux panoramas de plaines ondulées que le regard contemple à travers la Caroline du Sud et la Géorgie, le P. Vigneront éprouve une telle fatigue que la pensée de la mort ne le quitte plus.

Parvenu à Columbia, il est gracieusement accueilli par l'évêque, tout étonné du changement survenu depuis quelques mois en ce jeune prêtre, si riche de promesses d'avenir.

Le prélat charge son frère, médecin, d'ausculter le cher malade. Le diagnostic ne paraît pas satisfaire les intéressés. Il est donc décidé, séance tenante, que le départ du Père sera différé...

C'est ainsi que, jusqu'à la fête de Noël, il doit suivre un traitement et s'astreindre à un régime à Columbia Hôtel.

Sur ces entrefaites, de Mill-Hill arrive l'autorisation pour le malade de chercher au pays natal le seul remède qui puisse lui donner un regain de vie.

Cette heureuse nouvelle lui fait plus de bien que toutes les drogues.

Aussitôt il se mit en mesure de hâter son retour, et il écrivit, tout joyeux :

Columbia, le 29 décembre 1877.

A la chère famille du petit Missionnaire, salut et joie !

J'étais malade au lit quand votre lettre m'arriva, mais je suis debout maintenant et je ressens mes forces renaître. Le médecin me fit partir pour la Louisiane et je pensais passer l'hiver à la Nouvelle-Orléans ; je n'irai point. Me voici aujourd'hui à l'Hôtel de Columbia, humant l'air fortifiant des collines boisées de la capitale de la Caroline du Sud.

Inutile de vous écrire longuement ; je vous souhaite à tous une bonne année et beaucoup d'autres... J'espère que le Seigneur vous bénira tous et nous recevra au beau Ciel après une vie de paix et de bonheur. Je vous embrasse avec effusion.

P.-S. — J'oubliais de vous communiquer une nouvelle sans grande importance pour l'univers, mais qui aura pour vous un certain charme, je crois. Elle sera pour le papa, la maman, les frères et les sœurs et autres aussi, les plus douces étrennes que je leur ai jamais offertes. La voici : Avec l'assistance de Dieu et le secours de vos prières, j'espère être au milieu de vous vers le 20 février 1878. Mes supérieurs me permettent de retourner en France pour rétablir ma santé. Leur lettre m'a été remise hier. Je compte m'embarquer à New-York le 23 janvier sur le « Labrador ». Je m'arrêterai à Londres où j'espère arriver vers le 3 ou 4 février, *Deo volente ;* mais seulement pour trois ou quatre jours. Alors, j'irai à Paris où je ferai encore une petite halte et, de là, je me laisserai glisser sur Verdun et Sivry-sur-Meuse... Vous serez informés.

Je n'ai pas besoin de faire de commentaires ni de vous demander de prier pour un heureux voyage.

**
*

Avant d'assister au sacrifice de la victime qui s'offre d'elle-même sur l'autel de l'immolation, il nous paraît utile de réfuter une objection que les prudents du siècle opposent à une sagesse qu'ils taxent de folie. « Que signifient, disent-ils, ces excès de labeur qui causent une longue souffrance et amènent une mort prématurée ? » Ignorent-ils donc que l'apôtre, en se sacrifiant pour ses frères, n'envie pas d'autre salaire plus avantageux que celui-là ? Le disciple n'est-il pas joyeux et fier d'être assimilé à son Maître ?

Jésus, lui-aussi, a fait l'absolu sacrifice pour son œuvre ; et il est mort sans en avoir vu le succès. Par son immolation, il a inauguré une loi qui régira l'apostolat jusqu'à la fin des temps ; les âmes s'achètent au prix de la douleur, et quiconque prétend coopérer à la rédemption, la continuer ici-bas, doit, à la suite du Sauveur, gravir le chemin de la croix. Dans le fait, il n'y a pas de plus grand amour que de donner sa vie pour ceux que l'on aime. Le Maître l'a dit. Donc celui qui aime véritablement les âmes doit être disposé à aller jusque-là, si le Seigneur le lui demande.

Pour comprendre un tel héroïsme, il faut examiner les faits à la lumière surnaturelle de la foi : sans doute, la prudence humaine, la modération chrétienne elle-même interdisent d'abuser de ses forces et d'abréger ses jours. Mais, pour les vocations d'élite, peut-on leur refuser le droit de se dépenser sans compter à l'accomplissement du plus sacré des devoirs ?

Il arrive que les âmes ordinaires font trop large la part de la prudence et que les âmes saintes abondent dans le sens du sacrifice. L'auteur de l'*Imitation* constate ce fait et il en fournit l'explication : « Quand l'esprit de Jésus s'est emparé d'une âme, dit-il, il ne lui laisse plus de répit et lui demande chaque jour de nouveaux efforts. Les âmes tièdes s'en épouvantent et reculent. Les âmes généreuses se laissent conduire en aveugles, et voilà ce qui fait la différence des saints et des imparfaits. »

XVII

Le dernier sacrifice

Le 1ᵉʳ janvier 1878, le P. Vigneront reparaît une
dernière fois, au milieu de ses chers noirs de Charleston.

Il leur dit son espoir de faire de grandes choses pour
eux à son retour. Chacun s'accorde à lui prédire qu'un
séjour de quelques mois au pays natal lui rendra jeunesse, santé, vigueur. Il n'est pas jusqu'au vieil Evêque
qui ne le rassure, en l'embrassant et en lui confiant
deux lettres pour Rome.

Au soir de cette journée, tout ému des ovations dont
il a été l'objet, le Père écrit dans son *Carnet de Notes :*

« Une nouvelle année s'ouvre devant moi... Qu'elle
soit tout entière consacrée à la gloire de Dieu et au salut
de mon âme !... Que m'est-il réservé au cours de cette
année ?... Je vais retourner en Europe, puisque Mgr Vaughan m'en exprime le désir... Du moins, j'espère avoir
assez de force pour entreprendre la traversée, car je suis
bien malade, plus qu'on ne le croit. Qu'adviendra-t-il ensuite ? Les tristes nouvelles qui m'apprennent le désarroi
dans lequel se trouve notre petite Société ne laissent pas
que de me causer un vif chagrin. Il paraît évident qu'elle
traverse une crise peu rassurante pour son avenir...

Quelle en sera l'issue?... Verrai-je la fin de cette année?... Tout entre les mains du bon Dieu !... Je me mets de nouveau sous la protection de ma bonne Mère et de saint Joseph... Que les âmes du Purgatoire me continuent leur assistance, afin que je parvienne un jour au ciel !... »

Le ciel, voilà bien sa préoccupation dominante, l'objet incessant de ses soupirs depuis sa plus tendre enfance. Mais aujourd'hui ses pensées ne se détournent plus, pour ainsi dire, de la patrie des Saints. Une seule chose rattache encore à la terre ce cœur d'apôtre : son amour pour les âmes. Il semblait redoubler d'intensité à la fin de sa vie : c'était le *Sitio* de Jésus cucifié. A l'entendre, ni son état de langueur, ni son extrême faiblesse ne le dispensent de s'intéresser au salut des noirs.

Pour résumer d'un mot familier nos impressions sur ce vrai serviteur de Dieu, nous croyons pouvoir dire : c'était un cœur d'or ; c'était aussi une âme de feu.

*
* *

Dans la soirée du 3 janvier, le missionnaire s'éloignait de Charleston, la mort dans l'âme, car une voix intérieure lui murmurait : « Pour toujours ! »

Avant de quitter définitivement l'église, où, tant de fois, il a prié et pleuré au pied de l'autel, cette mission où il a si bien travaillé au salut des noirs, il récite les prières de l'itinéraire, prolonge son oraison et se prépare minutieusement à la réception du sacrement de pénitence :

« Je fis alors une confession générale, après avoir revu toute ma vie se dérouler sous mes yeux baignés de larmes... O mon Dieu, vous savez si j'ai voulu faire quelque bien... et voici que déjà les ombres du soir descendent sur ma chétive existence... Vivrai-je ?... O Dieu ! que votre volonté sainte s'accomplisse !... Vous savez que si je pars aujourd'hui, c'est uniquement à cause d'une santé défaillante et avec l'autorisation de mes Supérieurs. Si je vis, je vous promets de revenir et de me dépenser jusqu'à la mort à la conversion des nègres... »

De Charleston à New-York, le trajet s'effectue sans incident. Notre malade abrège la longueur du chemin en vaquant à des exercices spirituels, comme si, retiré dans la solitude, il eût consacré tout son temps à la retraite, tant il éprouve le besoin de fuir le monde pour s'entretenir avec Dieu seul !

Il en fut de même durant son séjour à New-York, en attendant le départ du transatlantique.

Etranger à tout ce qui provoque la curiosité, l'apôtre ignore les attractions de la ville la plus populeuse du monde, ses fastueux monuments, ses musées, ses parcs, ses divertissements modernes. Pour lui, la meilleure distraction, celle qui dilate son âme, c'est la contemplation des œuvres du Créateur, soit le spectacle de la nature, soit surtout la beauté d'une âme. A ses yeux, le rayonnement de la sainteté est préférable à toutes les splendeurs qui s'étalent dans les somptueuses capitales. Au cours des sept années qu'il vient de passer dans le Nouveau-Monde, il s'est occupé de l'extension du règne de Dieu, du triomphe de l'Eglise catholique, du salut des noirs ! mais la soif de l'or, l'engouement pour les plaisirs qui enfièvrent les foules avides de jouissances, n'ont jamais eu la moindre emprise sur son cœur. Il avoue lui-même simplement qu'il possède à peine de quoi couvrir les frais de son retour en France et qu'il n'a rien vu de tout ce qui attire les touristes aux Etats-Unis.

Aussi, le voyons-nous prendre place parmi les pauvres à bord du *Labrador* qui lève l'ancre, à minuit, le 23 janvier :

« Je m'installe d'abord sur le pont, mais je descends bientôt dans ma cabine, car je souffre et du corps et du cœur. Adieu ! Adieu à vous tous que j'aime, chers nègres, et que je désirais si ardemment entraîner dans le chemin du Ciel ! Au ciel, n'est-ce pas ? nous nous retrouverons un jour... S'il ne m'est pas donné de revenir vers vous... Seigneur, je vous en conjure, bénissez encore cette Amérique où, tout heureux, loin des miens, je venais consacrer ma vie à un ministère sans gloire !... Ai-je été le propagateur de la vérité au sein des ténèbres et de l'erreur ?... A vous, Seigneur, à vous le peu de bien, mais tout le bien que j'ai pu y faire !... »

Autant que le lui permet son état de santé, il jette sur le papier, au jour le jour, quelques-unes de ses impressions qui ont été conservées par une main fraternelle et nous permettent de le suivre au cours de sa traversée de New-York au Havre.

Citons quelques extraits :

Dès que j'ai mis le pied sur le bateau, j'élève ma pensée vers Dieu, récite des prières et bénis l'embarcation... Que la douce Etoile de la mer nous protège !

La distance à franchir avant d'arriver au port est de 3.600 milles (le mille marin équivaut à 1.852 mètres). En douze heures, nous avons atteint 340 milles.

Je croyais être le seul prêtre au nombre des passagers. Dieu est bon. Il permet que je fasse la connaissance d'un digne et saint religieux qui voyage en première. Sur sa carte je lis : « *Fidelis Dehm*, O. M. C., évêque élu de Jassy, en Moldavie ». Il s'offre à être mon infirmier, me fait prendre un cordial... Merci, Seigneur ! Vous me traitez vraiment en enfant gâté.

Chaque soir, entretien familier avec Monseigneur dans le salon des premières, récitation du chapelet et prière en commun... Etrange coïncidence ! Sur le vaste Océan, deux missionnaires, venant de deux points du globe opposés, se rencontrent un instant pour se séparer ensuite et se rendre dans des régions différentes : l'un se prépare à recevoir l'onction qui fait les pontifes et l'autre ne peut que songer à l'extrême-onction qui dispose l'âme à son éternité. Et tous deux, unis dans une même prière, se recommandent à leur commune Mère, la douce Vierge Marie, qu'on n'invoque jamais en vain...

D'un premier coup d'œil, Mgr Fidelis Dehm avait apprécié les belles qualités du missionnaire français, son bon sens, son esprit religieux, son admirable résignation. Comme tout homme qui a souffert, il témoigne à son compagnon de traversée une vive sympathie et s'efforce de lui rendre moins pesante la croix de la maladie.

— Mon bon Père, lui dit-il, vous ne me quitterez pas. Nous voyagerons ensemble jusqu'à Paris, nous descendrons à l'*Hôtel des Petits-Pères*, afin d'être à proximité de l'église de Notre-Dame des Victoires.. Je me charge de tous les frais.

Tout confus d'une proposition si aimable, le malade l'accepte avec reconnaissance comme une attention délicate de la Providence. Avec une humble docilité, il accompagne le futur évêque et, ensemble, les deux missionnaires se reposent de leurs fatigues dans le béni sanctuaire, où tant de miracles attestent la toute puissance suppliante de la Très Sainte Vierge. Le lendemain, ils célèbrent la messe à l'autel privilégié.

Oh ! que j'étais heureux en tête-à-tête avec ce saint homme qui ne savait que faire pour m'être agréable !

Non content de prendre à sa charge les frais d'hôtel, il m'offre de précieux souvenirs et m'invite encore à son sacre, qui doit avoir lieu au couvent des Frères Mineurs Conventuels d'Oggersheim (Bavière Rhénane). Quelle âme d'apôtre !...

Sans plus s'attarder à Paris, le P. Vigneront se hâte, avant de rentrer au pays natal, d'aller rendre compte de sa mission à son Supérieur, Mgr Vaughan, et de solliciter sa bénédiction. Il arrive à Boulogne-sur-Mer dans la soirée du 4 février, salue, en passant, les religieuses de la Visitation auxquelles il doit des remerciements, et fait voile sur-le-champ pour l'Angleterre.

Attendu à Mill-Hill, il y est reçu à bras ouverts. Là, il n'est question que des œuvres d'Amérique, des progrès réalisés en moins de sept années et des magnifiques promesses que réserve l'avenir... Sa présence suscite un véritable enthouiasme parmi une ardente jeunesse qu'enflamme le feu sacré du zèle et de l'apostolat.

Mais l'accueil de Mgr Vaughan lui est particulièrement sensible. Le prélat se montre affable envers le jeune missionnaire dont il connaît les prouesses inspirées par l'amour de Dieu et des âmes. Il l'enveloppe d'une affection prodigue de tendresses et de démonstrations presque maternelles. Il le supplie de n'omettre aucune dépense pour recouvrer la santé, s'offre à ne rien épargner lui-même dans ce but.

Ces joies intimes, si douces à son cœur, dédommagent notre apôtre des ennuis que lui causent les agitations d'un monde de jour en jour plus perverti, effréné et banal. Il demande pardon à Dieu du mal qui se commet dans cette ville de Londres où le vice court les rues.

Là, il apprend une nouvelle qui le plonge dans la tristesse : « Le Pape Pie IX est mort ! » Quelle douloureuse déception !... Dès l'époque de sa jeunesse cléricale, il s'était épris de l'idéale beauté qui auréolait le front de l'auguste Pontife. Avec les années, son admiration n'avait fait que croître à telle enseigne que la noble physionomie de Pie IX rayonnait sans cesse dans sa pensée. Il avait voué à cet incomparable Pontife un culte spécial qu'il entretenait par de ferventes prières. Plusieurs fois la semaine il offrait le saint sacrifice à ses intentions. Il en parlait toujours avec une profonde vénération et, en revenant en Europe, il n'aspirait qu'à l'insigne faveur d'aller à Rome, de voir le Pape, d'entendre le son de sa voix, de s'agenouiller à ses pieds.

Naguère encore l'Evêque de Charleston ne lui avait-il pas remis un double message à l'adresse de Pie IX ? Et voilà que, soudainement, retentit à son oreille le cri strident des camelots : « Le Pape est mort ! »

Des larmes trahissent son émotion. Il sanglote comme un enfant auquel on vient d'apprendre le décès de son père.

De retour à Paris, le 11 février, seul dans la grande capitale, il se sent quelque peu désorienté et souffre de cet isolement. Mais, au Séminaire des Missions Etrangères, il trouve M. Delpech et M. Pernot qui le « reçoivent comme un fils » et lui font fête. Son souvenir, en cette maison, reste toujours vivant ; il s'y revoit aux jours radieux des débuts dans la carrière de l'apostolat, jours de rêves exempts de mécomptes, jours d'innombrables aspirations et d'ardents désirs. « C'était hier, se dit-il, et cependant il me semble qu'un siècle s'est écoulé depuis le jour où je pénétrais pour la première fois dans cette famille de confesseurs de la foi et de martyrs ! Qui sait si, à l'heure présente, je n'aurais pas déjà versé mon sang, à l'exemple de Théophane Vénard, sur les plages inhospitalières de la Chine ou du Japon ?... »

Martyr ne l'est-il pas en réalité ? Il a sacrifié ses goûts, ses inclinations, ses espérances, sa jeunesse au service des noirs de l'Amérique avec de tels élans d'abnégation et d'héroïsme, s'oubliant lui-même pour affronter les difficultés d'un rude ministère, que sa santé, de brillante qu'elle était, en est devenue chétive, épuisée et dolente au point que déjà sa vie, moissonnée en sa fleur, ne tient plus qu'à un fil.

Volontiers, comme le jeune martyr du Tonkin, il semble dire à son bourreau : « *Plus ça durera, mieux ça vaudra !* »

*
* *

Entre temps, il avertit son jeune frère de l'heureuse issue de la traversée et de son prochain retour à la maison paternelle :

Paris, le 3 février 1878.

Mon cher Emile,

Dieu m'a ramené sain et sauf jusqu'à Paris. Après un bref séjour en Angleterre, j'irai vite me reposer à Sivry et jouir du bonheur de la vie de famille. Ma première visite sera pour toi au grand séminaire de Verdun... Ma santé s'est quelque peu améliorée. Remercie Dieu avec moi et ayons confiance... Préviens les parents... Salut à tous...

Telle fut la dernière lettre écrite par le Missionnaire des Noirs. Ce laconisme trahit un malaise et laisse deviner une profonde mélancolie. Il est visible que la joie immense dont le cœur de l'exilé déborde sous le radieux soleil de la patrie est grandement atténuée par l'acuité du mal implacable qui épuise ses forces. Revoir la France; se retrouver enfin, après une si longue absence, au milieu des siens, quand on a tant souffert d'en être séparé ; fouler aux pieds le sol béni de la petite bourgade tant aimée ; se jeter dans les bras d'un père et d'une mère, des frères et des sœurs, jouir de l'intimité du foyer, dans la solitude d'une paisible campagne quand tout renaît dans la nature printanière : est-il perspective plus attrayante pour l'esprit et le cœur que cette joie discrète et délicieuse dont rien n'égale en ce monde la pénétrante et exquise saveur ?...

*
* *

Par déférence pour ses supérieurs, le P. Vigneront ne s'éloigne pas de Paris sans avoir consulté un médecin spécialiste. Après une auscultation minutieuse, celui-ci déclare à son visiteur qu'il lui trouve les poumons en bon état et lui promet sa guérison. « Un corps usé par dix années de surmenage, ajoute-t-il, ne se refait pas du jour au lendemain ». Et il prescrit un repos absolu.

Cependant, le missionnaire, en dépit des illusions

si naturelles à un âge où tous les espoirs sont permis, ne partage pas un tel optimisme. Sans plus tarder, il se met en mesure d'arriver à destination.

Dans la soirée du 12 février, le cher malade descendait à la gare de Verdun où personne ne l'attendait, car le séminariste avait dû, quelques semaines plus tôt, interrompre momentanément le cours de ses études pour raison de santé.

Après avoir passé la nuit à l'hôtel des Trois-Maures, le Père se sent trop faible pour célébrer le saint sacrifice à la cathédrale.

Désormais, cette insigne faveur de monter à l'autel lui sera refusée. Hélas ! ni la joie du retour, ni la vie au milieu des siens, ni les témoignages d'affection, ni les soins attentifs et affectueux d'une mère, ni le calme des champs, ni même les prières de ses proches et de ses amis ne parviendront à écarter de lui cette épreuve, de toutes la plus poignante pour le cœur du prêtre.

Par un suprème effort de volonté et avec l'appui de sa sœur Maria qui s'empresse de le rejoindre, le Père fait quelques visites dans la ville qui lui rappelle les souvenirs de sa joyeuse adolescence : à l'évêché d'abord, au grand séminaire où a germé et mûri, dans la retraite et dans la prière, sa vocation apostolique, aux prêtres vénérés qui furent ses maîtres et à quelques amis, heureux de le revoir et grandement édifiés de sa parfaite résignation...

Enfin, dans la soirée du même jour, il se retrouve, après sept années d'absence, au sein de sa famille bien-aimée.

Papa, maman, Eugène et Emile m'attendaient à la gare de Consenvoye pour me conduire à la maison. O mon Dieu, qui dira les émotions de mon cœur en revoyant ceux que j'aime d'une affection centuplée par l'éloignement ! La joie serait à son comble si mon état de santé n'en atténuait l'intensité. Un voile de tristesse assombrit l'éclat de la fête. On a de la peine de me voir si faible. Mais que je suis heureux de me retrouver parmi les miens !...

Telles furent les dernières impressions confiées au *Journal de voyage.* Encore quelques traits ébauchés, à peine lisibles, et sa main défaillante sera glacée par la mort.

Au lieu de se rétablir, il sent ses forces s'épuiser de jour en jour. Mais il n'en conserve pas moins son habituelle sérénité. Ses lèvres n'exhalent aucune plainte. Inutile de dire avec quel élan de foi, il se recommande à la puissante protection de Marie ; il lui demande le rétablissement de sa santé pour retourner au plus tôt dans sa Mission, au milieu de ses pauvres noirs.

Des lettres de Charleston, de Louisville, de Baltimore et d'ailleurs, le réclament à cor et à cris, souhaitant la fin de la dure épreuve à laquelle Dieu le soumet.

Ses compatriotes, qui se faisaient une fête de le revoir et de l'entendre, éprouvent un profond chagrin et une pénible déception ; profitant des journées d'accalmie que lui laissent ses souffrances, ils se succèdent à son chevet.

Malgré les soins maternels, les services incessants de toute la famille et les visites du médecin, la situation s'aggrave. On l'attribue à la température humide et froide de la saison. En cette fin de février, pas un rayon de soleil n'éclaire la chambre du malade tenaillé par des accès de fièvre de plus en plus fréquents.

Le mois de mars, consacré à saint Joseph, s'annonce moins rigoureux. A son puissant protecteur, qu'il ne cesse d'invoquer jour et nuit, le vénéré malade confie ses intérêts du temps et de l'éternité. N'est-il pas le patron de la bonne mort ? N'a-t-il pas le pouvoir de l'arracher à l'étreinte de la douleur, si telle est la volonté de Dieu ? Tant de fois déjà ce grand Saint a répondu à ses appels ! Chaque jour, il renouvelle sa consécration au père nourricier de l'Enfant Jésus et sa promesse de propager son culte dans le Nouveau-Monde.

**

Un mois déjà s'est écoulé depuis son retour au pays natal et le malade, confiné dans sa chambre, subit la réclusion prescrite par le Docteur.

Aucune lueur d'espoir de guérison. Ses derniers jours sont comptés. Il ne l'ignore pas et, sans peur et sans regret, il achève son sacrifice dans une prière continuelle.

Laissons à son frère, M. l'abbé Emile Vigneront, la tâche de narrer lui-même, avec ses émouvants détails, la suprême agonie de l'humble victime :

*Récit des circonstances qui précédèrent et accompagnèrent
la mort du cher frère missionnaire*

Le 13 mars, une consultation de trois médecins conclut à l'extrême gravité du mal survenu à la suite de travaux excessifs et d'une longue fatigue compliquée de la fièvre jaune. Tout ce que peut la science des hommes, c'est d'entretenir par des remèdes énergiques la force de résistance du patient. Dès lors, nous ne devons compter que sur l'intervention du divin Médecin et sur les saints du Paradis.

De plus en plus défaillante, la santé périclite chaque jour davantage. Nous arrivons ainsi à la Semaine Sainte sans que le printemps daigne faire son apparition et dissiper les brumes de l'hiver. Le froid persiste au dehors, mais quelle chaude atmosphère à l'intérieur d'une âme sacerdotale toute pénétrée de l'amour de Dieu !

Pendant la journée du Jeudi-Saint, le cher frère passa de longues heures en méditation sur l'auguste sacrement dont l'Eglise commémorait l'institution. En esprit, il adorait le Verbe Incarné anéanti sous les voiles eucharistiques par amour pour l'humanité.

Le souvenir de ce grand mystère lui faisait pousser des soupirs de tendre piété. Puis, il se plaignit doucement, comme en exprimant un regret, de n'avoir pu offrir le sacrifice de la messe depuis le 10 février. « Je garde l'espoir, ajoutait-il, que le bon Dieu m'accordera de monter, au moins une fois encore, au saint autel dans l'église de ma paroisse. » Le Seigneur lui réservait une faveur infiniment plus précieuse, celle de monter à l'autel céleste de l'adoration et de la louange durant l'éternité.

Le Vendredi-Saint le vit abîmé dans la douleur, sur son calvaire, étroitement uni à la Victime du Golgotha. En une minute d'assoupissement : « Chacun m'attend, dit-il, je suis en retard... Emile, donne-moi mon livre d'exercices. — De quel livre s'agit-il ? — Mon livre du chemin de la croix, afin d'honorer la mort de Notre-Seigneur Jésus-Christ », répliquat-il. Puis, s'éveillant soudain, il me fit observer qu'en songe il se croyait être au milieu de son troupeau, dans la petite église de sa Mission.

Dès l'aube de la solennité pascale, vers une heure du matin, le saint malade, s'adressant à notre sœur qui veillait à son chevet : « Maria, nous voici donc à Pâques, fit-il ; le carême est passé sans que j'aie rien fait pour mon Dieu !... — Frère remerciez plutôt le Seigneur qui, pendant ces jours, vous a uni à ses souffrances, et demandez-lui de vous unir à sa résurrection. » Ce vœu n'allait pas tarder à se réaliser...

« C'est le jour que le Seigneur a fait, chante l'Eglise en la belle fête de Pâques, réjouissez-vous et tressaillez d'allégresse ». Comme pour se mettre en harmonie avec cette invitation d'une mère à ses enfants, le cher frère, tout rayonnant d'une angélique félicité, souriait à toute la famille. Il poussa même la complaisance jusqu'à vouloir quitter son lit et prendre place à la table commune, afin d'égayer la conversation et de faire plaisir aux convives. Mais quelques heures plus tard, il faillit payer chèrement cette démonstration de charité héroïque. Toute la maisonnée était au repos, j'étais seul à veiller le malade, lorsque, après un léger assoupissement, il s'éveille tout à coup sous l'empire d'un malaise qui empêche la respiration, provoque une abondante sueur et semble être l'indice de sa fin prochaine. D'un geste, il calme mon émotion : « Emile, tu vois que Dieu va m'appeler bientôt à lui. Lorsque je me sentirai plus mal, je te ferai signe. Tu allumeras un cierge, tu me donneras de l'eau bénite et tu éveilleras toute la famille. Tous ensemble, alors, vous vous mettrez à genoux et réciterez des prières demandant à Dieu pour moi une sainte mort. Tout de suite après mon trépas tu écriras en Angleterre et formuleras le désir que de Mill-Hill on fasse part de ma mort en Amérique, afin que, là aussi, on intercède pour mon âme. Tu agiras de même, en communiquant la nouvelle à la Visitation de Boulogne-sur-Mer, à Abbeville, à Issoudun. Vous enverrez à ce sanctuaire les honoraires de cent messes pour mon repos éternel... Promets-moi d'accomplir mes dernières volontés... »

J'en fis sur-le-champ la promesse et me permis d'ajouter :

— Frère, pourquoi désespérer ainsi ? Dieu n'est-il pas aussi bien le maître de la vie que le maître de la mort ?

— J'espérerai jusqu'à la fin, répondit le malade ; que la volonté de Dieu soit faite ! Mais ne vois-tu pas toi-même que je m'en vais ?...

— S'il plaît à Dieu de vous trouver mûr pour le ciel, ô cher frère, n'est-ce pas que vous prierez pour nous tous ?

— Oh ! oui... Sois-en certain ; mais vous-mêmes ne m'abandonnez pas.

Un mieux sensible ayant succédé à cette crise qui n'avait pas duré moins de trois heures, j'appelai Maria qui à son tour, le veilla le reste de la nuit.

— Frère, lui dit ma sœur que j'avais mise au courant de ce qui s'était passé, si vous allez bientôt au ciel, vous demanderez à Dieu qu'il daigne accorder la même faveur à chacun de nous ?

— Notre bonne mère, fit-il, nous l'a déjà obtenue....

Paroles consolantes qui se fixèrent pour jamais dans ma mémoire ! Je les retiendrai toute ma vie !...

Pauvre mère, quel immense sacrifice Dieu allait encore lui imposer !...

Le lundi 22 avril, le frère plus abattu que la veille, se montra cependant plus gai en édifiant les visiteurs... M. le Curé vint le prévenir qu'il lui apporterait la sainte communion le lendemain... De suite le malade se prépara à ce grand acte de foi et d'amour.

A 6 h. 1/2 du matin, le mardi 23 avril, l'ange terrestre recevait la visite de son bien-aimé Sauveur... Comment dépeindre l'admirable spectacle qu'il nous fut donné de contempler de nos yeux ? En une sorte d'extase qui nimbait son front, épanouissait son visage, il jouissait avec délice de la présence de Jésus. Il nous semblait que déjà son regard comtemplait, dans le ravissement, l'idéale splendeur du paradis. Impatients de recueillir une parcelle de la joie divine dont son âme était inondée, nous voulûmes nous entretenir avec lui.

— Veuillez, dit-il, très doucement, me laisser seul... J'ai tant à offrir et à demander à mon Dieu !...

Longtemps il continua son action de grâces... Parvenu au terme de son pèlerinage, il se disposait à parer la victime pour l'heure du sacrifice, il s'offrait de lui-même sur l'autel de l'immolation...

Au médecin qui vint le voir dans le courant de la matinée, il se contenta de dire en souriant :

— N'est-ce pas, docteur, que vous ne pouvez plus rien faire pour moi ?...

A la fin de la journée, la famille réunie auprès du malade récitait, comme à l'ordinaire, la prière du soir et continuait une neuvaine en l'honneur de saint Joseph et du Saint Père Pie IX, lorsqu'une amélioration subite parut se produire dans l'état désespéré du cher malade. Tout aussiôt il en exprime sa reconnaissance au Seigneur et nous parle avec plus de facilité qu'auparavant. Rassurée par ce mieux sensible et sollicitée aussi par l'admirable souffrant, la famille se retira pour prendre du repos. Près du cher malade ne restèrent que mon frère Eugène, son épouse et ma sœur Anna, tous trois venus à la maison dans le but de consoler nos parents et de veiller l'objet de leur tendresse... Heureuse coïncidence ! Pas un membre de la famille ne manquait au rendez-vous pour l'heure du dénouement qui allait sonner.

Vers deux heures du matin, un cri déchirant retentit dans la maison : « Papa, maman, frères et sœurs, accourez de suite... le frère missionnaire se meurt ! » Levé en tout hâte, je me précipite dans la chambre. Déjà la pauvre maman m'y avait précédé prodiguant des soins tout maternels à celui qui se mourait.

L'apôtre des noirs, les yeux fermés, la bouche entr'ouverte, paraissait rendre le dernier soupir... Après dix minutes d'évanouissement, il reprit ses sens, et jetant un long regard sur chacun des siens en larmes :

— Qu'est-ce donc ? fit-il. Pourquoi tant de monde et pourquoi pleurez-vous ?...

Nos sanglots furent notre seule réponse. Et lui, s'informant si la famille était toute entière réunie, il ajouta :

— Remercions-en la Providence... Donnez-moi ma croix de missionnaire.

Puis, élevant la main, il nous bénit.

Chacun lui fit alors ses recommandations, rappelant aussi le souvenir des parents, des amis, des bienfaiteurs :

— Oh ! oui... je ne les oublie pas... et veuillez le leur dire.

Ensuite, il demanda de l'eau de Lourdes. Dans son empressement à le servir, ma sœur Maria, s'emparant d'un verre, l'approche de ses lèvres. Mais, à l'instant, l'épouse de mon frère Eugène, s'apercevant de la méprise, fait remarquer que le verre contient du vinaigre et lui offre elle-même l'eau désirée.

— Pourquoi pas du vinaigre ? observe le cher expirant. Notre-Seigneur l'a bien reçu sur la croix...

Ces paroles du disciple sont dignes du Maître au service duquel il a sacrifié sa vie. Elles provoquent la belle réponse de Maria.

— Oh ! frère, ce n'eût point été ni la mère, ni la sœur de Jésus qui lui en eussent donné sur la croix...

La pauvre maman ne quitte pas un instant le chevet de son fils qu'elle entoure de tendres sollicitudes.

— A genoux ! supplie le bon frère. Récitez des prières pour mon âme...

Avec quels élans de foi, nous nous acquittons de ce devoir ! Lui aussi prie avec ferveur. Puis, élevant la voix :

— Cher père et bonne mère, dit-il, je vous demande bien humblement pardon des fautes que j'ai commises envers vous. Oh ! veuillez pardonner à votre affectueux enfant !...

Des larmes coulèrent de nos yeux en l'entendant demander pardon à ceux à qu'il avait toujours témoigné un si profond respect !... Les yeux ardemment fixés sur le crucifix qu'il tenait serré entre ses mains, il s'écria d'une voix forte :

— Mon Dieu, je vous demande pardon pour toutes les fautes que j'ai pu commettre en moi-même et en d'autres. Ce pardon, je vous le demande au nom de Jésus-Christ descendu sur la terre pour nous sauver ; de votre Fils mort sur la croix pour racheter tous les hommes... Tous mes péchés, je les déteste sans aucune exception...

L'émotion et la douleur m'empêchèrent de suivre et d'entendre le reste de son acte de contrition. Visiblement Dieu exauçait à cette heure la prière que ce cher frère lui adressait le 1er janvier 1877 :

— *O mon Dieu, accordez-moi que la fin de ma vie soit un acte de contrition, et le commencement de mon éternité, un acte d'amour.*

S'adressant à moi, il me dit :

— Emile, souviens-toi de ma demande. Aussitôt ma mort, empresse-toi d'écrire à mes Supérieurs... Et vous tous ajouta-t-il, veuillez me reconmmander aux bonnes âmes qui me connaissent.

Il me fit signe de lui donner son « Manuel de prières » ; je m'aperçus qu'il cherchait la formule de la bonne mort : *O sacrosancta Trinitas, da gratiam finalem...*

— Frère, lui dis-je, permettez que je la récite pour vous.

Ce que je fis sur-le-champ. A cette prière j'ajoutai une supplique à la Sainte Trinité : *Adoro Te, Sancta Trinitas.* Avec quelle foi ardente, il me suivait des lèvres et du cœur !...

Ma mère, alors, cédant à l'excès de sa douleur :

— Mon fils, lui dit-elle, j'espérais que ce serait toi qui viendrais me fermer les yeux ainsi qu'à ton père, et voici que le ciel nous demande de le faire. N'est-ce pas qu'à l'heure de notre mort, tu viendras, à ton tour, nous les fermer à tous deux ?...

Un signe de tête affirmatif fut sa réponse ; réponse renouvelée à chaque demande que l'un ou l'autre formulait.

De nouveau, il demande à boire de l'eau de Lourdes. Après qu'il en eût pris quelques gouttes, je posai la question :

— Frère, désirez-vous que j'aille chercher Monsieur le Curé.

— Ce serait bien volontiers, si je ne craignais de le fatiguer.

Tel était le calme d'une conscience tranquille, sacrifiant son propre désir à la crainte de gêner autrui.

Je me rendis au presbytère et, à mon retour, je trouvai la famille en prières, papa et maman, soutenus par leur **grand** esprit de foi, encourageaient héroïquement le moribond prêt à paraître devant le Seigneur.

Maman lui dit :

— Mon fils, il y a sept ans que je disais : « Pars, mon enfant, pour les contrées étrangères ! Aujourd'hui ce sont d'autres paroles que je t'adresse : « *Pars, mon fis, pour le beau ciel !*... Oh ! que tu vas être heureux !... »

Puis, la nature reprenant le dessus, elle étouffa dans un sanglot ce cri de douleur :

— Tu nous laisses donc seuls sur la terre...

— Ayez confiance !... Le bon saint Joseph et la bonne Mère vous garderont...

Telles furent les dernières paroles du cher missionnaire. Fatigué, sans doute, d'être couché sur le côté droit, il fit signe qu'on l'aidât à se retourner. Frère Eugène s'y prêta aussitôt ; mais le mourant, appuyé sur l'épaule de son frère, fut incapable d'un effort. Il leva les yeux au ciel, la croix toujours entre les mains, se tint dans l'attitude de l'extase durant l'espace d'une dizaine de minutes, puis, baissant les paupières, il exhala le dernier soupir... L'abbé Charles-François-Joseph Vigneront, l'apôtre des noirs, avait cessé de vivre...

M. le Curé avait assisté à cette scène impressionnante. Le bon frère, sans le voir, avait pu l'entendre l'exhorter à bien mourir, lui donner une suprême absolution et l'indulgence plénière de la bonne mort... Trois heures et demie sonnaient à la pendule, en cette inoubliable matinée du 24 avril 1878.

A lire ces édifiants détails, tracés par la main d'un frère et relatant les derniers jours de l'humble victime tombée au champ d'honneur de l'apostolat, à la fleur de l'âge, on ne saurait se défendre d'établir un parallèle entre les deux jeunes prêtres, Théophane Vénard et Charles Vigneront, voués l'un et l'autre aux rudes apprentissages de l'évangélisation des infidèles. Tous deux ont fait mieux que répandre la vérité ; ils l'ont prouvée par leur vie et sanctionnée par leur mort. Nés au sein de familles patriarcales, si ressemblantes par leurs convictions religieuses et leur esprit foncièrement chrétien, dans lesquelles la religion et l'honneur occupaient la première place ; élevés l'un et l'autre par une sainte mère, formés à l'école d'un père avec autant d'intelligence que de dévouement. Au foyer de Sivry-sur-Meuse, comme au foyer de Saint-Loup-sur-Thouet, grandissent côte à côte des enfants, qui font concevoir et réaliser les plus belles espérances, soit dans la vie ecclésiastique, soit dans le monde, joignant à d'admirables vertus des goûts simples, l'amour de la solitude et la piété filiale.

Nos deux apôtres ont débuté dans la carrière sous la même dénomination de petits pâtres, avant d'être des pasteurs d'âmes. A l'âge d'or des aspirations juvéniles ils ont éprouvé les mêmes désirs et se sont orientés vers le même idéal. Pour l'atteindre, ils frappent tour à tour à la porte du Séminaire des Missions Etrangères. Aussitôt après leur élévation au Sacerdoce, l'un à l'Orient, l'autre à l'Occident, ils s'en vont à la conquête des âmes avec l'espoir que leur ministère sera couronné par le martyre.

Pendant sept années consécutives, sans répit, ils s'adonnent avec zèle à la prédication de l'Evangile, à l'administration des sacrements, à l'extension du règne de Jésus-Christ ; enfin tous deux succombent à l'âge de 32 ans, Théophane Vénard, décapité par le bourreau en haine de la foi, Charles Vigneront, dévoré par la fièvre contractée au service de Dieu et des pauvres nègres.

Ce qui donne surtout à ce rapprochement une plus exacte similitude, me semble-t-il, c'est l'expression des sentiments, à peu près identiques, manifestés dans la correspondance des deux missionnaires à leur famille respective. Même sensibilité exquise, même tendresse d'expressions, mêmes élans vers le surnaturel, mêmes témoignages de fidèle gratitude et d'inaltérable attachement.

Ne dirait-on pas, vraiment, que notre héros ait voulu rivaliser en perfection avec l'émule qu'il s'est donné pour modèle ? On pourrait croire aussi que Théophane Vénard, du ciel où il triomphe, ait communiqué à son protégé de la terre l'héritage de ses éminentes vertus.

Plaise à Dieu que les deux frères d'armes suscitent, dans la présente génération, une pléiade de jeunes et ardents missionnaires, s'inspirant de leurs exemples et rêvant de poursuivre leurs labeurs dans les immenses sillons de l'apostolat aux pays de missions, afin d'être associés à leur éternelle gloire dans la patrie des cieux !

N'est-ce pas là le mot d'ordre intimé jadis par Benoit XV à toute la chrétienté, et que notre grand Pontife Pie XI a lui-même adopté et fait sien? Oui, l'Eglise appelle à son aide des volontaires, décidés à tout quitter généreusement, pour voler au secours des régions encore fermées à l'Evangile. Des millions et des millions de païens attendent la lumière qui leur montrera le chemin de l'éternelle vie. L'heure est venue de seconder les desseins de Dieu et de travailler sans relâche à la conversion des infidèles. Heureux les élus du sanctuaire assez courageux pour marcher sur les traces de leurs aînés et recueillir l'abondante moisson que ceux-ci ont fait germer, croître et mûrir aux prix de leurs sueurs et de leur sang !

****

Le corps du défunt, revêtu des ornements sacerdotaux, demeura, trois jours, exposé à la vénération du public. Il n'est pas une personne de Sivry et des environs qui ne tînt à l'honneur d'offrir à l'apôtre des noirs l'hommage de sa vénération. La physionomie du mort respirait une telle sérénité qu'on l'aurait crue animée encore et prête à sourire. Entre les mains, le jeune athlète du Christ tenait ses armes de combat : sa croix et son rosaire, comme s'il se disposait, en cette attitude, à redescendre dans l'arène. Le bréviaire de l'apôtre reposait à ses côtés, comme un témoin de la ferveur de son fidèle et inséparable compagnon. Les membres conservaient leur souplesse, si bien que les visiteurs se disaient entre eux : « N'allons-nous pas le voir se lever pour monter à l'autel ? »

A l'heure des funérailles, douze prêtres du voisinage entouraient le cercueil du défunt, à la suite d'un imposant concours de fidèles : en tête, les enfants de la paroisse autour de la bannière de la Sainte-Enfance, les jeunes filles en blanc, les jeunes gens et les hommes, la foule des grandes solennités : on eût dit un cortège triomphal, pour le sacre d'un roi.

Dans cette cérémonie funèbre, rien n'y sentait la mort, tout y respirait l'espérance et la vie.

FIN

SOUVENEZ-VOUS DEVANT DIEU
DE L'ABBÉ
CHARLES-JOSEPH-FRANÇOIS
VIGNERONT.
MISSIONNAIRE APOSTOLIQUE
DU SACRÉ-CŒUR DU COLLEGE
S-JOSEPH DE MILL-HILL (Angleterre),
NÉ A SIVRY-SUR-MEUSE
LE 4 NOV. 1845,
ORDONNÉ PRÊTRE A LONDRES
LE 23 SEPT. 1871.

Il se voua aux missions de l'Amérique du Nord, pour l'évangélisation des Nègres. Il y passa 6 ans et 6 mois, et revint mourir au milieu des siens a Sivry, le mercredi 24 Avril 1878.

TABLE DES MATIÈRES

IMPRIMERIE MODERNE

A. BASCLE

11 RUE DES URSULINES, 11